Inhalt

Zur Diskussion

Junge Ökumenikerinnen

Dokumente und Berichte

Ökumenische Persönlichkeiten

Zu diesem Heft

Liebe Leserinnen und Leser,

1415 – Es ist erstaunlich! Eigentlich müsste sich dieses geschichtsträchtige Jahr ebenso nachhaltig in das kulturelle Gedächtnis Europas eingeprägt haben, wie dies das Jahr 1517 getan hat. Ohne 1415, und d. h. ohne das Konzil zu Konstanz, wäre 1517 nicht denkbar gewesen. So hat es seine ganz eigene Plausibilität, dass insbesondere Kirchen- und Profanhistoriker_innen im angelsächsischen Sprachraum den signifikanten Startpunkt für jenen epochalen Umbruch, für den die Reformation steht, nicht im Jahr 1517 verorten, sondern in den Auf- und Abbrüchen und Herausforderungen um das Konstanzer Konzil und seiner Wirkungsgeschichte bereits beginnen lassen. „Konstanz" wird so zu einem Erinnerungsort europäischer Geistes-, Kultur- und Theologiegeschichte aller erster Güte. Es signalisiert einen Wendepunkt für die weitere Entwicklung der spätmittelalterlichen Kirche wie der zeitgenössischen Frömmigkeit, dessen politisches, ekklesiologisches, aber auch spirituelles Potential kaum überschätzt werden kann und bis heute nicht ausgeschöpft erscheint.

Angesichts fast nicht zum Ausgleich zu bringender ekklesialer Dissenspunkte – Nationalismus, Zentralismus, Absolutismus werden als ekklesiale Faktoren zunehmend spürbar –, aber auch angesichts der Herausforderungen durch einen neuen Stil der Frömmigkeit wie des praktizierten Glaubens (einsetzende Individualisierung und Internalisierung des Glaubensvollzugs), der die Glaubens- und Lebenswelt innerhalb weniger Generationen grundlegend verändern wird, ist die abendländische Kirche aufs Äußerste herausgefordert. In einem letzten Kraftakt schafft sie es in Konstanz, dem drohenden Schisma zu entgehen. Und sie opfert viel dafür.

Zunächst einmal macht sie Johannes Hus zum Opfer, aber zugleich auch zum Protagonisten einer neuen Denkform, d. h. zur Urgestalt des die etablierte Kirche mit seiner Kritik und seinem Ruf nach Veränderung grundlegend in Frage stellenden Reformators. Als solcher geht er in die Erinnerungsgeschichte Europas ein.

Das Konzil zu Konstanz findet zugleich eine zeitgemäße Antwort auf eines der zentralen ekklesiologischen Probleme seiner Zeit. Das in Konstanz sich durchsetzende Konzept des Konziliarismus und damit die Überordnung des Konzils als demokratisch legitimierter und sich legitimierender Größe über das Papsttum als monarchische Spitze mit alleiniger Entscheidungsgewalt mag zwar angesichts der weiteren historischen Entwicklungen kaum echte Wirkungskraft entwickelt haben. Das bedeutet aber nicht, dass damit sein Potential bereits ausgeschöpft wäre. Die Gründe dieses formalen Scheiterns nach dem Konstanzer Konzil sind vielfältig: die einsetzende Aufsplitterung der römischen Kirche in verschiedene Nationalkirchentümer, die die konziliare Idee der politischen Instrumentalisierung auslieferten, wie insbesondere die Geschichte des Pisaner und des Basler Konzils verdeutlicht. Hinzu kommt die weit effektivere Durchsetzungsgewalt einer zentralen Leitungs- und Gestaltungsmacht, die gerade auch in der Gestalt des Renaissance-Papsttums mit all seinen Licht- und Schattenseiten den Herausforderungen der Zeit viel besser gewachsen scheint und in ihrem dem Absolutismus zuneigenden Zentralismus auch weit zeitgemäßer ist, als eine an die Ideen von Repräsentativität wie der Internationalität gebundene konziliare Option, die schlicht an den damaligen Kommunikationswegen scheitert, und so ein demokratischer Leitungsstil der römischen Kirche zumindest im 15. Jh. den Praxistest nicht besteht.

Freilich entwickeln gerade die verdrängten Alternativen einer Erinnerungsgeschichte zumeist eine ganz eigene Dynamik, die nur auf ihre Zeit zu warten scheint, in der sie neu zum Zuge kommen kann. So bilden diese Alternativen ein bleibendes „Reservoir von Ideen für eine heutige Reform der Kirche" (Hubert Wolf). Wenn daher heutzutage in den verschiedensten Denominationen der abendländischen Kirche von Synodalität, Konziliarität und Kollegialität, von demokratisch-repräsentativen Mitbestimmungs- und Beteiligungsstrukturen die Rede ist, dann weist das Konzil von Konstanz als Erinnerungsort genau auf dieses Potential hin. Damit aber holt die erinnerte Geschichte dieses Konzils gerade auch die Reformanliegen eines Johannes Hus jenseits aller konfessionellen Inanspruchnahmen ins gemeinsame Erbe der abendländischen Christenheit zurück. Die im vorliegenden Heft der Ökumenischen Rundschau versammelten Beiträge versuchen auf ihre je unterschiedliche Weise diesem Erbe gerecht zu werden.

Der Beitrag der altkatholischen Theologin *Angela Berlis* („Konstanz" als konziliarer Erinnerungsort. Eine alt-katholische Perspektive) ruft die erinnerungsgeschichtliche Dynamik des Konstanzer Konzils ins Gedächtnis. Konstanz ist und bleibt ein zentraler Erinnerungsort christlicher Identität. Die Beiträge von *Peter Morée* (Was sagen wir über Hus in dem säkularisierten tschechischen Kontext?) und *Robert Svatoň* (Joannes Hus redivivus – die Blüte des tschechischen ökumenischen Frühlings) nehmen sich der Gestalt Johannes Hus' an. Er ist nicht nur Erinnerungsgestalt und Identifikationsfigur der Reformation, sondern auch des tschechischen Nationalbewusstseins. Die Darstellungen reichen von einer abgrenzend-exklusiven nationalistischen Selbstinszenierung des 19. Jh.s bis zum integrativen Charakter, den die Gestalt Hus' in der hochgradig säkularisierten Gesellschaft Tschechiens im 21. Jh., aber auch in seiner ökumenischen, konfessionsübergreifenden Dynamik während des Prager Frühlings 1968 und danach einnimmt. Die Beiträge von *Georgios Vlantis* (Das Heilige und Große Konzil: Herausforderungen und Erwartungen), *Arnaud Join-Lambert* (Synoden und Konzilien im dritten Jahrtausend. Die ekklesiologische Erneuerung in der katholischen Kirche) und *Daniela Blum* (Konziliarismus – die Rekonstruktion einer Idee) greifen das zweite Kernthema des Konstanzer Konzils auf: Konziliarität, Synodalität und Konziliarismus. Georgios Vlantis verortet den Gedanken in die Vorbereitungen für das Panorthodoxe Konzil, das die Orthodoxie zurzeit grundlegend bewegt und vor besondere Herausforderungen stellt. Daniela Blum legt einen kritischen historischen Rückblick aus römisch-katholischer Perspektive vor, während Arnaud Join-Lambert die aktuelle Praxistauglichkeit des Konzepts in der römisch-katholischen Kirche anhand seiner Vorgeschichte, aber auch seines aktuellen kirchenrechtlichen Status' testet. Zur Diskussion stellen wir den Beitrag von *Hans-Jürgen Goertz* (Die Reformation – immer noch eine Baustelle. Zur Vorbereitung des Jubiläums 1517 bis 2017), der die Vorbereitungen der EKD auf das Reformationsjubiläum 2017 kritisch sichtet. In der Rubrik „Junge Ökumenikerinnen" veröffentlichen wir einen Artikel von *Nadine Hamilton* (Mit dem Anfang anfangen. Ein Kapitel Sakramententheologie belehrt von Dietrich Bonhoeffer), um ihn einem breiteren Publikum bekannt zu machen. Den Reigen der theologischen Kurzbeiträge beschließen *Dietz Lange* mit einem Resümee zum Ersten Weltkrieg als ökumenischem Ereignis und *Karl Heinz Voigt* mit einer Würdigung der kirchengeschichtlichen Forschung der Minderheitskirchen des Vereins für Freikirchenforschung.

Am Ende gilt es wiederum von einem großen Namen der ökumenischen Bewegung Abschied zu nehmen: Wir danken Konrad Raiser für seine Gedanken in memoriam Philip Potter.

Im Namen des Redaktionsteams
Johanna Rahner und Barbara Rudolph

„Konstanz"
als konziliarer Erinnerungsort

Eine alt-katholische Perspektive

Angela Berlis[1]

Konstanz ist ein Erinnerungsort der Geschichte des Christentums,[2] der in die Erinnerung der Nachwelt vor allem wegen des dort gehaltenen „Weltkonzils" eingegangen ist.[3] Aus alt-katholischer Perspektive steht „Konstanz" für eine bestimmte Art konziliarer Entscheidungsfindung in der Kirche, wie sie im mittelalterlichen Konziliarismus praktiziert, durch verschiedene reformerische Strömungen postuliert, durch den letzten Bistumsverweser von Konstanz, Ignaz Heinrich von Wessenberg (1774–1860) propagiert und schließlich nach dem Ersten Vatikanum in der alt-katholischen Bewegung erneut aufgegriffen wurde: 1873 wurde beim Konstanzer

---

[1] Prof. Dr. Angela Berlis ist Professorin für die Geschichte des Altkatholizismus und Allgemeine Kirchengeschichte am Departement für Christkatholische Theologie an der Universität Bern. 1996 empfing sie die Priesterweihe. Sie ist seit 2004 Mitglied der Internationale[n] Römisch-Katholisch/Altkatholischen Dialogkommission.

[2] Vgl. *Christoph Markschies/Hubert Wolf,* unter Mitarbeit von *Barbara Schüler* (Hg.): Erinnerungsorte des Christentums, München 2010. Der Sammelband enthält keinen Beitrag zu Konstanz. Die Herausgeber konstatieren zu Recht: „Eine normierte Topographie der Erinnerung, eine ein für allemal feststehende Topographie christlicher Erinnerungsorte, ein definitives System christlicher *memoria* existiert nicht." Auch in *Etienne François/Hagen Schulze* (Hg.): Deutsche Erinnerungsorte, 3 Bde, München 2001, kommt „Konstanz" nicht vor.

[3] Vgl. *Johannes Helmrath:* Das Konzil von Konstanz und die Epoche der Konzilien (1409–1449). Konziliare Erinnerungsorte im Vergleich, in: *Gabriela Signori/Birgit Studt* (Hg.): Das Konstanzer Konzil als Europäisches Ereignis. Begegnungen, Medien und Rituale, Ostfildern 2014, 19–56, hier 44. Helmrath unterscheidet vier „Meistererzählungen": das Ende des Schismas, Jan Hus, das Dekret „Haec Sancta" und die „modernebegründende(n)" Entdeckung bedeutsamer humanistischer Handschriften während des Konzils. Vgl. ebd., 43–45. Vgl. dazu *Stephen Greenblatt:* Die Wende. Wie die Renaissance begann, Berlin 2012.

Altkatholikenkongress die „Synodal- und Gemeindeordnung" beschlossen, bis heute – in angepasster Form – die kirchenrechtliche Grundlage für das Katholische Bistum der Alt-Katholiken in Deutschland. Und schließlich fand hier im Jahr 1996 am Ende eines längeren synodalen Entscheidungsprozesses die weltweit erste Weihe alt-katholischer Diakonninnen ins Priesteramt statt. Als damals auch aus Tschechien Alt-Katholikinnen und Alt-Katholiken zu dieser Weihe anreisten, machten sie auf die Multiperspektivität der Erinnerungen aufmerksam, die mit diesem Ort verbunden sind; für alle Kirchen in Tschechien und in dessen Landesgeschichtsschreibung steht „Konstanz" für ein dunkles Kapitel der Kirchengeschichte: die Verurteilung und Verbrennung von Jan Hus. Wie nicht zuletzt dieses Beispiel zeigt, geht ein wesentlicher Teil der hier genannten Bedeutungsschichten von „Konstanz" für Alt-Katholikinnen und Alt-Katholiken über einen rein innerkirchlichen Stellenwert hinaus. So lässt sich sagen: „Konstanz" spornt an, aber ermahnt auch zur Reflexion über Grundlagen und Gestaltung von Kirchesein und Kirchenverständnis.

Im folgenden Beitrag soll nachgegangen werden, wie der Erinnerungsort „Konstanz" aus alt-katholischer Perspektive wahrgenommen wird und welche Schlüsse für eine heutige synodale Praxis daraus gezogen werden können.

1. Der Appell an ein allgemeines Konzil als Gegenpol zum römischen Machtanspruch

Alt-katholische Theologen und Theologinnen sind in der Regel mehr an den sieben Ökumenischen Konzilien der Alten Kirche interessiert;[4] die Berufung auf die Alte Kirche war von Anfang an der Maßstab, für Fragen des Kultus' oder der Verfassung ebenso wie für Anliegen einer „altkirchlichen

---

[4] Die Begriffe „Konzil" und „Synode" sind eigentlich synonym; in dieser Weise werden hier auch die Begriffe „Konziliarität" und „Synodalität" verwendet. So wird z. B. im allgemeinen Sprachgebrauch immer vom „Konzil von Konstanz" gesprochen, während es sich eigentlich um eine Generalsynode der westlichen Kirche handelt (an der übrigens auch Griechen teilnahmen). Nach alt-katholischer und orthodoxer Terminologie ist das Konzil von Konstanz kein „ökumenisches Konzil" (als solche gelten nur die sieben altkirchlichen Ökumenischen Konzilien); in römisch-katholischer Zählung ist es eines von insgesamt 21 Ökumenischen Konzilien, gerechnet von Nizäa I (325) bis zum Zweiten Vatikanum (1962–1965). Papst Paul VI. hat 1974 in einer Rede anlässlich der 700-Jahr-Feier der Synode von Lyon (1274) allerdings den Begriff „Ökumenische Konzilien" für die Kirchenversammlungen des 2. Jahrtausends vermieden und adäquat von „Generalsynoden des Westens" („generales synodos in occidentali orbe") gesprochen. Vgl. dazu *Paul Avis:* Beyond the Reformation? Authority, Primacy and Unity in the Conciliar Tradition, London – New York 2006, 185.

Ökumene".[5] Während bei den altkirchlichen Konzilien üblicherweise die Einigung auf die dogmatischen Grundentscheidungen (Christologie, Trinität) zur Gewährleistung der Einheit der Kirche im Zentrum des Interesses steht, kommen das Konzil von Konstanz und der Konziliarismus auch aus anderem Grund in den Blick. Ignaz Heinrich von Wessenberg, Bistumsverweser des Bistums Konstanz bis zu dessen Aufhebung,[6] schrieb 1840 in seinem Werk über die großen Kirchenversammlungen des 15. und 16. Jahrhunderts: „Wäre man dem ursprünglichen Grundsatze: dass alle wichtigern Kirchensachen in gebührender Unterordnung einzig entweder von allgemeinen, oder Provinz- und Bistumssynoden geregelt werden sollen, treu geblieben, die Kirche wäre ohne Zweifel von vielen Verderbnissen und Zerrüttungen bewahrt, sie wäre weniger von Stürmen hin und her geschlagen worden." Für Wessenberg ruht in den Synoden „die wahre Kraft der Kirche gegen Ausartung".[7]

Der Appell an ein allgemeines Konzil ist in die Geschichte des Altkatholizismus bzw. ihm historisch vorangegangener Reformbewegungen eingeschrieben. Im Appell werden die Erwartungen an die Aufgaben und die Tätigkeit eines solch allgemeinen Konzils sichtbar: Es soll und kann sich für die Versöhnung nach einem Schisma engagieren, um die Einheit der Kirche wiederherzustellen; es soll und kann Anliegen der Reform durchdiskutieren und in die Wege leiten; es dient der Klärung spaltender Fragen in Lehre und Kirchendisziplin; ortskirchliche Rechte und allgemeinkirchliche Ansprüche können vorgebracht und verhandelt werden; Personen und Institutionen haben die Möglichkeit, sich von (unberechtigtem) Häresieverdacht zu befreien. Die im Konzil versammelte Kirche kann – so die Hoffnung und Erwartung – zur Klärung der Verhältnisse beitragen, die Rechte der Ortskirche (in der Regel gegenüber Ansprüchen Roms) verteidigen und auf eine neuerliche (Ver-)Einigung und Einheit der Kirche hinwirken. So geschah es etwa im Fall der „Kirche von Utrecht", offiziell genannt „Römisch-katholische Kirche der (Alt-)Bischöflichen Klerisei", hervorgegangen aus dem Schisma zwischen Rom und Utrecht (1723).[8] Ihre Erwartung,

5   Vgl. zur altkirchlichen Ökumene: *Urs Küry:* Die Altkatholische Kirche. Ihre Geschichte, ihre Lehre, ihr Anliegen, Stuttgart ²1978, 361 f.

6   Vgl. *Franz Xaver Bischof:* Das Ende des Bistums Konstanz. Hochstift und Bistum Konstanz im Spannungsfeld von Säkularisation und Suppression (1802/03–1821/27), Stuttgart – Berlin – Köln 1989.

7   *I. H. von Wessenberg:* Die großen Kirchenversammlungen des 15ten und 16ten Jahrhunderts in Beziehung auf Kirchenverbesserung geschichtlich und kritisch dargestellt mit einleitender Übersicht der frühern Kirchengeschichte, 4 Bde, Constanz 1840, III.

8   Vgl. zur Geschichte der Klerisei, die sich ab dem 19. Jahrhundert auch Alt-Katholische Kirche der Niederlande nennt: *Dick Schoon:* Wegwijs in de Oud-Katholieke Kerk (Publicatieserie Stichting Oud-Katholiek Seminarie, 48), Amersfoort – Sliedrecht 2011.

nach verschiedenen fehlgeschlagenen früheren Versöhnungsversuchen mit Rom zu diesem Zweck zum Ersten Vatikanischen Konzil (1869/70) eingeladen zu werden, wurde nicht erfüllt.[9] Ähnliche Erwartungen an die einende und heilende Funktion eines Konzils finden sich auch davor und danach in der Kirchengeschichte.

Konziliarität steht hier für bestimmte ekklesiologische Grundstrukturen. Das Konzil wird als allgemeine Repräsentanz der Kirche mit Verantwortung für die gesamte Kirche und damit (vorausgesetzt, es erfüllt die entsprechenden Voraussetzungen wie etwa Legitimität und Rezeption) als Letztentscheidungsinstanz der Kirche angesehen. Diese Fragestellung spielt bis heute im Römisch-katholischen/Alt-katholischen Dialog eine Rolle, etwa da, wo es um die Primatsfrage geht oder das Verhältnis von Ortskirche und Universalkirche zur Sprache kommt.[10]

Der Konziliarismus des hohen Mittelalters wurde und wird in alt-katholischer Perspektive – ähnlich wie bereits bei Wessenberg u. a. – grundsätzlich positiv bewertet. Werke so genannter „jansenistischer" oder „richeristischer" Autoren, welche alle Autorität bei der Kirche grundlegten (jegliche andere Autorität in der Kirche ist davon abgeleitet),[11] waren Bestandteil so mancher alt-katholischer Pfarrbibliothek in der niederländischen Bischöflichen Klerisei.[12] Aber auch Wessenbergs vierbändige Geschichte der „großen Kirchenversammlungen des 15. und 16. Jahrhunderts" zählte dazu. Wessenbergs Einschätzung der Kirche von Utrecht entsprach deren kirchlichem Selbstverständnis, beide verstanden sich als auf dem Boden einer „altkirchlich orientierten Katholizität vor 1870" stehend.[13] Nach dem Ersten Vatikanum unternahmen etliche deutsche (alt-ka-

---

[9] Erst zum Zweiten Vatikanischen Konzil wurden alt-katholische Beobachter eingeladen. Vgl. dazu *Peter-Ben Smit:* Oudkatholieke waarnemers op het Tweede Vaticaans Concilie (1962–1965), in: Trajecta 22 (2013), Heft 1, 29–56.

[10] Vgl. *Internationale Römisch-Katholische – Alt-Katholische Dialogkommission:* Kirche und Kirchengemeinschaft, Frankfurt a. M./Paderborn 2009. Vgl. auch die ökumenischen Beiträge zu diesem Dokument in: Wolfgang W. Müller (Hg.): Kirche und Kirchengemeinschaft. Die Katholizität der Altkatholiken, Zürich 2013.

[11] Vgl. hierzu etwa Jan Visser: Jansenismus und Konziliarismus. Ekklesiologische Anschauungen des Nicolas LeGros (1675–1751), in: IKZ 73 (1983), 212–224; über die allgemeinen Grundlagen vgl. *Jan Hallebeek:* Canoniek recht in ecclesiologische context. Een inleiding tot het kerkelijk recht van de Oud-Katholieke Kerk van Nederland, Sliedrecht – Amersfoort 2011. Nach Edmund Richer (1560–1631), gallikanischer Theologe, der u. a. die Werke Jean Gersons herausgab und eine Konziliengeschichte verfasste, hat jegliche Autorität ihren Grund in der Kirche; das Konzil ist ihr Ausdruck, der Papst ihm untergeordnet. Richers Denken übte großen Einfluss auf den späteren Jansenismus aus. Vgl. *Visser,* Jansenismus.

[12] Vgl. *von Wessenberg:* Die großen Kirchenversammlungen.

[13] *Christian Oeyen:* Wessenberg und die Kirche von Utrecht, in: IKZ 73 (1983), 269–277, hier 276 f.

tholische) Theologen es, die Unhaltbarkeit der vatikanischen Papstlehren unter Hinweis auf die Tradition nachzuweisen. Sie taten dies nicht zuletzt unter Berufung auf die konziliare Tradition der Kirche.[14] Die Gegenüberstellung des Konzils von Konstanz als „Höchstgewalt des Allgemeinen Konzils" und des Ersten Vatikanums als „Höchstgewalt des römischen Papstes", wie Wolfgang Krahl (1928–1978), der Herausgeber des „Altkatholischen Internationalen Nachrichtendienstes" (AKID), es ein Jahrhundert nach dem Ersten Vatikanum 1970 formulierte,[15] findet sich – in entgegengesetzter Gewichtung – bereits in der Dogmatischen Konstitution „Pastor Aeternus" des Ersten Vatikanums vom 18. Juli 1870. Dort werden diejenigen mit dem Anathema belegt, die das Konzil (in altkirchlicher und konziliaristischer Tradition) über den Papst stellen.[16] Was die Interpretation des Konstanzer Konzilsdekrets „Haec Sancta" angeht, so werden heute zwei Hauptrichtungen der Auslegung unterschieden: Haec Sancta sei eine „grundsätzliche dogmatische" oder eine situationsgebundene, juridische Aussage.[17] Kürzlich hat der römisch-katholische Kirchenhistoriker Hubert Wolf darauf hingewiesen, wie die Deutung der Konstan-

---

[14]   Vgl. etwa *Johann Friedrich von Schulte:* Die Stellung der Konzilien, Päpste und Bischöfe vom historischen und kanonistischen Standpunkte und die päpstliche Konstitution vom 18. Juli 1870. Mit den Quellenbelegen, Prag 1871 (Nachdruck Aalen 1970); vgl. auch *ders:* Der Alt-Katholizismus. Geschichte seiner Entwicklung, inneren Gestaltung und rechtlichen Stellung in Deutschland, Gießen 1887 (Nachdruck: Aalen 1965).

[15]   *Wolfgang Krahl:* Ökumenischer Katholizismus. Alt-Katholische Orientierungspunkte und Texte aus zwei Jahrtausenden, Bonn 1970, 15 und 16.

[16]   „Daher irren vom rechten Pfad der Wahrheit ab, die behaupten, man dürfe von den Urteilen der Römischen Bischöfe an ein ökumenisches Konzil als an eine gegenüber dem Römischen Bischof höhere Autorität Berufung einlegen." Zitat aus Pastor Aeternus, Kap. 3, in: *Heinrich Denzinger:* Kompendium der Glaubensbekenntnisse und kirchlichen Lehrentscheidungen, hg. von Peter Hünermann, Freiburg i. Br.[37]1991, Nr. 3063.

[17]   Vgl. *Bernward Schmidt:* Die Konzilien und der Papst. Von Pisa (1409) bis zum Zweiten Vatikanischen Konzil, Freiburg i. Br. – Basel – Wien 2013, 58–60; vgl. auch *Karl-Heinz Braun* u. a. (Hg.): Das Konstanzer Konzil, 1414–1418. Weltereignis des Mittelalters, Darmstadt 2013, insbes. Brauns eigenen Beitrag: Die Konstanzer Dekrete Haec Sancta und Frequens, in: ebd., 82–86. Walter Brandmüller sieht die Dekrete „Haec Sancta" als „legislative Notmaßnahme" bzw. „Frequens" als „moralischen Appell": *Walter Brandmüller:* Besitzt das Konstanzer Dekret „Haec sancta dogmatische Verbindlichkeit?, in: *Remigius Bäumer* (Hg.): Die Entwicklung des Konziliarismus. Werden und Nachwirken der konziliaren Idee, Darmstadt 1976, 247–271, hier 265 f; *ders.:* Das Konzil, demokratisches Kontrollorgan über dem Papst?, in: *ders.:* Papst und Konzil im Großen Schisma (1378–1431). Studien und Quellen, Paderborn 1990, 243–263, hier 260. Zur kirchenrechtlichen Stellung eines gesamtkirchlichen Konzils in der römisch-katholischen Kirche, vgl. CIC 1983, canones 336–341. Danach hat nur der Papst das Recht, ein Konzil einzuberufen und die Verhandlungsgegenstände zu bestimmen; Dekrete sind nur mit Genehmigung des Papstes zusammen mit den Konzilsvätern rechtsverbindlich; wenn er stirbt, wird das Konzil unterbrochen.

zer Dekrete auch Auswirkungen auf die Deutung des Ersten Vatikanums hat.[18] Alt-katholische Theologen sehen das Dekret (und ebenso das Konzil selbst) nicht als Notmaßname bzw. Ausnahmeerscheinung, sondern als einen am Ende zwar gescheiterten, aber letzten Versuch am Vorabend der Reformation, „die altkirchliche Verfassung, so wie sie die damaligen Konzilsväter und ihre gelehrten Berater verstanden, wiederherzustellen."[19] Urs Küry (1901–1976), Bischof der Christkatholischen Kirche der Schweiz und Verfasser eines Standardwerkes über die Alt-Katholische Kirche, sieht das Konstanzer Konzil an als „das im Hl. Geist rechtmäßig versammelte allgemeine Konzil als Repräsentation der katholischen Kirche", der alle Instanzen, einschließlich des Papstes, „in Fragen des Glaubens, der kirchlichen Einheit und der Reform an Haupt und Gliedern verpflichtet" seien.[20] Dass das nachfolgende Basler Konzil die Beschlüsse des Konstanzer Konzils bestätigt habe, ist keine Nebensächlichkeit, sondern enthält das wichtige Moment der Rezeption eines Konzils.[21] Küry sieht Konstanz und den Konziliarismus als „nicht mehr zu übersehenden, wenn auch unzulänglich gebliebenen Hinweis auf die Verfassung der alten Kirche"; er habe „einen nachhaltigen Einfluß auf die Widerstandsbewegungen der kommenden Jahrhunderte"[22] ausgeübt, „die sich seit dem Ausgang des Mittelalters bis in die neueste Zeit hinein dem kurialen Papalismus" entgegenstellten.[23] Küry benennt diese Widerstandsbewegungen (Gallikanismus, Febronianismus, Kirche von Utrecht, Josefinismus, Reform Wessenbergs, liberale katholische Wissenschaft im 19. Jahrhundert, sowie weitere Reformversuche) als Vermittlerinnen der konziliaren Tradition für ihre eigene Zeit und

---

[18] Vgl. *Hubert Wolf:* Krypta. Unterdrückte Traditionen der Kirchengeschichte, München 2015, 75–92, hier 90.

[19] *Küry,* Die Altkatholische Kirche, 29.

[20] Ebd. So kommt auch der Erzbischof von Utrecht und Kirchenhistoriker Marinus Kok zu dem Schluss: „Das Konzil von Konstanz erhob den Konziliarismus sogar zum Dogma." *Marinus Kok:* 100 Jahre Utrechter Union: Rückblick und Ausblick, in: IKZ 79 (1989), 145–174, hier 149.

[21] Konzilien bedürfen der Annahme der Entscheidungen durch die ganze Kirche (consensus ecclesiae), welche die Rechtgläubigkeit und Authentizität der Entscheidungen bestätigt. Konzilien sind nicht an sich, oder aufgrund der Autorität der versammelten Bischöfe, irrtumslos; sie erweisen sich als solche durch den Rezeptionsprozess, der letztlich nicht mit juristischen Mitteln abschließbar ist. Vgl. dazu *Werner Küppers:* Rezeption. Prolegomena zu einer systematischen Überlegung, in: Konzile und die ökumenische Bewegung (Studien des Ökumenischen Rates, 5), Genf 1968, 81–104. Der Beitrag von Küppers, Professor am Alt-Katholischen Seminar der Universität Bonn, war eine der ersten Studien der neueren Zeit zu dieser wichtigen Thematik.

[22] *Küry,* Die Altkatholische Kirche, 30.

[23] *Küry,* Die Altkatholische Kirche, 28.

für die Nachwelt. Historisch stellt er damit eine Brücke zwischen Konziliarismus und Altkatholizismus her.[24]

2. „Konstanz" als von Wessenberg inspirierter Erinnerungsort kirchlicher Reformanliegen im 19. und 20. Jahrhundert

„Konstanz" als Erinnerungsort des Widerstandes gegen „kurialen Papalismus" im 15. Jahrhundert (Küry) wurde im 19. Jahrhundert nach der die kirchlichen Verhältnisse erschütternden Ära Napoleons und der Neuordnung der politischen und kirchlichen Verhältnisse durch den Wiener Kongress (1815) zu einem Anhaltspunkt und Erinnerungsort für den Ruf nach kirchlicher Reform und Erneuerung. Erinnerungsorte sind nicht nur geographische Orte, sondern können auch in übertragenem Sinne verstanden werden. So können auch Personen im kulturellen Gedächtnis zu „Erinnerungsorten" werden.[25] Personifiziert wurden im 19. Jahrhundert Erinnerung und Ruf nach Reformen durch Generalvikar bzw. Bistumsverweser Ignaz Heinrich von Wessenberg, dessen Reformen, etwa bezüglich der Aus- und Weiterbildung des Klerus, in der Liturgie etc. auf dem Gebiet des nunmehr ehemaligen Bistums Konstanz und darüber hinaus eine nachhaltige Wirkung entfalteten. Auch der deutschsprachige Alt- und Christkatholizismus, der infolge des Ersten Vatikanums in Deutschland, der Schweiz und auf dem Gebiet der Habsburgermonarchie entstand, hat Wessenbergs Reformanliegen als Erbe und Auftrag verstanden und weitergetragen.[26] So fanden etwa anlässlich Wessenbergs 100. Geburtstag auf dem ehemaligen Konstanzer Bistumsgebiet sog. „Wessenbergfeiern" in der Schweiz und in badischen alt-katholischen Gemeinden statt; Alt- bzw. Christkatholiken ergriffen dazu die Initiative bzw. waren maßgeblich beteiligt.[27] In der ultra-

---

[24] Selbstverständlich dürfen die mittelalterlichen Konzilien und der Konziliarismus nicht idealisiert, sondern müssen historisch-kritisch untersucht werden. Vgl. dazu *Herwig Aldenhoven:* Das Konzil von Basel aus altkatholischer Sicht, in: Theologische Zeitschrift 38 (1982), 359–366; *Stefan Sudmann:* Abgrenzung oder Nachahmung? Das Basler Konzil und die alt-katholische Kirche, in: *Angela Berlis/Matthias Ring* (Hg.): Im Himmel Anker werfen. Vermutungen über Kirche in der Zukunft, FS für Bischof Joachim Vobbe, Bonn, 2. verbesserte Auflage 2008, 289–301.

[25] So etwa auch Jan Hus, der allerdings nicht nur mit Konstanz verbunden ist.

[26] Vgl. *Oeyen, Wessenberg; Adolf Küry:* Die Durchführung der kirchlichen Verordnungen des Konstanzer Generalvikars I. H. von Wessenberg in der Schweiz, in: IKZ 5 (1915), 132–161; 297–315; 422–443.

[27] Vgl. dazu: *Josef Fridolin Waldmeier:* Der altkatholische Klerus von Säckingen/Waldshut und Zell im Wiesental, Aarau 1980, 201; *ders.:* Katholiken ohne Papst. Ein Beitrag zur Geschichte der christkatholischen Landeskirche des Aargaus, Aarau 1986, 44–57.

montan geprägten römisch-katholischen Wahrnehmung hingegen stieß Wessenberg lange Zeit auf schroffe Ablehnung; zur Würdigung seines Werkes und seiner kirchlichen Reformtätigkeit kam es hier erst in der zweiten Hälfte des 20. Jahrhunderts infolge des Zweiten Vatikanums.[28]

Im 19. Jahrhundert war das Plädoyer für die (Wieder-)Einrichtung von Synoden und für andere kirchliche Reformen wiederholt zu hören, auch im Protest gegen das Erste Vatikanum. Die Stimmen konnten bei früheren Forderungen, auch beim 1860 verstorbenen Wessenberg anknüpfen. Bei der Formierung der alt-katholischen Bewegung spielen die Alt-Katholikenkongresse von München (1871), Köln (1872) und Konstanz (1873) eine für die Entwicklung der theologischen Programmatik wichtige Rolle. Der Alt-Katholikenkongress von Konstanz, der vom 12. bis 14. September 1873 v. a. im Konzilsaal gehalten wurde, stand am Übergang zur Vollendung der Kirchwerdung des Konzilsprotests in Deutschland: wenige Monate bzw. Wochen zuvor fanden Wahl und Weihe des ersten Bischofs für die Alt-Katholiken im Deutschen Reich statt. Der Kongress beriet über die „Synodal- und Gemeindeordnung" (SGO), die ein Jahr später durch die erste Synode der Alt-Katholiken im Deutschen Reich in Kraft gesetzt wurde.[29] In der SGO sind u. a. die Rechte und Pflichten der Synode sowie das Verhältnis zwischen Bischof und Synode (die Synode wählt den Bischof) festgelegt. Auch Stellung und Mitspracherecht der Laien wurden rechtlich verankert.[30] Letztlich hat die Einrichtung von Synoden (und von Organen wie der Synodalvertretung, die mit dem Bischof gemeinsam die Leitung der Kirche wahrnimmt) zu einem starken Bewusstsein von Synodalität geführt und das Selbstverständnis gestärkt, eine bischöflich-synodale Kirche zu sein.[31] International war die Beteiligung der Laien am Kirchenregiment an-

---

[28] Vgl. *Bischof,* Ende Bistum Konstanz, 251 f. Vgl. auch *Karl-Heinz Braun* (Hg.): Kirche und Aufklärung. Ignaz Heinrich von Wessenberg (1774–1860), Freiburg i. Br. – Zürich 1989; ders. (Hg.): Bildung bei Ignaz Heinrich von Wessenberg (1774–1860), Freiburg i. Br. 2014.

[29] Vgl. zum Konstanzer Altkatholikenkongress: *Angela Berlis:* Frauen im Prozess der Kirchwerdung. Eine historisch-theologische Studie zur Anfangsphase des deutschen Altkatholizismus (1850–1890), Frankfurt a. M. 1998, 191–215.

[30] Im 19. Jahrhundert waren in der alt-katholischen Kirche viele Rechte von Laien, soweit sie mit dem bürgerlichen Rechtsstatus in Verbindung standen, auf Männer beschränkt. Vgl. *Angela Berlis:* Einbruch in männliche Sphären? Der Aufbruch alt-katholischer Frauen im 19. und 20. Jahrhundert, in: *Michaela Sohn-Kronthaler* (Hg.): Feminisierung oder (Re-)Maskulinisierung der Religion im 19. und 20. Jahrhundert? Forschungsbeiträge aus Christentum, Judentum und Islam, Wien – Köln – Weimar 2015 (im Druck).

[31] Mit der Einführung dieser synodalen Strukturen der Mitbestimmung der Laien gingen die Alt-Katholiken damals sogar weiter als die protestantischen Kirchen, die damals nur „Amtsträgersynoden" kannten. Walter Dietz hält fest, dass im Protestantismus des 19. Jahrhunderts zwar das Priestertum aller Gläubigen nachdrücklich betont wurde, aber

fangs nicht unumstritten. Zwar wurde „the principle of collegiate decision-making"[32] immer praktiziert, aber in der Alt-katholischen Kirche der Niederlande reagierte man zunächst eher skeptisch auf die Beteiligung von Laien am Kirchenregiment.[33] Erst 1920 wurde dort eine mit Geistlichen und Laien besetzte Synode eingeführt.[34]

Der Konstanzer Kongress der Alt-Katholiken im Jahr 1873 war sich des *genius loci* sehr bewusst, konnte man doch theologisch-inhaltlich sehr gut am Konziliarismus und Bemühungen um Kirchenreform anknüpfen. Man sah sich in Konstanz auf dem Boden konziliarer Tradition und damit gestärkt im Anliegen, „dem vatikanischen Zerrbilde eines Concils ein wahres, allgemeines Concil entgegenzusetzen".[35] Auch Person und Werk Wessenbergs und damit die Erinnerung an kirchenreformerische Anliegen der jüngsten Vergangenheit waren in gedenkender Erinnerung vollauf präsent.[36]

Die Erinnerung an Jan Hus stand im deutschsprachigen Altkatholizismus zunächst weniger im Vordergrund;[37] dies im Unterschied zum tschechischsprachigen Altkatholizismus, der sich Jan Hus (ähnlich wie andere

---

„der synodale Gedanke im Luthertum ein Blindgänger" gewesen sei. Dietz, zitiert nach Bernd Jochen Hilberath: Eine ökumenische Aufgabe und eine katholische Herausforderung: Synodalität, in: Theologische Quartalschrift 192 (2012), 131–148, hier 132. Auf die Vorreiterrolle der Alt-Katholiken in Deutschland gegenüber den protestantischen Kirchen war der Laienführer und Dr. beider Rechte, Johann Friedrich von Schulte (1827–1914), der die bischöflich-synodale Ordnung des Bistums für die Altkatholiken maßgeblich mitbestimmt hatte, besonders stolz.

32 *Jan Hallebeek:* The Old Catholic Synods. Traditional or Innovative Elements within the Constitution of the Church, in: IKZ 101 (2011), 65–100, hier 95. Hallebeek gibt einen guten Überblick über die Stellung der Synode in den einzelnen alt-katholischen Kirchen.

33 Aufschlussreich über die Einwände auf niederländischer Seite ist ein Brief des christkatholischen Bischofs Eduard Herzog (Bern) an einen niederländischen Laien, in dem er ausführlich auf die Funktion von Synoden im kirchlichen Leben und die Rolle der Laien darin eingeht. Herzog gibt darin u. a. zu, dass er ein Vierteljahrhundert zuvor ähnlich wie der Adressat gewisse Bedenken gehabt habe. Aber sie seien „völlig unbegründet" gewesen. Er habe stattdessen „in meinem bischöflichen Amt von Seiten der Laien ein Entgegenkommen und eine Unterstützung gefunden …, wie ich sie niemals erwartet hatte." Eduard Herzog an Dr. jur. L. W. A. Colombijn, Dordrecht, Bern, 13. April 1897, Bischöfliches Archiv Bern, AH 74 (Transkription durch Hubert Hupperts, Everswinkel).

34 Zur Synode in den Niederlanden vgl. *Hallebeek,* Old Catholic Synods, 83–90.

35 Der dritte Altkatholiken-Congress, 149. Hinweise auf das Konzil erfolgten mehrfach, vgl. u. a. ebd., 262.

36 So begrüßte der Präsident des Konstanzer Vorbereitungskomitees, Staatsanwalt Emil Fieser (1835–1904), mit dem Hinweis darauf, „dass es als eine günstige Vorbedeutung für den Congress angesehen werden dürfe, dass er an dem Orte zusammentrete, wo das große Reform-Concil getagt und der edle Bischof v. Wessenberg gewirkt habe". Der dritte Altkatholiken-Congress in Constanz im Jahre 1873. Stenographischer Bericht. Officielle Ausgabe, Constanz 1873, 2.

37 *Johann Friedrich von Schulte* erwähnt ihn in seiner Rede beim Kongress 1873: ebd., 260, ebenso *Reinkens,* ebd., 263, beide aber ohne weiter auf ihn einzugehen.

Kirchen dort auch) zueignete. František Iška (1863–1924), promovierter Jurist und damals assistierender Priester in der christkatholischen Gemeinde Bern, deutete das gesamte Konzil von Konstanz im Lichte der Verurteilung von Jan Hus. Es war kein Zufall, dass der erste tschechisch-sprachige alt-katholische Gottesdienst einen Tag nach der Gedenkfeier für Jan Hus am 7. Juli 1897 stattfand; viele Pilgerinnen und Pilger, die zur Gedenkfeier zum Hussenstein in Konstanz gekommen waren, reisten dazu weiter ins nicht allzu ferne Zürich.[38] Im September des gleichen Jahres distanzierte sich der Internationale Alt-Katholikenkongress in Wien von der Verurteilung und Verbrennung des Johannes Hus und des Hieronymus von Prag durch das Konstanzer Konzil „als eine ganz und gar unkatholische, ja unchristliche Maßregel".[39] Der Berner Professor Eugène Michaud (1839–1917), der den Antrag bezüglich Hus gestellt hatte, rechnete die Verurteilung zu „den Missgriffen des Konzils"; sie sei „unter Missachtung von Recht und Gerechtigkeit" geschehen.[40] Michaud plädierte dafür, Hus als Märtyrer zu ehren, Hus sei zudem ein „Vorläufer des Altkatholizismus".[41] Im Jahr 1900 gründete Iška in Prag eine tschechische alt-katholische Kirche, die erinnerungspolitisch bei Hus und Hieronymus von Prag anknüpfte.

3. Konstanz als Erinnerungsort für den Entscheidungsprozess für die Frauenordination

Synodalität ist ein Schlüsselbegriff und ein biblisch bezeugtes Grundprinzip des kirchlichen Lebens und des Kirchenverständnisses – diese Aussage bezieht sich nicht auf eine einzige Konfession. Das Wort „synodos" ist zwar erst seit Eusebius sicher belegt, doch wenn wir die Kirche von ihrem eigentlichen Zentrum, der eucharistischen Versammlung, her verstehen, die ihren Ursprung findet im Abendmahl Jesu mit seinen Jüngern, dann findet sich hier im Kern das, was Synodalität ausmacht. Die synodale Verfassung der Kirche gründet in der zum Abendmahl versammelten Kirche.

---

[38] Für die Informationen zu František Iška danke ich † Josef König (April 2006), Prag, für Iškas Sicht des Konstanzer Konzils Petr Jan Vinš, Prag (29. April 2015).

[39] Bericht über den vierten internationalen Altkatholiken-Kongress in Wien, 31. August bis 3. September 1897. Zusammengestellt von E[duard] H[erzog], Bern (Stämpfli) 1898, 8 f, 25 f, 46 f, hier 46.

[40] Bericht Wien, 25. Die Begründung des Antrags findet sich: Eugène Michaud: Le Hussisme religieux. Rapport lu au congrès ancien-catholique international de Vienne, septembre 1897, in: Revue Internationale de Théologie 6 (1898), 46–56, hier 46 Anm.

[41] Bericht Wien, 25. – In ähnlicher Weise wurde Hus durch Luthers „Wir sind all Hussen" zum „prominentesten ‚testis veritatis' des Protestantismus. Helmrath, Konzil, 45.

Synodalität verwirklicht sich auf verschiedenen Ebenen. Sie kann sehr unterschiedlich umschrieben und gestaltet werden, z. B. im Sinne der Kollegialität zwischen Bischöfen, die in synodale Entscheidungsfindung mündet.[42] Im alt-katholischen Diskurs inkludiert Synodalität ausdrücklich auch die Laienpartizipation. Dabei spielt das Priestertum aller Gläubigen eine Rolle, sie wird aber anders akzentuiert als etwa in den lutherischen und reformierten Kirchen.[43] Faktisch spielt Synodalität im Leben einzelner Kirchen eine unterschiedliche Rolle, sie wird unterschiedlich definiert und hat ein unterschiedliches Gewicht. Das Bewusstsein dessen, was Synodalität bedeutet, und die Art und Weise, wie sie praktiziert wird, haben sich zudem historisch entwickelt – dies kann sowohl Entfaltung als auch Einschränkung bedeuten.[44]

Der römisch-katholische Theologe Bernd Jochen Hilberath hat vor einiger Zeit folgende These aufgestellt: „In Kirchen, für deren Leben und Verfassung das synodale Element nicht nur wesentlich, sondern auch in der Kirchenordnung verwirklicht wird, gibt es keinen Diskussionsbedarf in Sachen Synodalität."[45] Hilberath hat sicher recht im Hinblick auf das „dass". Doch das „wie" unterliegt Entwicklungs- und Lernprozessen, die immer auch vor ihrem jeweiligen kulturellen Hintergrund zu verstehen sind. Im Hinblick auf die Moderne darf zudem nicht übersehen werden, wie stark die Entwicklung zu demokratischen Gesellschaftsstrukturen in den europäischen Staaten auch das kirchliche Denken beeinflusst hat. Der demokratische Diskurs – insbesondere die Vorannahme der Gleichheit aller Beteiligten – prägt das Bewusstsein und die Wahrnehmung von Synodalität und gestaltet ihre Ausübung mit.[46]

Einen derartigen Lernprozess hat die Diskussion über die Frauenordination in den Alt-katholischen Kirchen der Utrechter Union ausgelöst; etwa zeitgleich mit diesem kirchenweit geführten Entscheidungsfindungs-

---

[42] Vgl. das Dokument einer altkatholisch/römisch-katholischen Arbeitsgruppe „Das gemeinsame Erbe freudig miteinander teilen". Empfehlungen an den Vorstand der «Katholischen Vereinigung für Ökumene» zum Verhältnis zwischen der Altkatholischen und der römisch-katholischen Kirche in den Niederlanden, in: IKZ 94 (2004), 249–276.

[43] Vgl. zu lutherischen und reformierten Positionen *Hilberath,* Ökumenische Aufgabe, 132–136.

[44] Darauf weist Piero Coda hin, der diese Aussage auf seine eigene, römisch-katholische Kirche anwendet: *Piero Coda:* Erneuerung des synodalen Bewusstseins im Volk Gottes, in: Theologische Quartalschrift 192 (2012),103–120, hier 113.

[45] *Hilberath,* Ökumenische Aufgabe, 131.

[46] So weist etwa Corda darauf hin, dass vor dem Zweiten Vatikanum in der römisch-katholischen Kirche eine „Spiritualität des Gehorsams" geherrscht habe, die danach von einer „Spiritualität der Communio" abgelöst worden sei. *Corda,* Erneuerung des synodalen Bewusstseins, 117.

prozess wurde das Statut der Internationalen Bischofskonferenz überarbeitet. Die Einsichten aus der Debatte um die Frauenordination fanden im neu gefassten Statut etwa in klareren Regelungen über Steuerung und Rezeption von Reflexionsprozessen Eingang[47] – Zeichen eines vertieften Nachdenkens darüber, wie die Ausübung von Synodalität theologisch reflektiert und praktisch auf allen Ebenen der Kirche umgesetzt werden kann.

Wie eingangs erwähnt, fand an Pfingsten 1996 in der alt-katholischen Christuskirche zu Konstanz die erste Weihe alt-katholischer Priesterinnen statt. Als Ordination von Frauen in einer Kirche katholischer Tradition zog sie weit über das deutsche alt-katholische Bistum hinaus die Aufmerksamkeit der Öffentlichkeit und der Ökumene auf sich.[48] Was damals in Konstanz geschah, wäre ohne den vorangegangenen langjährigen synodalen Diskussions- und Entscheidungsfindungsprozess innerhalb des deutschen alt-katholischen Bistums und der alt-katholischen Kirchen der Utrechter Union nicht denkbar gewesen. Weibliche und männliche Laien haben diese Diskussion von Anfang an aktiv mitgestaltet, gemeinsam mit Theologen und Theologinnen sowie Bischöfen. Dass dieser langjährige, spannungsreiche Entscheidungsfindungsprozess mit der Weihe in Konstanz einen feierlichen und für die allermeisten freudigen Abschluss erfuhr, gibt dem Erinnerungsort Konstanz weitere, mit den bisherigen Narrativen (Synodalität, Reform, Partizipation etc.) durchaus zu verbindende Dimensionen.[49]

Dass gerade Konstanz zum Ort der Weihe erkoren wurde, hing zunächst ganz praktisch mit dem biographischen Bezug einer der beiden geweihten Frauen und der Größe des alt-katholischen Kirchengebäudes zusammen. Doch die symbolische Bedeutung dieser Weihe am Pfingstfest und in Konstanz wurde schon bald erkannt. Es lag auf der Hand, die Weihe der Frauen als Zeichen kirchlicher Erneuerung zu sehen, mit der an Pfing-

---

[47] Statut der in der Utrechter Union vereinigten altkatholischen Bischöfe, in: IKZ 91 (2001), 12–42.

[48] Vgl. *Angela Berlis:* Frauenordination – ökumenische Konflikte und ihre Bewältigung – am Beispiel der Alt-Katholischen Kirche, in: ÖR 55 (2006), 16–25 (mit weiterer Literatur).

[49] Die alt-katholischen Kirchen haben auf ihrem Weg zur Frauenordination wiederholt festgehalten, dass eine derartige Entscheidung eigentlich dem Urteil eines wahrhaft ökumenischen Konzils vorbehalten sei. Da dieses jedoch derzeit nicht möglich sei, sei eine Entscheidung jedoch unumgänglich. Wer so etwas sagt, wird zugleich die Bereitschaft signalisieren, die eigene Praxis durch ein einmal tatsächlich stattfindendes wirklich allgemeines Konzil befragen zu lassen. Vgl. dazu *Berlis*, Frauenordination, 20 und 24, Anm. 7. Vgl. auch, was der alt-katholische Bischof Joachim Vobbe in seinem anlässlich der Frauenordination erschienenen Hirtenbrief schrieb: *Joachim Vobbe:* Brot aus dem Steintal. Bischofsbriefe, Bonn 2005, 446.

sten, dem Geburtsfest der Kirche, begonnen wurde. Bei den Ansprachen in der Kirche und beim anschließenden Empfang im Konzilsgebäude wurde ganz bewusst an die in Konstanz bereits bestehenden Erinnerungsorte „Konzil", „Wessenberg", „synodale Tradition" und den damit verbundenen Narrativen angeknüpft. Zugleich wurde hier einmal mehr Kirchengeschichte geschrieben: Konstanz als Stadt, in der eine synodal getragene und theologisch wie kirchlich verantwortete Reform der Kirche stattfindet.

4. Schluss

„Konstanz" als Erinnerungsort ist in alt-katholischer Erinnerungskultur nicht nur mit dem Konstanzer Konzil und dem Konziliarismus, sondern auch mit Personen und Ereignissen der neueren Kirchengeschichte verknüpft, die in enger Verbindung stehen mit der Geschichte des Altkatholizismus im 19. und 20. Jahrhundert. Konstanz steht für das Anliegen von Kirchenreform und Erneuerung, aber auch für die Multiperspektivität der Erinnerung, in der Versagen und Scheitern ebenso ihren Platz haben wie Feier und Freude.

Auch wenn in diesem Beitrag „Konstanz" vor allem als Erinnerungsort aus alt-katholischer Perspektive beschrieben wurde, so wäre der Schluss falsch, es handle sich hier lediglich um einen Erinnerungsort aus der Kirchengeschichte, der nun von einer bestimmten kirchlichen Tradition zur Gestaltung des eigenen Narrativs vereinnahmt würde. Das Gegenteil ist der Fall. Konstanz ist Teil der westkirchlichen Erinnerungsgeschichte an konziliare Praxis der Kirche. „Konstanz" und der damit verbundene Konziliarismus gehören mit allen seinen Facetten zur Geschichte aller Kirchen, den Kirchen in katholischer wie auch denen in reformatorischer Tradition. Konstanz steht dafür, dass das Wohlergehen der Kirche eine Angelegenheit und deshalb eine Verantwortlichkeit aller ist.[50] Die appellative Bedeutung dieses Erinnerungsortes wirkt fort.[51]

---

[50] Vgl. dazu *Avis,* Reformation, 184: "The central conviction of conciliarism – its pivotal ecclesiological axiom – is the belief that responsibility for the well-being (the doctrine, worship and mission) of the Church rests with the whole Church."

[51] So schreibt etwa Paul Avis: "The right combination of conciliarity, collegiality and primacy is the Holy Grail of modern ecumenical dialogue." *Avis,* Reformation, 184.

Was sagen wir über Hus in dem säkularisierten tschechischen Kontext?

Peter Morée[1]

Jan Hus, der Reformator aus Prag, 1415 in Konstanz hingerichtet, brachte immer Menschen auf die Straße. Das war so während seines Lebens, als sie zur Bethlehemskapelle kamen, um ihn zu hören. Das war so auf dem Weg nach Konstanz durch Bayern, als man den böhmischen Ketzer „live" sehen wollte. Und es bleibt so auch nach dem Ende seines Lebens, wenn seines Märtyrertodes am 6. Juli gedacht wird.

Hus wurde Teil des Diskurses, des Selbstverständnisses und des Geschichtsbildes der verschiedenen Zweige der Reformationsbewegungen und -erscheinungen in den verschiedenen Teilen Europas. Martin Luther verwies schon 1519 auf Hus in den Streitgesprächen mit Johannes Eck in Leipzig, um damit seine Position gegenüber Eck zu stärken. Sowohl Calvin als auch Zwingli verstanden Hus als einen Zeugen des Streites mit der römischen Kirche um die Rückkehr zu einer ursprünglichen Form des Christentums. Sowohl Matthias Flacius[2] wie auch John Foxe[3] nahmen ihn in ihre Geschichte der Märtyrer auf, die ihr Leben für die wahre Kirche geopfert haben.

Nach dem Anfang der Rekatholisierung in Böhmen und anderen Kronländern der Habsburger Monarchie konnte das Gedächtnis an Hus nur in den protestantischen Ländern Europas gepflegt werden.[4] In Böhmen

---

[1] Dr. Peter Morée ist Dozent für Kirchengeschichte an der Evangelisch-Theologischen Fakultät der Karls-Universität Prag.

[2] *Matthias Flacius Illyricus:* Catalogvs Testium ueritatis, qui ante nostram aetatem Pontifici Romano, eiusque erroribus reclamarunt, iam denuo longe quam antea, & emendatior & auctior editus, Basel 1562, 494.

[3] *Thomas Fudge*: Jan Hus as the Apocalyptic Witness in John Foxe's History, in: Communio Viatorum, LVI, 2014, Nr. 2, 136–168.

[4] Siehe *David Holeton* and *Hana Vlhová-Wörner:* Second Life of Jan Hus, Liturgy, Com-

tauchte er wieder auf, als die Aufklärung und ihr Prinzip der Vernunft Resonanz fanden. Hus und seine Nachfolger waren in diesem Verständnis zwar nicht rechtgläubig katholisch, aber sie hatten wegen ihrer literarischen Tätigkeiten eine große Bedeutung für die tschechische Kultur und Sprache.[5] Bei anderen Aufklärungsdenkern wurde Hus ein moralisches Vorbild für die neue Zeit, die die dunkle Zeit des Unwissens und Barbarei beendete. Schon im düsteren Mittelalter hat Hus das Licht des Wissens aufgenommen, wofür er mit seinem Leben bezahlen musste.[6]

Dieses Gedächtnis an Hus war aber eine Angelegenheit der intellektuellen Elite der (böhmischen) Gesellschaft, die nur langsam die breiteren Schichten der Gesellschaft erreichte. Auch die zentrale Stellung, die Hus im Laufe des 19. Jahrhunderts in der romantischen und nationalistischen Geschichtsschreibung (siehe unten) einnahm, wurde hauptsächlich in akademischen Kreisen diskutiert.

Die ersten Änderungen in der Bedeutung von Hus für die breitere Gesellschaft kamen erst 1868 auf, als eine Pilgerreise von Prag nach Konstanz organisiert wurde. Sie war zwar nur für die politische und gesellschaftliche Führung des tschechischen Volkes, aber in der Presse wurde ausführlich über die Reise geschrieben.[7] Das erste Mal in der neuzeitlichen Geschichte, dass Hus auf den Prager Straßen gefeiert wurde, war im Juli 1869.

Für 1869 war eine große Feierlichkeit anlässlich des 500. Geburtstags von Jan Hus geplant. Diese musste aber für September geplant werden, obwohl man Hus' Geburtstag am 6. Juli, an seinem Todestag feiern wollte. Im Juli fanden allerdings auch Feierlichkeiten für Cyril und Methodius statt, weshalb die Gedenkfeier verschoben werden musste.

Zwar wurde am 6. Juli im Theater der Prager Neustadt ein Theaterstück über Jan Hus aufgeführt, aber für die breitere Öffentlichkeit war das nicht genug. Diese versammelte sich am Vorabend des 6. Juli in der Festung Vyšehrad, von wo aus sie sich entlang der damaligen Hauptstraße südostwärts bewegte.[8] Etwa 700 Meter von der Festung entfernt steht eine

---

memoration, and Music, in: *František Šmahel/Ota Pavlíček* (eds.): A Companion to Jan Hus, Leiden 2015, 289–324.

[5] So *Adaukt Voigt*: Abbildungen böhmischer und mährischer Gelehrten und Künstler, nebst kurzen Nachrichten von ihren Leben und Werken, 1 Theil, Prag 1773, 61 ff (Johann Huss), und Theil 2, Prag 1775, 67 ff (Johann Augusta).

[6] In diesem Sinne schreibt auch *Voltaire:* Abrégé de l'Histoire universelle depuis Charlemagne jusques à Charlequint, Tome II, La Haye 1753, 283 ff.

[7] Z. B. die Zeitschrift Svoboda berichtete zwischen dem 10. Juni und dem 25. Juli 1868 ausführlich über die Reise. Auch die evangelische kirchliche Presse und deutsche Zeitungen informierten über den Besuch.

[8] Das Ereignis wird in einigen Zeitungen detailliert beschrieben: Vgl. Národní listy vom 6. Juli 1969, Pražský denník vom 6. Juli 1989 oder Moravská orlice vom 8. Juli 1969.

kleine Kirche, dem heiligen Pankratz geweiht. Gleich neben der Kirche steht eine Statue des bis in das 19. Jahrhundert bekanntesten böhmischen Heiligen Johannes Nepomuk.

Diese Statue war das Ziel der 10.000 bis 12.000 Leute, die durch das Vyšehradtor zu der Kirche zogen. Nicht um Johannes Nepomuk zu würdigen, sondern weil sie meinten, dass die Statue ursprünglich Jan Hus dargestellt hätte und später von den Jesuiten umgedeutet worden wäre, damit Hus vergessen würde. Laut dieser Überzeugung wäre die Statue dann die älteste in Prag und Umgebung, die Jan Hus darstellt.

Die Polizei wurde alarmiert und verhinderte, dass die Feierlichkeit beim vermuteten Hus-Denkmal stattfinden konnte. Die Menschenmenge konnte die Statue nicht erreichen und zog deswegen in ein lokales Gasthaus, wo im Garten ein improvisiertes Gedenken stattfand. Ein Bürger von Pankrác ergriff das Wort und sagte über Hus: „Der Geist der Wahrheit und Freiheit ist als ein siegreicher Phönix aus dem Konstanzer Feuer hervorgekommen, unaufhaltsam vorwärts marschierend, mit einem Schwert in seiner Rechten, das Tyrannen zerschlägt, und einer Fackel in seiner Linken, die Licht in die Finsternis wirft, wo korrupte und geizige, in schwarz gekleidete Geistliche sich zu Hause fühlen." Also, Hus der Menschenrechtler und Aktivist.

Die Prager Polizei griff entschieden durch. Das Stadttor wurde geschlossen, und die Prager Bürger wurden gezwungen, andere Wege in die Stadt zu finden. Es blieb in der Nacht unruhig, hauptsächlich am Bethlehemsplatz, wo früher die Bethlehemkapelle gestanden hatte. Bis spät in der Nacht wurde vor dem Haus an dieser Stelle gefeiert. Es gab kleinere Zusammenstöße mit der Polizei.

Wer ist „unser Hus", und wie sieht er aus? Das war die zentrale Frage im Jahre 1869, das ist die Frage, die die Forscher sich gestellt haben und bis heute stellen. Ist Hus in der Tat der Mann der Statue bei der Pankratzkirche? Sollen wir ihn unter den Sedimenten der Geschichte suchen, unter den Farbschichten der Traditionen? Ist Hus weggeschoben worden, verdrängt aus dem Bewusstsein, oder ist er uns entfremdet worden, weggenommen im Interesse einer anderen Wahrheit der Geschichte?

Was suchen wir heute, im Jahre 2015? Welcher Hus ist heute präsent in den Feierlichkeiten, die in diesem Jahr überall stattfinden? Und was sagen die Protestanten dazu, eine kleine Gruppe in der tschechischen Gesellschaft, die sich allerdings als Nachfolger und Erben der Reformation von Jan Hus, Petr Chelčický und Jan Amos Comenius sehen? Was kann man über eine kirchliche und theologische Reformbewegung sagen in einem Kontext, der zu den säkularisiertesten in der Welt gehört? Warum sollte sich die tschechische Gesellschaft, in der sich nur 14 Prozent aktiv zu einer Kirche bekennen, für einen Mann interessieren, der sein Leben für seinen Glauben und Überzeugung für eine christlichere Kirche opferte?

Ein Argument lautet, dass Jan Hus nicht nur Teil der evangelischen Identität ist, sondern auch die historische Identität des tschechischen Volkes darstellt. Deshalb sollen wir ihn als eine bedeutsame Persönlichkeit, als großes Vorbild für das Volk darstellen. Das scheint mir als Antwort aus Sicht der tschechischen Protestanten zu wenig. Wir brauchen eine theologische Antwort, nicht nur eine soziologische oder geschichtliche Feststellung.

Um zu einer Antwort zu gelangen, müssen wir zunächst analysieren, welche Modelle es in der tschechischen Gesellschaft gab, um Hus in Verbindung zur modernen Kultur zu verstehen. In der Forschung können wir drei Deutungen von Jan Hus und der Böhmischen Reformation unterscheiden (die aufklärerische Deutung von Hus haben wir oben schon erwähnt und ist wegen ihrer beschränkten Wirkung weniger interessant für unser Ziel). Die erste ist in Verbindung mit der Entstehung des modernen Begriffs der tschechischen Nation zu sehen, in dessen Kontext Hus zum Helden des tschechischen Volkes umgedeutet wurde. Die zweite entstand im Zusammenhang der Diktatur des Proletariats, dessen Ideologen Hus zum Vorläufer der antifeudalen Revolution machten. Die dritte Interpretation ist eingebettet in die erneute Debatte über Hus nach dem Fall des Kommunismus, wobei die Katholizität des Jan Hus eine zentrale Frage war.

Hus im nationalistischen Zeitalter

Die erste, national orientierte, Interpretation hat stets mit dem Historiker František Palacký zu tun, der in seinem Entwurf der Geschichte des tschechischen Volkes Hus eine zentrale Position zusprach.[9] Die Zeit von Hus und der Böhmischen Reformation ist – nach seiner Darstellung – das goldene Zeitalter der tschechischen Geschichte, die erste Blütezeit der Nation, die unter der Führung von Hus und anderen Reformatoren ihre Identität entdecken und entwickeln konnte. Für Palacký hatte das sowohl mit dem Konflikt mit der Führung der katholischen Kirche als auch mit einer Auseinandersetzung zwischen Deutschen und Tschechen zu tun. Hus ver-

---

[9] *František Palacký:* Dějiny českého národu v Čechách, na Moravě a ve Slezsku, Prag 1848–1867. Die Bände 3 bis 5 der Reihe von insgesamt 5 Bänden handeln über die Zeit der Böhmischen Reformation. Die deutschsprachige ursprüngliche Fassung (nur 3 Bände) erschien zwischen 1837 und 1854 und unterschied sich in den konzeptionellen Passagen über die tschechische Geschichte.

trat ein modernes, fast aufklärerisches Konzept der theologischen und politischen Autorität, vereint mit einer individuellen Freiheitsidee gegenüber einer Kirche, die Gehorsam und Unterwerfung verlangte. Für Palacký setzte sich in der Böhmischen Reformation ein neuer Begriff des Menschseins durch. Das Verständnis des Menschen war zwar von den Theologen dieser Reformation auch theologisch begründet worden, manifestierte sich aber dennoch vorwiegend politisch und kulturell.

Diese Interpretation der tschechischen Geschichte stieß auf harte Kritik seitens deutschsprachiger böhmischer Historiker. Der führende aus diesem Kreis war Konstantin Höfler, der 1864 ein Buch veröffentlichte, das den aufklärerischen Charakter der Böhmischen Reformation leugnete.[10] Er wies darauf hin, dass die Reformbewegung in der Zeit von Hus zu einer Spaltung der Prager Universität geführt hatte und zu einem umfangreichen Verlust ihrer intellektuellen Kapazität. Die Deutschsprachigen wurden veranlasst, Prag zu verlassen. In Böhmen fing eine Periode von Kriegen und Chaos an, weil mit dem Abzug der Deutschen die Verankerung Böhmens in der abendländischen Zivilisation verloren ging. Höfler benutzte zwei Argumente gegen Palackýs Verständnis der böhmischen Geschichte. Erstens behauptete er, dass die Deutschsprachigen in Böhmen die Kulturträger des Landes gewesen seien. Und zweitens griff er auf ein Paradigma in der katholischen Geschichtsschreibung des 19. Jahrhunderts zurück, wonach die römisch-katholische Kirche und ihre Kultur als Grund der Einheit des Abendlandes dargestellt wurden. Mit der Reformation wurde die Einheit der Zivilisation und des politischen Gebildes zerbrochen. In Antwort auf Konstantin Höfler sagte Palacký, dass die Blüte der Kultur des 15. und 16. Jahrhunderts dadurch verursacht wurde, dass die Tschechen in dieser Zeit nicht von anderen (gemeint sind die Deutschen) bevormundet wurden.[11]

Einer von denen, die sich in ihrem Verständnis des Jan Hus an Palacký orientierten, war Franz Lützow. Dieser Historiker und Politiker ist in Tschechien zwar in Vergessenheit geraten, war aber international hinsichtlich der Gründung der Tschechoslowakei 1918 sehr einflussreich. Lützow kam ursprünglich aus Mecklenburg, studierte in Wien und trat in den diplomatischen Dienst der Habsburger Monarchie. Auch war er in dem Reichsrat als Vertreter verschiedener tschechisch-nationaler Parteien.

---

[10] *Konstantin Höfler:* Mag. Joh. Huss und der Abzug der deutschen Professoren und Studenten aus Prag, Prag 1864.

[11] *Peter Morée:* Jan Hus as a Threat to the German Future in Central Europe, The Bohemian Reformer in the Controversy between Constantin Höfler and František Palacký, in: *David Holeton/Zdeněk David* (eds.): The Bohemian Reformation and Religious Practice, Vol. 4, Prague 2002, 295–307.

Lützow engagierte sich für die internationale Verbreitung der tschechischen Kultur und Geschichte. Er schrieb eine Reihe historischer Bücher über Böhmen und über die Böhmische Reformation, alle auf Englisch, die als solche wichtige Quellen für Erkenntnisse über Böhmen und die Böhmische Reformation in Großbritannien und den Vereinigten Staaten wurden. Er war regelmäßig in London und machte 1912 eine Vorlesungsreise durch die Vereinigten Staaten. 1916 starb er in der Schweiz, im Grunde genommen im Exil, damit die österreichischen Sicherheitsdienste ihn nicht verhaften konnten.[12]

In seinen Veröffentlichungen über die Böhmische Geschichte[13] ging es Lützow darum, der angelsächsischen Welt die alten, ehrwürdigen und reichen Traditionen des tschechischen Volkes nahe zu bringen. Diese Traditionen waren der Welt durchaus unbekannt, weil das tschechische Volk immer von den Deutschen unterdrückt gewesen sei. Dank Hus und Žižka konnte aber die tschechische Kultur überleben. In Lützows Sicht war Hus *ein „standhafter Verteidiger und Führer der Böhmen in ihrem Kampf für nationale Unabhängigkeit und daher ein konsequenter Gegner der Deutschen, die zu Hus' Zeiten fast alle und besonders die kirchlichen Ämter in Böhmen unter ihre Kontrolle gebracht hatten. Da die ethnischen Auseinandersetzungen in Böhmen auch heute mit derselben Heftigkeit wie vor fünf Jahrhunderten geführt werden und die üble Angewohnheit, Geschehnisse der Vergangenheit als Beispiele und Argumente für die gegenwärtigen politischen Geschehnisse zu benutzen, hier sehr stark verbreitet ist, ist Hus das Objekt des Hasses vieler neuerer Autoren geworden, nicht, weil er ein Kirchenreformer, sondern weil er ein glühender böhmischer Patriot war "*[14]. Für Lützow war das Anliegen von Hus nicht primär theologisch, es ging ihm in erster Linie nicht um eine Reform des kirchlichen Lebens und der Lehre. Hus' theologische Konzepte waren ein Ausdruck seiner tschechischen Identität und seines Verlangens nach Befreiung des slawischen Geistes.

In dieser Vorstellung sind die wichtigsten Momente im Leben von Hus der Konflikt von 1409 und der Prozess und Verrat in Konstanz. In den Jah-

---

12 Zu Lützow siehe *Šárka Lellková:* Graf Franz Lützow (1849–1916) und die böhmische Gesellschaft, in: Études Danubiennes, Groupe d' etude de la monarchie des Habsbourg 19, č. 1/2 (2003), 155–164.

13 Bohemia. An Historical Sketch, 1896 (3 Auflagen); A History of Bohemian Literature, 1899 (2 Auflagen); The Labyrinth of the World and the Paradise of the Heart (Übersetzung des Buchs Comenius), 1901; The Story of Prague, 1902 (3 Auflagen); Lectures on the Historians of Bohemia, 1905; The Life and Times of Master John Hus, 1909 (2 Auflagen); The Hussite Wars, 1914.

14 The Life and Times of Master John Hus, 17.

ren nach 1402, als Hus Prediger und Rektor der Bethlehemskapelle wurde, wurde er schrittweise die informelle führende Persönlichkeit der Prager Reformbewegung. Als in einem Konzil in Pisa 1409 der Versuch gemacht wurde, das schon seit 1376 andauernde päpstliche Schisma zu lösen, indem ein dritter Papst gewählt wurde, brach in Prag eine Krise aus. Der böhmische König Wenzel IV. kündigte seine Loyalität zum römischen Papst auf und erkannte den neugewählten Pisaer an, weil ihm zugesagt wurde, dass er dadurch den im Jahr 1400 verlorenen kaiserlichen Thron des Heiligen Römischen Reiches wieder zurückbekommen würde. Der Prager Erzbischof Zbynko von Hasenburg lehnte diesen Schritt ab und damit war ein offener Konflikt zwischen den zwei Mächten in der böhmischen Gesellschaft (die übrigens bis dahin zusammengearbeitet hatten) Wirklichkeit geworden.

Wenzel wandte sich darauf an die Universität, damit diese ihn in der Auseinandersetzung mit Zbynko unterstützen möge. Die Prager Akademiker waren allerdings geteilt in dieser Sache, so wie sie auch in der Frage geteilt waren, welche Kirchenreform erstrebenswert wäre. In der bis 1409 geltenden Verwaltungsstruktur hätte Wenzel deshalb diese Unterstützung nie bekommen, weil eine Mehrheit ihre Loyalität gegenüber dem römischen Papst aufrechterhalten wollte.

Der König entschied sich deshalb, die Verwaltungsstruktur der Universität so zu ändern, dass seine Seite dabei bevorzugt würde. Seine Gegner verloren ihre Mehrheit und Wenzel erhielt sein gewünschtes Gutachten.

Lützow und andere tschechische Historiker seiner Zeit[15] deuteten dieses Ereignis als die erste große Auseinandersetzung zwischen Deutschen und Tschechen in der Zeit von Hus. Wenzels Gegner waren nämlich nicht einheimische Böhmer, sondern kamen großenteils aus deutschsprachigen Teilen Europas. Ihre Ablehnung der Reformideen von der einheimischen, durchgehend tschechischsprachigen Partei, zu der auch Hus gehörte, wurde deshalb als ein Versuch verstanden, eine deutsche Dominanz über die Tschechen durchzusetzen. Erst als die Tschechen sich von der deutschen Überlegenheit befreit hatten, konnten sie sich selbstständig äußern und entwickeln. Der Konflikt von 1409, Wenzels pragmatisches Machtspiel und die Frage der Einheit der Kirche wurden transformiert in eine nationalistische Auseinandersetzung.

In ähnlicher Weise wurden die Ereignisse in Konstanz interpretiert. Die theologische Auseinandersetzung zwischen Hus und dem Konzilstheologen über die Bedeutung von John Wyclif, die ekklesiologische Debatte

---

[15] So z. B. Václav Novotný, Kamil Krofta, Václav V. Tomek.

um das Wesen und die Erscheinung der Kirche, das Inquisitionsverfahren – es hatte seinen Wert nicht *sui generis*, als ein Ringen um den Glauben und das Heil Gottes, sondern in dieser Deutung bezeichnete es eine andere, wesentlichere Sache: den Verrat an Hus, den Verrat am tschechischen Volk, den Verrat an den legitimen Hoffnungen und Erwartungen des tschechischen Volkes, durch Sigmund, den Kaiser des Heiligen Römischen Reiches.

Im 19. Jahrhundert waren viele tschechische Protestanten eher misstrauisch gegenüber der Vorstellung eines nationalen Hus. Zu Recht sagten sie, dass in dieser Perspektive der Glauben des Reformators verschwinden würde, weil er keine Rolle mehr spielen dürfe. Wenn Hus dem ganzen Volk gehören solle, müsse er umgedeutet werden. Er könne nicht zu sehr Reformator sein, wenn er ein Volk vereinen soll, das sich im religiösen Sinne nur bis zu fünf Prozent zu der Böhmischen Reformation bekennt.

Diese evangelische Kritik an der liberalen Husinterpretation verschwand aber Ende des 19. Jahrhunderts, unter Einfluss von Tomáš G. Masaryk, dem späteren Staatspräsidenten, und Ferdinand Hrejsa, dem Kirchenhistoriker der späteren Prager Hus-Fakultät. Für Masaryk waren Hus und Chelčický Vorbilder des Humanitätsprinzips der modernen Zeit, Vertreter von Menschenrechten wie Freiheit, Gleichheit und Brüderlichkeit.[16] Hrejsa konstruierte die Geschichte der tschechischen Protestanten als die besondere Geschichte der allgemeinen nationalen Geschichte.[17] Er und andere protestantische Theologen wie František Bednář, František M. Dobiáš oder František M. Bartoš verstanden die Existenz und Geschichte der Protestanten als *pars pro toto* des tschechischen Volkes. Die Blütezeit der tschechischen Reformation war auch der Höhepunkt der Geschichte des tschechischen Volkes, und das Leiden und die Unterdrückung der Evangelischen während der Gegenreformation verlief parallel mit dem Leiden und der Unterdrückung des tschechischen Volkes. In diesem Konzept standen die tschechischen Protestanten stellvertretend da für das tschechische Volk, so wie bei Palacký und Lützow und anderen Historikern Hus Stellvertreter für die Nation war. Die Möglichkeit für eine kritische Distanz und ein grundsätzlich anderes Verständnis des Prager Reformators wurde damit sehr eingeschränkt. Eine evangelische Stimme über Hus konnte nur noch

---

[16] *Tomáš Garrigue Masaryk:* Jan Hus, naše obrození a naše reformace, Praha 1896.

[17] Z. B. in seiner Česká konfese, její vznik, podstata a dějiny, Česká akademie císaře Františka Josefa pro vědy, slovesnost a umění, Praha 1912, oder Dějiny křesťanství v Československu I–VI, Husova československá evangelická fakulta bohoslovecká, Praha 1947–1950.

eine gewisse Korrektur oder Ergänzung sein, wie zum Beispiel theologische Vorstellungen von Jan Hus und seine Rezeption in der späteren lutherischen Reformation. Daraus entstand kein anderes Hus-Bild, aber eine Alternative zur „Mainline" der Geschichtsschreibung. Der evangelische Hus der 1920er Jahre unterschied sich nicht von dem nationalen Hus. Er war nur etwas gläubiger und frommer.

Ihre Gegner fanden die protestantischen Kirchenhistoriker unter jüngeren „säkularen" Historikern und unter römisch-katholischen Kirchenhistorikern. In der Zwischenkriegszeit entstand eine historische Schule an der Prager Universität, die sich mit den romantischen, nationalistischen Interpretationen der tschechischen Geschichte kritisch auseinandersetzte. In ihrer Betonung der Eigenständigkeit der historischen Wissenschaft setzten sie eine positivistische Methode durch, die für die Lage und Qualität der Quellen zu der tschechischen Geschichte heilsam war.

Eine alternative theologische Interpretation von Hus wurde von Jan Sedlák vorgelegt.[18] Als römisch-katholischer Kirchenhistoriker konnte Sedlák keinen rechtgläubigen Hus konstruieren, und deshalb auch keinen Hus, der die Verkörperung des tschechischen Volkes darstellen könnte. Stattdessen präsentierte er den Prager Reformatoren als einen tüchtigen und aufrichtigen Theologen, der sich in entscheidenden Momenten in theologischer und persönlicher Hinsicht irrte. Im Ergebnis war Sedláks Beitrag zur Debatte über Hus als Theologe deswegen bedeutsamer als der von manchen protestantischen Theologen.

Auch auf deutscher lutherischer Seite wurde über Hus in der nationalistischen *Narrative* geschrieben. Der Kirchenhistoriker Johann Loserth, der sich ausführlich mit der Böhmischen Reformation auseinandersetzte, verstand die Stellung von Hus und seinen Nachfolgern abhängig von früheren oder späteren Reformbewegungen in Europa. In seiner wichtigsten Arbeit zu Hus[19] stellte er fest, dass Hus großenteils Wyclifs Positionen wiederholte, weshalb das Reformprogramm des Prager Märtyrers theologisch uninteressant wäre. Die wirkliche, umfassende Reformation fing erst an mit dem deutschen Luther. Loserths Sicht bedeutete, dass man Hus nicht theologisch lesen sollte, sondern national und somit als ein Beleg für die Überlegenheit der deutschen Reformation.

---

[18] *Jan Sedlák:* M. Jan Hus, Dědictví sv. Prokopa, Praha 1915.
[19] *Johann Loserth:* Huss und Wiclif. Zur Genesis der hussitischen Lehre, Prag 1884.

Die zweite Husinterpretation in der modernen Geschichte ist eng mit der Diktatur der Kommunistischen Partei nach dem Zweiten Weltkrieg verbunden. Die Wurzeln dieses Husbildes gehen zurück ins 19. Jahrhundert, als die sich formierende Arbeiterbewegung ein eigenes Geschichtsbild schuf.[20] Hus und die radikale hussitische Bewegung wurden in die Vorgeschichte der sozialistischen Ideologie inkorporiert (übrigens zusammen mit Jesus und Ketzerbewegungen aus der Kirchengeschichte, wie die Waldenser und die Katharer).

Diesbezüglich war für den tschechischen Kontext der Historiker und spätere kommunistische Politiker Zdeněk Nejedlý am wichtigsten. In den 1920er und 1930er Jahren gehörte er zu den Intellektuellen der politischen Linken, die aktiv die Emanzipation der Arbeiter in der Gesellschaft unterstützten und den Konservativismus der gesellschaftlichen Elite und der römisch-katholischen Kirche einer scharfen Kritik unterwarfen. In den Kriegsjahren, die er in Moskau verbrachte, trat er der Kommunistischen Partei bei und wurde nach dem Krieg Minister für das Schulwesen in der Tschechoslovakei. Unter seiner Führung wurde in den frühen 1950er Jahren die Bethlehemskapelle rekonstruiert.

Nejedlýs Hauptwerk über die musikalischen Aspekte der Böhmischen Reformation gehört bis heute zur Standardliteratur über dieses Zeitalter.[21] Schon 1919 schrieb er ein Buch über Jan Hus, den er bewusst als säkulare Persönlichkeit interpretieren wollte.[22] Nejedlý behauptete, dass die Böhmische Reformation keine religiöse Bewegung für die Erneuerung von Kirche und Theologie sei, sondern eine progressive, nationale Bewegung, die sich damals aber in eine religiöse Hülle verpacken musste. Diese religiöse Verpackung konnte er plausibel durch die Behauptung erklären, dass man sich im 15. Jh. nun einmal einer solchen religiösen Sprache bediente. Wenn allerdings ein moderner Historiker Hus und seine Ideen erforscht – so Nejedlý – dann müsse diese religiöse Verpackung in die Sprache der modernen Menschen übersetzt werden. Er findet dann eine tiefe Menschlichkeit, eine Liebe für das tschechische Volk und fortschrittliche Ideen über die Gesellschaft. Die Hussitische Revolution, wie Nejedlý und seine Nachfolger gerne sagten, zielte auf keine Reform der Kirche ab, sondern war im Wesentlichen antiklerikal. Sie wollte der feudalen Grundlage der kirchlichen

---

[20] *Karel Kautsky:* Die Vorläufer des neueren Sozialismus, 1895.
[21] *Zdeněk Nejedlý:* Dějiny husitského zpěvu, I-II, Praha 1913.
[22] Mistr Jan Hus a jeho pravda, Praha 1919.

Macht ein Ende setzen, damit die Wurzel der Ausbeutung und Ungleichheit herausgerissen würde. Der Sinn der Hussitischen Reformbewegung und deshalb der tschechischen Geschichte liegt nach Nejedlý darin, dass das Volk diese feudale Herrscherkirche verlässt.

In einer Broschüre über die Beziehung zwischen dem Kommunismus und der Böhmischen Reformation formulierte Nejedlý es im Jahre 1946, als er bereits Minister war, noch deutlicher. Schon der Titel der Veröffentlichung war programmatisch: Die Kommunisten als Erben der großen Traditionen des tschechischen Volkes.[23] Im Grunde genommen war Hus nicht an Theologie interessiert, so behauptete er, sondern kümmerte sich um das einfache Volk und dessen Armut. „Es ist ohne weiteres ahistorisch zu meinen, dass Hus heute überhaupt ein Priester wäre. Heute wäre er Führer einer politischen Partei, und seine Tribüne wäre nicht die Kanzel, sondern die Prager Lucerna-Halle oder der Wenzelsplatz. Und seine Partei würde sehr nahe bei uns Kommunisten stehen – davon können wir überzeugt sein."[24] Im derzeitigen kommunistischen Heilsstaat würde deshalb erfüllt, was im 15. Jahrhundert mit Hus anfing.

Marxistische Historiker wie Josef Macek und Robert Kalivoda, deren Bücher auch ins Englische und Deutsche übersetzt wurden, knüpften bei Nejedlý an. Macek nannte Hus einen „Lehrer für alle wirklichen Revolutionäre, alle Schöpfer der sozialistischen und kommunistischen Gesellschaft".[25] Jeder, der gegen die imperialistische und feudale Macht der Kirche kämpft, bekenne sich zu Hus, auch wenn die protestantischen Kirchen ihn von einem energischen Kämpfer gegen die Kirche zu einem asketischen Märtyrer und einem Heiligen ohne Fleisch und Blut umdeuteten. Die Kirchen, die sich auf die Böhmische Reformation berufen, haben Hus verkrüppelt und verstümmelt, so schrieb Macek.

Auch in dieser zweiten Husinterpretation aus der Neuzeit wurde abgelehnt, dass Jan Hus für seinen christlichen Glauben lebte und starb. Zwar wurde die Geschichtsschreibung in der späten kommunistischen Diktatur der 1970er und 1980er weniger offensichtlich ideologisch geprägt, was Forschung nach kulturellen Aspekten der böhmischen Reformation ermöglichte. Theologie spielte darin im besten Falle nur die Rolle einer Sozialkritik.

In der Realität der Diktatur konnten die tschechischen Protestanten nicht öffentlich eine andere, alternative Interpretation der Böhmischen Re-

---

[23] Komunisté dědici velikých tradic českého národa, Praha 1946.
[24] Komunisté, 47. Siehe auch *Peter Morée:* Not Preaching from the Pulpit, but Marching in the Streets: The Communist Use of Jan Hus, in: *Zdeněk David/David Holeton* (eds.): The Bohemian Reformation and Religious Practice, Vol. 6, Praha 2007, 283–296.
[25] *Josef Macek:* Jan Hus, Praha 1961, 142.

formation darstellen. Im Grunde genommen geschah etwas Ähnliches wie in der ersten Hälfte des 20. Jahrhunderts. Die führenden protestantischen Theologen übernahmen die These des revolutionären Charakters der Tätigkeit von Hus und seinen Nachfolgern. Sie verzichteten allerdings nicht auf die Theologie, wie die marxistischen Historiker, sondern entwickelten ein Konzept der Kirche in der revolutionären Gesellschaft. Diese Kirche hatte unter der kommunistischen Herrschaft ihre wirtschaftliche und politische Macht verloren, und war deshalb eine geläuterte, wahrhaftigere Kirche als die in der bourgeoisen Gesellschaft. „Wir müssen diese Arbeit im Geiste der hervorragendsten Ideale und Beweggründe unserer Geschichte tun, der alten Hussiten, die sich zutiefst sorgten um die armen, ausgebeuteten und unprivilegierten Menschen", so sagte einst Josef Lukl Hromádka.[26]

Theologisch wurde der eschatologische Charakter der Böhmischen Reformation betont.[27] Diese Reformation war radikaler als die anderen Reformationen in Europa, weil sie sich systematisch um eine andere, eine gerechtere Gesellschaft bemühte, in der die mittelalterlichen Klassen und ihre sozialen Unterschiede keinen Platz haben. Dieser Hus und seine böhmische Reformation kennzeichneten auch die Umwandlung der feudalen Gesellschaft – wie in der marxistischen Geschichtsschreibung. Mit dem Unterschied, dass er die Kirche nicht aufgab, sondern zu einer post-konstantinischen Kirche machte.

Hus nach der Wende

Zum Schluss kommen wir zu der dritten Husinterpretation, die von einem Versuch der Rehabilitierung des Jan Hus durch die römisch-katholische Kirche geprägt ist. Mit dem Sturz der kommunistischen Diktatur brach eine neue Zeit in der Forschung über Hus und die Böhmische Reformation an. Der polnisch-schlesische Papst Johannes Paul II. setzte sich zum

---

[26] Nachlass *Josef Lukl Hromádka* (am ETF UK Prag), 3–28, Rede auf dem Kongress des Weltfriedensbundes in Helsinki 1951.

[27] So *Amedeo Molnár,* zum Beispiel seine Eschatologická naděje české reformace, in: Od reformace k zítřku, Praha 1956, 11–101. Die von ihm redigierte Broschüre „Der Tschechoslowakische Protestantismus der Gegenwart" (Prag 1954) ist ein Musterbeispiel des „Exportwertes" dieser Interpretation im Westen. Siehe weiter *Peter Morée:* "To make use of the enormous positive and actual potential of the Hussite Movement": The role of the Bohemian Reformation in relations between the Czech Protestants and the Communist Regime, in: *Zdeněk V. David/ David R. Holeton* (eds.): The Bohemian Reformation and Religious Practice, Vol. 9, Filosofický časopis, Special Issue Number 1/2014, Filosofia, Prague 2014, 309–323.

Ziel, die Beziehung zwischen der römisch-katholischen Kirche und Jan Hus zu rehabilitieren. Im Zentrum dieser Forschungsarbeit stand nun die Frage, inwieweit Hus' Theologie mit der römischen Orthodoxie zu vereinbaren sei. Jetzt ging es also absichtlich um Theologie, um Hus' theologische und philosophische Vorstellungen, um seine Amts- und Abendmahlslehre, um seine Ekklesiologie.[28]

Die Ergebnisse dieser Arbeit in ihrer Bedeutung für die Forschung und für ein neues Bild des Jan Hus hielten sich allerdings in Grenzen. Es war zu früh für ein neues Verständnis der Böhmischen Reformation, die Menge an neu zugänglichen Quellen war zu umfangreich, es fehlte an Personen und Kenntnis. Erst heute sehen wir Resultate einer erneuten Aufmerksamkeit für Hus und die Böhmische Reformation, die man als ein theologisches Phänomen der letzten Jahre deuten kann. Die wichtigste Entwicklung ist m. E. dort zu finden, wo diese Reformation als Erneuerung eines Kirchenverständnisses verstanden wird, welches ausreichende Grundlagen für eine umfassende Gemeinschaft des Glaubens und des Lebens schafft. Dazu gehören die Wiedereinführung des Laienkelchs, die Stellung getaufter Kinder in der Gemeinde, die Debatte über das Luthertum, das Gemeindeleben in der Utraquistischen Kirche usw.[29]

Für die tschechischen Protestanten ergibt sich hieraus eine große Herausforderung. Zum ersten Mal wird in der Forschung systematisch nach dem Theologen Hus gefragt. Was war spezifisch für das theologische Verständnis von Hus und der Böhmischen Reformation? Wie haben Hus' Freunde und Nachfolger seine Tätigkeit, seinen Kampf und seinen Tod verstanden? Wohin gingen sie, um Hus zu gedenken und sein Verständnis der wahren Kirche zu gestalten?

---

[28] Siehe *František Holeček:* The Problems of the Person, the Life and the Work of Jan Hus: The Significance and the Task of a Commission of the Czech Bishops' Conference, in: *Zdeněk V. David/David R. Holeton* (eds.): The Bohemian Reformation and Religious Practice, Vol. 2, Praha 1996, 39–48. Im Rahmen der Tätigkeit der Kommission wurden zwei Bände der beiden Konferenzen publiziert: *Zdeněk Radslav Dittrich/Ferdinand Seiny:* Jan Hus: zwischen Zeiten, Völkern, Konfessionen: Vorträge des internationalen Symposions in Bayreuth vom 22. bis 26. September 1993, München 1997, und *Miloš Drda/František J. Holeček/Zdeněk Vybíral* (Hg.): Jan Hus na přelomu tisíciletí. Mezinárodní rozprava o českém reformátoru 15. století a o jeho recepci na prahu třetího milénia (Papežská lateránská univerzita Řím, 15. – 18. prosince 1999), Tábor 2001 (= Husitský Tábor Supplementum 1 [2000]).

[29] Hier sei die Arbeit erwähnt von *David Holeton, Zdeněk David, Ota Halama, Pavel Soukup, Dušan Coufal, Martin Dekarli, Phillip Haberkern, David Mengel, Michael Van Dussen* und anderen, die viele neue Quellen erschlossen haben und eine breitere Perspektive bietet.

Im Böhmen des 15. und 16. Jahrhunderts wurde Hus' Tod in Konstanz als ein Märtyrertod verstanden. Hus war für die Verteidigung der wahren Kirche gestorben, die sich in Böhmen manifestierte. Ihre Merkmale waren der Laienkelch und die Häufigkeit, mit der ihn die Gläubigen während des Abendmahls zu sich nahmen. Schon bald wurde diese Praxis auch auf kleine Kinder und Säuglinge erweitert. Dies zeigt am deutlichsten, worum es im Reformprogramm von Hus und seinen Nachfolgern theologisch ging. Im Empfangen von Brot und Wein, dem Gedenken des heilsamen Todes Jesu Christi, ging es nicht mehr um die Frage, ob jemand würdig oder mündig sei, sondern um die Frage der bedingungslosen Gnade Gottes. Das Heil Christi ist für alle da, unabhängig von der Herkunft, des Alters oder Geschlechts. Es ist die Aufgabe der Kirche, den Zugang zu dieser Gnade zu vermitteln und zu bewahren.

In seinem berühmten Streitgespräch mit Johannes Eck verwies Martin Luther auf die Geschichte von Hus, damit er überzeugend zeigen konnte, dass nicht nur er, sondern schon viel früher in Böhmen eine ähnliche Kritik am römischen Kirchenkonzept und der kirchlichen Praxis geübt wurde. Luther sah Hus als ein Opfer des Ringens um die wahre Kirche, wofür auch er sich einsetzte. Im Wesentlichen unterschied er sich darin nicht von den Utraquisten in Böhmen: Hus war ein Heiliger der Kirche.

Diese Verbindung zwischen Hus und Luther ist nützlich, um zu klären, in welche Richtung wir gehen sollen, wenn wir aufgefordert werden Hus theologisch zu deuten. Beide, Hus und Luther identifizierten als Kernproblem, dass die Kirche statt Vermittlerin des Heils ein Hindernis in der Beziehung zwischen Gott und Mensch geworden war. Sie hatte ihre Rolle als Wegweiser zum Heil Gottes und ihre Aufgabe das Reich Gottes gegenwärtig erfahrbar zu machen, aufgegeben und stattdessen die Machtmechanismen der weltlichen, politischen Macht übernommen. Je größer die Absolutheitsansprüche des Papstes in Politik und Kirche wurden, desto schwieriger wurde es für den einzelnen Gläubigen den Weg zu Christus zu finden. Was für die Böhmische Reformation die Wiederentdeckung des Laienkelches als Zeichen der bedingungslosen Gnade Gottes war, war für Luther die Entdeckung des *sola fide*. Hus opferte sein Leben für die Souveränität des Glaubens.

Was sagen wir Protestanten heute in der tschechischen Gesellschaft über Hus? Jedenfalls müssten wir es mal klar und deutlich sagen: er ist

---

30 Disputatio Iohannis Eccii et Martini Lutheri Lipsiae habita, 1519, WA 2, 275.

nicht für die tschechische Nation gestorben. Der Hus des großartigen Denkmals am Altstädter Ring hat nichts mit dem Hus der „De ecclesia" und des Konstanzer Scheiterhaufens zu tun. Und die rekonstruierte Bethlehemskapelle in der Prager Altstadt ist eine Fälschung der theologischen Inhalte der Böhmischen Reformation im Namen der gewaltsamen kommunistischen Ideologie. Wir sollen es den politischen Ideologien und ihren Angehörigen verweigern, Hus ohne Theologie und Glauben darzustellen. Als Kirche in der Tradition des Jan Hus zu stehen, in der heutigen Tschechischen Republik, heißt zu betonen, dass keine Macht oder Ideologie die Beziehung zwischen Gott und Mensch bedingen darf, sondern dass sowohl die politische Macht als auch die Kirche im Dienste Christi stehen, damit der Mensch und die Gesellschaft die Fülle der göttlichen Gnade erfahren und erleben können.

Joannes Hus redivivus – die Blüte des tschechischen ökumenischen Frühlings[1]

Robert Svatoň[2]

Das Verhältnis der christlichen Kirchen zur geistigen Geschichte unseres Landes ist ein zentrales Thema der tschechischen Ökumene. Das Streben nach *Heilung der Verletzungen* im geschichtlichen Gedächtnis der Kirchen wird begleitet von der Analyse bestimmter geschichtlicher Ereignisse, was oft zu der Notwendigkeit führt, viele bis dahin verbreitete geschichtliche Interpretationen als *Mythos* zu enttarnen. Das ist ein in der Tat notwendiger aber auch unangenehmer, ja äußerst schmerzhafter Vorgang, denn er berührt den Kern der Identität. Es ist eine Tatsache, dass wir in den Identitätsvorstellungen, die in den Kirchen von Generation zu Generation weitergegeben werden, Tendenzen zur Idealisierung der eigenen Geschichte feststellen können, unter Zuhilfenahme von Symbolen des Sieges oder der Demütigung.

Die Person Jan Hus, die Lebensgeschichte dieses Prager Predigers, Universitätslehrers und „Häretikers", der 1415 auf dem Konzil von Konstanz verurteilt wurde, hat eine zentrale Funktion bei der Heilung der geschichtlichen Erinnerungen. Der Hauptgrund dafür ist, dass Hus als Symbolfigur der Anfänge der tschechischen Reformationsbewegung des späten Mittelalters in den Augen von Nicht-Katholiken eine religiöse Spaltung des Landes personifizierte, „eine Spaltung zwischen dem Katholizismus und dem tschechischen Nationalbewusstsein"[3]. Ein weiterer Grund ist, dass in be-

[1]   Dieser Text ist Teil des Projekts CZ.1.07/2.3.00/20.0154 (The Institute of Intercultural, Interreligious and Ecumenical Research and Dialogue).

[2]   Dr. Robert Svatoň ist wissenschaftlicher Assistent im Institut für interreligiöse, interkulturelle und ökumenische Forschung und Dialog an der Theologischen Fakultät in Olomouc, Tschechien.

[3]   *Kalypton:* Návrat Mistra Jana. K souvislostem katolického přehodnocování zjevu Jana

stimmten geschichtlichen Augenblicken Hus als Banner diente, das ohne Skrupel von denen hochgehalten wurde, die vor allem ideologische Ziele verfolgten. Das war beim gegen die deutsch sprechenden ethnischen Gruppen gerichteten Nationalismus der zweiten Hälfte des 19. Jahrhunderts ebenso der Fall wie im Falle des Anti-Katholizismus in den Anfängen der ersten tschechischen Republik 1918–1938 oder des marxistischen Atheismus nach dem Zweiten Weltkrieg.

Die Beschäftigung mit dem Leben und Werk von Jan Hus hat ihre eigene Geschichte.[4] Der aufgeklärte Liberalismus des 19. Jahrhunderts regte zur Suche nach berühmten Vorbildern in der Geschichte an, um das nationale Bewusstsein zu stärken. Diese Suche nach geistigen Führern führte eher zu Jan Hus als zu traditionellen katholischen Heiligen. Diese Hinwendung zu dem Konstanzer Märtyrer war von Antiklerikalismus begleitet, und man vergaß nicht den Hinweis auf den Widerspruch zwischen der Treue zum Husschen Vermächtnis (Festhalten an der Schrift, Vernunft und Gewissen) und dem Gehorsam gegenüber der Autorität der Kirche. Eine Philosophie der tschechischen Geschichte, wie sie von Vertretern der tschechischen Nationalen Wiedergeburt proklamiert wurde, betonte die Ideale der tschechischen Reformation und interpretierte die Nationalgeschichte als einen Kampf einer genuin tschechischen Religiosität gegen fremde Ausdrucksformen wie den deutschen Protestantismus und die „römische Religion". Die traditionelle katholische Apologetik hingegen suchte ihrerseits in Hus' Werken nach Belegen für seine Heterodoxie und verteidigte die Rechtmäßigkeit des Konstanzer Urteilsspruchs (Antonin Lenz).

Der geschichtliche Rückbezug auf Hus führte zu nationalen Spannungen zwischen Katholiken und Nicht-Katholiken. Diese Spannungen konnten aber abgebaut werden durch die Vorschläge von Historikern, den Pro-

---

Husa, in: Studie, 120 (1988), 444 (*Tomáš Halík* veröffentlichte diesen Aufsatz unter diesem Pseudonym in einer römischen Exilzeitschrift).

[4] Für einen umfassenden Überblick über neuzeitliche Untersuchungen zu Jan Hus im Bereich der katholischen Kirche siehe: *Oto Mádr:* Hus a čeští katolíci v průběhu 20. století, in: Teologické texty, 3 (1997), 84–86; *Robert Mečkovský:* Katolická církev a moderní bádání o Janu Husovi, in: Sacra aneb Rukověť religionisty, 1/III (2005), 25–44; *Ivana Macháčková:* Bude katolická církev rehabilitovat Husa?, in: Getsemany, 5 (květen 2010), 133–140; *Martin Vaňáč:* Katolíci o Husovi, in: Getsemany, 3 (březen 2005), 74–84. In gewisser Weise besteht hier eine Analogie dazu, wie katholische Wissenschaftler sich mit Martin Luther auseinandergesetzt haben. Siehe *Rolf Decot:* Katholische Lutherforschung, in: *Jörg Ernesti/Wolfgang Thönissen* (Hg.): Die Entdeckung der Ökumene: Zur Beteiligung der katholischen Kirche an der Ökumene, Paderborn/Frankfurt am Main 2008, 17–34.

[5] Siehe *Antonín Lenz:* Učení mistra Jana Husi, na základě latinských i českých spisův jeho, jakož i odsouzení Husovo na sněmu kostnickém, Rohlíček a Sievers, Prag 1875.

zess gegen Hus einer neuerlichen Überprüfung zu unterziehen, um festzu-
stellen, ob Hus das Opfer eines Justizmordes geworden sei (Josef Kalousek,
Václav Flajšhans).[6] Zu Beginn des 20. Jahrhunderts war das Interesse von
tschechischen Katholiken an Hus einerseits dadurch motiviert, die Quellen
zu studieren, um zu einer geschichtlichen Wahrheit zu gelangen, die sozu-
sagen als „oberste Instanz" den Reformator von jeglichem subjektiven, eine
bestimmte geschichtliche Sicht widerspiegelnden Urteil loslösen und seine
Abweichung von der katholischen Lehre beweisen würde (Jan Sedlák).[7]
Andererseits gab es aber auch Bestrebungen katholischer Historiker, die
Rechtgläubigkeit der Husschen Lehre zu untermauern (Vlastimil Kybal[8])
und ihm einen gerechten Platz in unserer Geistesgeschichte zuzuweisen
(Josef Pekař[9]). In dem zwischen den beiden Weltkriegen herrschenden
Klima des „Kulturkampfes" wurde Jan Hus nicht nur von den seit 1918 in
der Evangelischen Kirche der Böhmischen Brüder vereinten tschechischen
Lutheranern und Reformierten für sich reklamiert, sondern auch von den
Gründern der tschechischen Nationalkirche, die 1920 von ursprünglich
dem Modernismus zugeneigten katholischen Priestern gegründet wurde.[11]
Das ideologische Konzept eines unabhängigen Staates, das auf den Philoso-
phen und Staatspräsidenten Masaryk zurückging, der für eine Auffassung
der tschechischen Geschichte eintrat, wonach die Hussitische Bewegung
die Grundlage unserer nationalen Identität darstellt, fand 1925 seinen öffentlichen Ausdruck dadurch, dass der 6. Juli – der Tag, an dem er ver-
brannt wurde – zum gesetzlichen Feiertag ernannt wurde.[11] Die Spannungen mit der katholischen Kirche führten dazu, dass die Historiker wieder
zu einer uneingeschränkt apologetischen Haltung zurückkehrten.[12]

---

[6]   Vgl. *Josef Kalousek:* O potřebě prohloubit vědomosti o Husovi a jeho době, Hlas národa,
      Prag 1902; *Václav Flajšhans:* Jan Hus, F. Šimáček, Prag 1915.

[7]   Vgl. *Jan Sedlák:* M. Jan Hus, Dědictví sv. Prokopa, Prag 1915.

[8]   Vgl. *Vlastimil Kybal:* Učení M Jana Husi, 1–3, Laichter, Prag 1923–1931.

[9]   Vgl. *Josef Pekař:* Jan Hus. Přednáška, proslovená o Husově slavnosti dne 5. července
      1902 ve velkém zasedacím sále radnice staroměstské v Praze, Bursík a Kohout, Prag
      1902.

[10] Vgl. *Jaroslav Hrdlička:* J. Hus v českém katolickém modernismu, in: Theologická revue,
      62/2 (1991), 24–25.

[11] Vgl. *Tomáš Garrigue Masaryk:* Jan Hus. Naše obrození a naše reformace, in: *ders.:*
      Česká otázka. Naše nynější krize. Jan Hus: Spisy TGM. 6. Masarykův ústav AV ČR –
      Ústav T. G. Masaryka, Praha 2000, 311–372.

[12] Vgl. *Karel Kašpar:* Hus a jeho ovoce, Adalbertinum, Hradec Králové, 1926, 117–121;
      siehe auch die Einschätzung von Hus in: *Blažej Ráček:* Československé dějiny, Kuncíř,
      Prag 1933, 227; Kapitel „Husův pokus o určení podstaty církve", in: *Silvestr Maria
      Braito:* Církev: Studie apologeticko-dogmatická, Krystal, Olomouc 1946, 262–272.

Ein neues und tiefer gehendes Interesse am tschechischen Reformator entstand erst aufgrund des ökumenischen Klimas, das sich mit Beginn der 1960er Jahre im tschechischen Staat zu verbreiten begann. In diesem Beitrag über Hus möchten wir uns auf diese Periode konzentrieren. Zunächst möchten wir kurz die wesentlichen gesellschaftlichen und politischen Faktoren des kirchlichen Lebens im damaligen tschechischen Staat darstellen, die eine positive Aufnahme der ökumenischen Idee begünstigten. Anschließend gehen wir auf die drei Phasen einer neuen Haltung gegenüber Hus und seinem Werk ein, so wie sie sich unmittelbar vor dem Zweiten Vatikanischen Konzil, während seiner Sessionen und in der Zeit nach dessen Abschluss entwickelten.

1. Jan Hus in einem neuen Kontext – „der tschechische ökumenische Frühling"

Es sind hauptsächlich zwei Umstände, die es erlauben, von den 1960er Jahren in der damaligen Tschechoslowakei als einer Zeit des „ökumenischen Frühlings" zu sprechen. Da ist zunächst die politische und gesellschaftliche Liberalisierung, die ihren Höhepunkt im Frühling 1968 erreichte, als zweites dann auch die Einberufung, der Fortgang und die Ergebnisse des Zweiten Vatikanischen Konzils. Obwohl wir uns nicht von dem Mythos „der goldenen sechziger Jahre" in der sozialistischen Tschechoslowakei beeinflussen lassen sollten, können wir doch ein Nachlassen der politischen Spannungen und des politischen Drucks konstatieren. Dies war eine Hauptursache dafür, dass das gesellschaftliche Leben, das aber immer noch unter der wachsamen Kontrolle der herrschenden Partei stand, der Gegenstand pluralistischer Interpretationen wurde, was sich vor allem im kulturellen Leben ausdrückte.[13] Die 1960er Jahre waren in der ganzen Gesellschaft eine Zeit des Aufatmens nach zwei Jahrzehnten des psychischen Drucks, in denen die Nation zuerst die Grausamkeit der Besatzung und des Weltkrieges und nach einer kurzen Atempause die Unterdrückung durch den Apparat des kommunistischen Terrorregimes ertragen musste. In den hier angesprochenen Jahren kam es zu deutlichen Veränderungen in der Staatspolitik, auch im Hinblick auf die katholische Kirche.

Der erste Schritt war die vom Staatspräsidenten Novotný im Mai 1960 verkündete Amnestie, aufgrund derer ein großer Teil der politischen Gefan-

---

[13] Vgl. *Pavel Švanda:* Šedesátá léta jako mýtus osvobození, in: *Petr Fiala/Jiří Hanuš* (Hg.): Koncil a česká společnost: Historické, politické a teologické aspekty přijímání 2. vatikánského koncilu v Čechách a na Moravě, CDK, Brno 2000, 22–23.

genen freigelassen wurde, darunter auch jene, die nach dem kommunistischen Umsturz 1948 aus religiösen Gründen verhaftet worden waren. Die politische Zielsetzung änderte sich ebenfalls. Bis dahin war man bestrebt gewesen, die lokalen katholischen Gemeinden von ihren Bischöfen zu trennen und den Kontakt mit der Universalkirche abzuschneiden. 1963 kam es erstmals wieder zu Vermittlungsgesprächen zwischen dem Staat und der durch Diplomaten des Vatikans vertretenen katholischen Kirche. Von tschechoslowakischer Seite wurde die Freilassung von inhaftierten Bischöfen und Priestern in die Wege geleitet, von denen die meisten mit staatlicher Genehmigung ihren geistlichen Dienst wieder aufnehmen konnten.[14] Die Theologie und der Glauben vieler dieser Priester und Mönche waren in den langen Jahren des Aufenthaltes in Arbeitslagern einer harten Prüfung unterzogen worden. Diese Periode der Erneuerung innerhalb der kommunistischen Partei, die dem Sozialismus ein „menschliches Antlitz" zu geben versuchte und mit dem Einmarsch der Truppen des Warschauer Paktes im August 1968 ein tragisches Ende fand, wurde von Seiten der tschechischen Katholiken zu einer allmählichen Entwicklung wenn auch eingeschränkter Formen eines aktiven christlichen Lebens genutzt, aber auch z. B. zur Wiederherstellung der Griechisch-Orthodoxen Kirche, die 1950 zwangsweise in die Orthodoxe Kirche der Tschechoslowakei eingegliedert worden war.[15]

In diesem politischen Klima erlangte der ökumenische Gedanke, der im vorangegangenen Jahrzehnt von den Kommunisten für eigene Zwecke missbraucht worden war, wieder seine Echtheit zurück. Damals hatten die Kommunisten vor allem die Strategie verfolgt, Zwietracht zwischen den verschiedenen Kirchen, besonders zwischen der katholischen Kirche und der übrigen *oikumene* zu säen. Sie hatten auch versucht, die Ökumene ideologisch zu manipulieren, indem sie sie fast ausschließlich als Bewegung für den Weltfrieden darstellten. Die relative Lockerung der staatlichen Kontrolle der Kirchen schuf neue Möglichkeiten von gegenseitigen Begegnungen zwischen Christen verschiedener Konfessionen, und es war nun viel leichter möglich, neue inspirierende Ausdrucksformen der Ökumene kennenzulernen, so z. B. die Gemeinschaft von Taizé – dieser Art der Ökumene wurde in unserem Land eine ungewöhnliche Aufmerksamkeit zuteil.

---

[14]   Vgl. *Stanislav Balík/Jiří Hanuš:* Katolická církev v Československu 1945–1989, CDK, Brno 2007, 43.

[15]   Zum leidvollen Schicksal der Griechisch-Orthodoxen Kirche in der Tschechoslowakei unter der kommunistischen Herrschaft siehe *Zdeněk Boháč:* Násilné přerušení řeckokatolické církve na počátku 50. let v Československu, in: *Jiří Hanuš/Jan Stříbrný* (Hg.): Stát a církve v roce 1950, CDK, Brno 2000, 86–97.

„Es wehte ein berauschender sanfter ökumenischer Frühlingswind, etwas ganz Neues und Frisches. Wir erlagen diesem ökumenischen Enthusiasmus recht unkritisch", erinnert sich der evangelische Theologe Josef Smolík an diese Zeit.[16] In seiner Sicht war dies eine Zeit des ökumenischen Tauwetters, in der für Protestanten „das Zentrum der konfessionellen Identität (…) sich von der äußerlichen Attitüde eines gekränkten Protestantismus hin zu einer Position des gemeinsamen Glaubens zu verlagern begann"[17]. Auch die Katholiken ließen allmählich ihre forma mentis hinter sich, wonach der „Wahrheitsanspruch" nur auf ihrer Seite wäre, und begannen in einem konziliaren Geist den Dialog nicht nur mit anderen Christen, sondern auch mit anderen geistigen Strömungen in der modernen Kultur und Gesellschaft.

Die Erinnerung des eben zitierten evangelischen Theologen steht im Einklang mit der vom katholischen Historiker Jiří Hanuš geäußerten Meinung, dass in dieser Periode des Prager Frühlings „nicht nur einige kirchliche Strukturen erneuert wurden, sondern wir Zeuge eines viel wichtigeren und längerfristigeren Phänomens eines Einstellungswandels geworden sind"[18]. Zur Bekräftigung dieser Aussage führt er die vierzehntäglichen Treffen an, die im Speisesaal des Prager Evangelisch-Theologischen Fakultät in der Jirchářè-Straße seit 1963 stattfanden. Das waren ökumenische Seminare von christlichen Intellektuellen, in denen es möglich war, die Impulse des gerade stattfindenden Zweiten Vatikanischen Konzils aufzunehmen, aber auch über weitere Interpretationshorizonte des christlichen Glaubens im Blick auf die heutige Welt nachzudenken. Man las und studierte die wichtigen Werke damals weltbekannter Theologen, zu denen man erst jetzt Zugang bekam. Nicht nur diese Aktivitäten, sondern auch die allmähliche Annäherung der Kirchen auf einer offiziellen Ebene zeigen, wie „die Barrieren zwischen den katholischen und evangelischen Milieus"[19] in den 1960er Jahren allmählich abgebaut wurden.

[16] *Josef Smolík:* Antonín Mandl – nadšenec ekumenismu, in: Křesťanská revue, LXIV/5 (1997), 132.

[17] *Ders.:* Druhý vatikánský koncil a evangelíci u nás, in: *Jiří Hanuš* (Hg.): Ve znamení naděje: Proměny teologie a církve po 2. vatikánském koncilu, CDK, Brno 1997, 77.

[18] *Jiří Hanuš:* Teologické aspekty dějin církve v době nejnovější, in: Getsemany, 1 (2001), 4.

[19] *Ders.:* Tradice českého katolicismu ve 20. století, CDK, Brno, 175; vgl. *Vladimir Roskovec:* Ökumenismus von unten. Begegnungen der christlichen Intelligenz in den sechziger Jahren, in: *Hans Vorster* (Hg.): Ökumene in Ungarn, der Tschechoslowakei und Polen, Beiheft zur Ökumenischen Rundschau 64, Frankfurt am Main 1992, 78–82.

2. Der Aufruf eines belgischen Benediktiners und die Reaktionen auf tschechischer Seite

1960 erschien bei den Publications Universitaires de Louvain in der Reihe Bibliothèque de la revue d'histoire ecclésiastique, herausgegeben von dem herausragenden Kenner der Geschichte des 19. Jahrhunderts, Roger Aubert, von katholischer Seite ein bahnbrechendes modernes Werk über Hus in zwei Bänden, *L'hérésie de Jean Huss und Hussiana,* das den belgischen Benediktiner Paul de Vooght zum Verfasser hatte.[20] Paul de Vooght (1900–1983) hatte in Löwen Geschichte studiert. Sein Interesse an tschechischer Geschichte und an Hus ging auf einen mehrjährigen Aufenthalt vor dem Zweiten Weltkrieg in Prag zurück, wo er als Prior im Stift Břevnov tätig gewesen war.[21]

In diesem Werk verarbeitet de Vooght eine Vielzahl von Quellen und liefert eine sorgfältige Darstellung sowohl von Hus' Auseinandersetzung mit seinen Gegnern wie seiner Lehre. Vor allem dessen Schriften über die Kirche, das Bischofsamt, die Eucharistie und den Ablass stehen dabei im Mittelpunkt. Entscheidend ist für de Vogt auch eine Klärung des Verhältnisses von Hus zu John Wycliffe. Ebenso große Aufmerksamkeit erfährt die Darstellung des Prozesses in Konstanz. Der Autor will die weit verbreitete, für die katholische Geschichtsschreibung typische Darstellung von Hus als einem ungehorsamen Häretiker einer Überprüfung unterziehen. De Vooght ist der Überzeugung, dass Hus' ursprüngliche theologische Ansichten und seine persönliche Frömmigkeit von der Hussitischen Bewegung überschattet wurden, die ideologisch sich gar nicht auf die Lehren Hus' gründete, sondern vielmehr auf die Überzeugungen seiner Zeitgenossen und Nachfolger (Johann Milicius von Kremsier, Matthias von Janov, John Wycliffe, Nikolaus von Dresden und Jakobellus von Mies). Die Hussitische Bewegung, die ursprünglich von der Lehre der Universalkirche ausging und erst später in Schisma und Häresie zur Römischen Kirche geriet, habe in dem Konstanzer Märtyrer vor allem ein Beispiel für die evangelischen Tugenden gesehen.

---

[20] Vgl. *Paul de Vooght:* L'hérésie de Jean Huss. Publications Universitaires de Louvain, Louvain 1960; Hussiana. Publications Universitaires de Louvain, Louvain 1960. Nach 15 Jahren erschien eine zweite Ausgabe des Werkes mit Ergänzungen unter dem Titel L'hérésie de Jean Huss, 1–2. Publications Universitaires de Louvain, Louvain 1975. Eine tschechische Übersetzung dieser Ausgabe erschien allerdings nur als Serie in einer Zeitschrift unter dem Titel *Kacířství Jana Husa,* 1–32, in: Theologická revue, 68/1 (1997) – 75/1 (2004).

[21] Zu *de Vooght* und seiner Beziehung zu Hus und dem tschechischen Kulturraum siehe *Frantisek Šmahel:* Paul de Vooght (+ 2. 11. 1983), in: Husitský tábor, 8 (1985), 419–

De Vooght verbirgt seine Sympathie für Hus nicht, auch wenn er die problematischen Punkte seiner Lehre, insbesondere in Bezug auf das Papstamt, nicht verschweigt. Hus behauptete, dass das Papstamt nicht göttlichen Ursprungs, sondern vom Kaiser geschaffen sei.[22] De Vooght verteidigt Hus und führt an, dessen Ansichten seien aus der damaligen gesellschaftlichen Situation heraus zu erklären, einer Zeit voller Verwirrung und der Empörung in Folge des Abendländischen Schismas. Tatsächlich habe das Konzil, das Hus wegen seiner Irrtümer hinsichtlich des päpstlichen Amtes kritisierte, selbst die Häresie des Konziliarismus begangen. Der belgische Historiker vertritt die These, man hätte Hus zubilligen müssen, dass er vor allem und in erster Linie ein katholischer Theologe gewesen und geblieben sei. Die entscheidende katholische Basis von Hus' Werk sieht er in dessen Entschlossenheit, wie es Hus selbst sagt, den Menschen aus der Sünde zu ziehen. Diese wahrhaft geistliche, christliche, biblische und überlieferungstreue Auffassung vom „wahren Hirten" war nicht nur bestimmend für Hus' persönliche Frömmigkeit, sondern auch für seine pastorale Tätigkeit, die darauf ausgerichtet war, die Kirche aufzubauen. Sie war auch die Quelle seiner unbarmherzigen Kritik der Simonie und jeglicher Autorität, die nicht dem Evangelium genügte. Seine schärfste Kritik in dieser Hinsicht äußerte Hus in seinen Predigten.

Was nun die Anschuldigung angeht, Hus sei ein Anhänger Wycliffes gewesen, so teilt der belgische Hus-Experte nicht die weithin akzeptierte Meinung, dass Hus den Oxforder Theologen unkritisch bewundert habe. Eher *vice versa*. Obwohl die Verweise auf Wycliffe in Hus' Predigten in der Bethlehemskapelle häufig sind, versucht de Vooght nachzuweisen, dass Hus zwar sehr sorgfältig aus dessen Schriften zitierte, aber sehr wohl Gedanken vermied, die seiner Ansicht nach heterodox waren. Vielmehr sei das Werk von Hus eine katholische Antwort auf das Werk von John Wycliffe. De Vooght illustriert diese Behauptung, indem er anführt, dass Hus zwar den Begriff „eucharistisches Brot" benutzt, aber nicht die Wycliffe'sche Remanenztheorie vertritt, wonach nach der Konsekration die Substanz des „materialen" Brotes in einer konsekrierten Oblate verbleibe. Dasselbe gilt für die Kritik Hus' am Ablass, dessen Praxis durch den Antipapst Johannes XXIII. er als unrechtmäßig kritisiert, weil dieser sie einge-

---

420; *Anastáz Opasek:* Dvanáct zastavení: Vzpomínky opata břevnovského kláštera, Torst, Praha 1997, 37–40.

[22] Vgl. Errori di Jan Hus, in: *Heinrich Denzinger/Peter Hünermann* (Hg.): Kompendium der Glaubensbekenntnisse und kirchlichen Lehrentscheidungen = Enchiridion symbolorum definitionum et declarationum de rebus fidei et morum, Freiburg i. Br. u. a. 2014, Art. 1209.

führt habe, um persönliche Ziele im Krieg gegen König Ladislaus von Neapel zu verfolgen. Obwohl Hus bei der Verdammung dieser besonderen Praxis von Wycliffe beeinflusst war, ging er jedoch nie so weit, die Ablasspraxis als solche abzulehnen. In Konstanz habe sich Hus öffentlich von allen zweifelhaften, Wycliffe zugeschriebenen Aussagen distanziert.

Der Benediktinermönch hält die Verurteilung des tschechischen Priesters Jan Hus in Konstanz ganz offen für ein verabscheuungswürdiges Verbrechen als Folge des inneren Schismas der Kirche. De Vooght erspart dem Konzil von Konstanz nicht eine leidenschaftliche Kritik und verurteilt entschieden jegliche Form einer „ideologischen Feindseligkeit", die ohne Zögern einen Mensch wegen einer abweichenden Meinung zum Tode verurteilt.[23] Obwohl Hus wirklich in einigen Punkten von der katholischen Dogmatik seiner Zeit abwich, war er ein Mann von edlem Geist und innerer Wahrhaftigkeit und sein Herz blieb bis zum Ende katholisch gesinnt, so de Vooght. Darum kann Paul de Vooght ohne Zögern schreiben: „Wenn doch die Zahl jener Katholiken zunehmen würde, die erkennen, was für ein großartiger Christ Hus war, und wenn nur der Tag käme, an dem Rom die ungerechte und unglückliche durch das Konzil von Konstanz gegen Hus ausgesprochene Verurteilung aufhebt."[24]

Auf tschechischer Seite gab es zwei unterschiedliche Reaktionen auf de Vooghts Buch.[25] Bemerkenswerterweise kamen sie beide von außerhalb des katholischen *Milieus*. Die erste kam aus dem marxistischen Lager, dessen Interesse an Hus, in dem man den Kämpfer gegen den Feudalismus und Anführer einer sozialen Revolution sah, ein besonderes Kapitel in der Deutungsgeschichte von Hus und seinem Werk darstellt.[26] Es war der marxistische Philosoph Milan Machovec, der de Vooghts Buch den tschechischen Lesern vorstellte – die unglücklicherweise keinen Zugang zum französischen Original hatten. In den 1960er Jahren war Machovec berühmt

---

[23] Mit diesem Urteil folgt Paul de Vooght seinem Mitbruder Jean Leclerq, der bereits 1916 die Auseinandersetzung zwischen Hus und dem Konzil ähnlich beurteilt hatte, vgl. *Henri Leclerq*: Histoire des conciles d'après les documents originaux, in: Dictionnaire de théologie catholique, VII/1, Letouzey et Ane, Paris 1916, 335–337.

[24] *Paul de Vooght*: L'hérésie de Jean Huss, 494.

[25] Es gab auch zwei Rezensionen von tschechischen Exilanten, siehe die Rezension von *Otakar Odložilík* in: The American Historical Review, 67/2 (1962), 384–386; sowie *Jan Strakoš*, Rezension in: The Catholic Historical Review, 49/1 (April 1963), 94–96.

[26] Vgl. *Zdeněk Nejedlý*: Mistr Jan Hus a jeho pravda. Domov, Praha 1919; Hus a naše doba, Svoboda, Praha 1952; *Milan Machovec*: Husovo učeňía význam v tradici českého národa, Nakladatelství Československé akademie věd, Praha 1953; *Robert Kalivoda*: Husitská ideologie, Nakladatelství Československé akademie věd, Praha 1961; *Josef Macek*: Jan Hus, Svobodné slovo, Praha 1963.

für seine Seminare an der Prager Philosophischen Fakultät, die einen Dialog zwischen Marxismus und Christentum in Gang bringen wollten. Er wurde auch zu Vorträgen zu den oben erwähnten ökumenischen Zusammenkünften in der Jircháře eingeladen. Er war voller Hochachtung vor de Vooghts Versuch, die brennenden Probleme der christlichen Geschichte auf neue Weise zu betrachten, und wies darauf hin, dass de Vooght vollkommen mit der geistigen Denkrichtung übereinstimmte, die Papst Johannes XXIII. in seiner Enzyklika *Pacem in terris* gewiesen hatte. Allerdings sei der belgische Benediktiner als katholischer Historiker, so Machovec, nicht in der Lage für das Problem Hus eine überzeugende Lösung zu bieten, weil er an die theologisch-dogmatische Methode gebunden sei, die zwar einerseits Einblicke in Hus' Herz und Seele ermögliche, aber andererseits nicht fähig sei, machtpolitische, gesellschaftliche und ökonomische Faktoren der Geschichte zu berücksichtigen. Und diese sind ja nach der marxistischen Geschichtsauffassung bestimmend.[27] Hus müsse als eine Person angesehen werden, die sich zum Anführer der anti-feudalen Bewegung entwickelt hatte. Nach Ansicht von Machovec hätte die Rehabilitation von Hus durch die Klärung seines Rechtsfalls nur dann einen Sinn, wenn damit der Versuch einhergehe, die Reputation der katholischen Kirche auch in den Augen der heutigen Menschen wieder herzustellen. Wenn aber die Kirche heute zugibt, dass Hus recht hatte und die feudale „Simonie" verurteilt, dann sollte sie auch stark genug sein, ebenso gegen die gegenwärtige kapitalistische „Simonie" ihre Stimme zu erheben.[28]

Wie reagierten die tschechischen Protestanten auf de Vooghts Versuch, Hus als einen „reformierten Katholiken" darzustellen? Die Monographie des katholischen Historikers ist in den Augen evangelischer Historiker ganz sicher ein außergewöhnliches Werk. Amedeo Molnár, der bekannt wurde für seine Dissertation über die Kontinuität zwischen der ersten und der zweiten Reformation, sieht ein grundlegendes Defizit darin, dass de Vooght versucht, „Hus unabhängig und isoliert" zu betrachten und verweist ihn auf den Kontext der christlichen Tradition. Nach Molnárs Ansicht will der Autor „Hus von der Hussitischen Bewegung loslösen und seine Rolle als Reformator schmälern", und dies sei eine Fehlinterpretation historischer Tatsachen.[29] Molnár und sein Kollege von der evangelisch-theologischen

---

[27] Vgl. *Milan Machovec:* Bude katolická církev rehabilitovat Jan Husa?, Nakladatelství politické literatury, Praha 1965, 90.

[28] A. a. O., 108.

[29] *Amedeo Molnár:* Hus mezi první a druhou reformací, in: Křesťanská revue, XXXII (1965), 150; derselbe Historiker ist auch der Autor der oben erwähnten Rezension von de Vooghts Buch unter dem Tiel „Benediktin Paul de Vooght o Husově kacířství", in: Kostnické jiskry 46/32 (1961), 3.

Comenius-Fakultät, František M. Bartoš, sind der Ansicht, dass reformatorische Gedanken bereits in den Taten und Werken von Hus wirksam sind.[30] Beide Historiker sehen es als erwiesen an, dass das erste Programm der Hussitischen Bewegung, so wie es 1419 in den Vier Prager Artikeln zusammengefasst wurde, sich genauso auch bei Meister Jan Hus findet (Predigtfreiheit, Laienkelch, Enteignung kirchlicher Besitztümer, Richtigstellung der in Sünde Lebenden). Dies war der notwendige „Eckstein" zur Errichtung einer neuen, späterhin von Rom unabhängigen Hussitischen Kirche. Obwohl beide Autoren ohne Zweifel streng wissenschaftlich argumentieren, kann man doch den Eindruck gewinnen, dass hinter ihren Worten sich eine Angst verbirgt, Hus könnte den tschechischen Nicht-Katholiken „enteignet" werden.

3. Das Thema Hus in seiner Beziehung zum Zweiten Vatikanischen Konzil

Das Zweite Vatikanische Konzil, auf dem sich „die katholische Kirche *unumkehrbar* dazu verpflichtet [hat], den Weg der Suche nach der Ökumene einzuschlagen"[31], war unter anderem eine der Vorbedingungen für eine ökumenisch verantwortungsvolle Haltung gegenüber der christlichen, von Trennungen befleckten Geschichte. Da das Konzilsdekret *Unitatis redintegratio* einräumt, dass es zu Trennungen „oft nicht ohne Schuld der Menschen auf beiden Seiten"[32] kam, muss die ganze Ökumene mit dem Geist der inneren Bekehrung erfüllt werden.[33] Wenn das Konzil in dem Verlangen nach der Einheit der Christen die Gnade des Heiligen Geistes sieht, dann ist die Grunddynamik, zu der uns der Geist hinführt, die *conversio cordis,* an deren Anfang die Erkenntnis des eigenen Fehlverhaltens gegen die Einheit steht. „In Demut bitten wir also Gott und die getrennten Brüder um Verzeihung, wie auch wir unseren Schuldigern vergeben."[34] Zu dem Bemühen, die Einheit wiederherzustellen, gehört auch „alles Bemü-

---

[30] Vgl. *František Michálek Bartoš:* Na obranu M. Jana Husa proti jeho obránci. In: *Miloslav Kaňák* (ed.): Hus stále živý: Sborník studií k 550. výročí Husova upálení, Blahoslav, Praha 1965, 104–116. Dieser Aufsatz wurde in Französisch unter dem Titel „Apologie de M. Jean contre son apologiste" in: Communio viatorum 8 (1965), 65–74, veröffentlicht (für de Vooghts Entgegnung siehe „Jean Huss, tel qu'en lui-meme", in: a. a. O., 235–238).

[31] *Johannes Paul II.:* Ut unum sint, 3.

[32] Unitatis redintegratio, 3.

[33] Vgl. Unitatis redintegratio, 7.

[34] Unitatis redintegratio, 7.

hen zur Ausmerzung aller Worte, Urteile und Taten, die der Lage der getrennten Brüder nach Gerechtigkeit und Wahrheit nicht entsprechen und dadurch die gegenseitigen Beziehungen mit ihnen erschweren".[35] Die evangelische Haltung der Demut vor der Wahrheit und des Glaubens an Gottes Vergebung, wodurch allein Heilung der alten Gedächtniswunden möglich ist, ist der geistliche Anker für unser Herangehen an die Vergangenheit und schafft einen konkreten Raum für die Antwortsuche, auch im Falle Hus. Das Ziel ist nicht eine neue deformierte Deutung der Geschichte und geschichtlicher Persönlichkeiten, in diesem Falle im Geiste einer oberflächlichen, irenischen „ökumenischen Ideologie", sondern unsere Kommunikation mit der Erinnerung, die, durch Wahrheit und Liebe befreit, ihre Verankerung in der lebendigen und ewigen *memoria Dei* findet, wo es keinen Platz für unsere Laster und Sünden gibt.

Einen entscheidenden Impuls, der die Möglichkeit einer neuen Haltung gegenüber dem Fall Jan Hus eröffnete, gab die Veröffentlichung eines anderen Konziltextes, nämlich der Erklärung über die Religionsfreiheit, *Dignitatis humanae,* die am Ende einer Konzilssession angenommen wurde. Die Konzilsväter sind sich einig, dass das Recht auf Religionsfreiheit ein unveräußerliches Menschenrecht darstellt. Die Erklärung bestimmt diese Religionsfreiheit mit Hilfe zweier Maxime näher: „Nun aber werden die Gebote des göttlichen Gesetzes vom Menschen durch die Vermittlung seines Gewissens erkannt und anerkannt; ihm muß er in seinem gesamten Tun in Treue folgen, damit er zu Gott, seinem Ziel, gelange. Er darf also nicht gezwungen werden, gegen sein Gewissen zu handeln. Er darf aber auch nicht daran gehindert werden, gemäß seinem Gewissen zu handeln, besonders im Bereiche der Religion."[36] Auch wenn dieses Recht selbst denen zusteht, die sich im Irrtum befinden, sind doch alle Menschen in ihrem Innersten verpflichtet, „die Wahrheit, besonders in dem, was Gott und seine Kirche angeht, zu suchen und die erkannte Wahrheit aufzunehmen und zu bewahren".[37] Dies hat einen besonderen Bezug zu Jan Hus, denn im Gedächtnis der nicht-katholischen Christen der tschechischen Nation wird Jan Hus vor allem dafür erinnert, dass er kämpfend an seinem eigenen Gewissen festhielt, das derart gnadenlos von der „Römischen Kirche" verurteilt wurde. Als das Konstanzer Konzil ihn 1415 dazu ermahnte, seine Ansichten zu widerrufen, die im Widerspruch zu den Dogmen der katholischen Kirche stünden, war Hus davon überzeugt, auf der Seite der Wahrheit zu stehen,

---

[35] Unitatis redintegratio, 4.
[36] Dignitatis humanae, 2.
[37] Dignitatis humanae, 1.

die als höchster Maßstab im Leben zu gelten habe. Kurz vor seinem Tod äußerte er in seinem letzten Brief an tschechische Freunde die ernste Bitte: „einander zu lieben, nicht zu dulden, dass gute Menschen unterdrückt werden und jedem die Wahrheit zuteil werden zu lassen."[38] Das Festhalten an der Wahrheit und die Idee der religiösen Toleranz sind deshalb bei Jan Hus eng miteinander verbunden.[39]

Die Konzilserklärung über die Religionsfreiheit, insbesondere ihre Entstehungsgeschichte, ist sogar ganz explizit mit der Person Jan Hus' verbunden. Als der Text vorbereitet wurde, nahm der Prager Erzbischof Josef Beran an den Diskussionen teil. Die tschechische Staatsmacht hatte ihm nicht erlaubt, am Konzil teilzunehmen, sodass er im Februar 1965 nur nach Rom reisen konnte, um seine Ernennung zum Kardinal von Papst Paul VI. entgegenzunehmen. Daraufhin erklärten die Kommunisten seine Rückkehr für unerwünscht. So konnte der tschechische Hierarch und Pastoraltheologe, nun in Kardinalswürde, an der vierten (und abschließenden) Konzilssession teilnehmen, die von Mitte September bis Anfang Dezember 1965 stattfand.

Als Josef Beran am 20. September 1965 darum bat, auf dem Konzil sprechen zu dürfen, war er fast 77 Jahre alt. Die Rede des Kardinals kann als das Glaubenszeugnis eines verfolgten Christen angesehen werden, der emotional bewegt auf die christliche Geschichte seines Landes zurückblickt und dabei die Vergehen gegen die Gewissensfreiheit aufzählt, die im Namen der katholischen Kirche begangen worden sind. Beran sprach sich mit entschiedenen Worten für die Religionsfreiheit aus; er führte die Worte des Paulus über die Sündhaftigkeit von Taten an, die nicht von einem guten Gewissen kommen (vgl. Röm 14,23) und sagte, dass wer immer „jemanden materiell oder geistig dazu zwingt, gegen sein/ihr Gewissen zu handeln, diesen Menschen dazu bringt, gegen Gott zu sündigen".[40] Um ein Beispiel für die Wahrheit dieser Worte zu geben, hatte dieser Pastor den Mut, den Konzilsvätern ein „demütiges Zeugnis" aus seinem eigenen Heimatland vorzulegen. Der Erzbischof empfand, dass er selbst die Gewissensfreiheit unterdrücke in einem Land, das von einem totalitären Regime be-

---

38 An Freunde in Böhmen, in: *Amedeo Molnár* (Hg.): Slovem obnovená: Čtení o reformaci, Kalich, Praha 1977, 42.

39 Der tschechische evangelische Theologe *Jan Milic Lochman* ist der Ansicht, dass die „Leidenschaft für Wahrheit und Toleranz" die „konstitutionellen Elemente" nicht nur des Hus'schen Vermächtnisses sondern der ganzen tschechischen Reformation sind. Vgl. *Jan Milic Lochman,* Zeal for Truth and Tolerance: Ecumenical Challenge of the Czech Reformation, Scottish Academic Press, Edinburgh 1996, 64–67.

40 Acta synodalia sacrosancti concilii oecumenici vaticani II. Vol. IV: Periodus quarta. Pars I. Typis Polyglottis Vaticanis, Romae 1976, 393.

herrscht wurde. Ihm war bewusst geworden, dass solch ein Verhalten moralisch schädlich ist, „selbst wenn diejenigen, die sich so verhalten, dabei nur den Nutzen des wahren Glaubens im Sinn haben".[41] Die Unterdrückung der Gewissensfreiheit führt schlussendlich zur Heuchelei.

Josef Beran führte noch ein anderes Beispiel aus der tschechischen Geschichte an: „Es scheint, dass die katholische Kirche in meinem Land immer noch leidet für alles, was sie in ihrem eigenen Namen gegen die Gewissensfreiheit getan hat; z. B. im 15. Jahrhundert Jan Hus dem Feuertod zu überantworten oder im 17. Jahrhundert den größten Teil unserer Nation dazu zu zwingen, den katholischen Glauben anzunehmen, nach dem Motto *Cuius regio – eius religio.* Weltliche Macht, selbst wenn sie der katholischen Kirche dienen will oder es wenigstens vorgibt, verursacht vielmehr durch ein solches Verhalten eine dauerhafte verborgene Wunde im Herzen des Volkes. Dieses Trauma hat die geistliche Entwicklung behindert und den Feinden der Kirche wohlfeile Argumente für ihre Agitation geliefert (und liefert sie noch)."[42] Nach Ansicht von Beran sollten diese Lehren aus der Geschichte die Kirche davon überzeugen, jeglichen Opportunismus aufzugeben und „mit deutlichen Worten und ohne Einschränkungen" für den Grundsatz der Religions- und Gewissensfreiheit einzutreten. Die Kirche sollte dies in einem Geist der Buße für die von ihr in der Vergangenheit gegen die Religionsfreiheit begangenen Sünden tun.[43]

4. Wege zu Jan Hus nach dem Konzil

Berans Rede machte auf die Konzilsväter einen bleibenden Eindruck, das kann man nicht nur aus den Kommentaren Johannes Willebrands oder Joseph Ratzingers ersehen,[44] sondern auch an der tiefen und lebhaften Erinnerung, die der Krakauer Erzbischof Karol Wojtyla daran bewahrte. Als Papst Johannes Paul II. zitierte er die Worte des Kardinals, als er bei einem Besuch in der Tschechoslowakei im Jahr 1990 kurz nach dem Fall des

---

[41] A. a. O.

[42] A. a. O. Kardinal Beran besprach seine Rede mit Alexander Heidler, einem katholischen Priester, der später ins Exil ging und als junger Theologe sich mit Jan Hus beschäftigt und versucht hatte, die Legitimität der Kritik Hus' an der kirchlichen Moral seiner Zeit nachzuvollziehen. Vgl. *Alexander Heidler:* Hus a Bratří soluňští, in: Katolík, IX/13 (1946), 1.

[43] Vgl. Acta synodalia sacrosancti concilii oecumenici vaticani II. Vol. IV: Periodus quarta. Pars I, 394.

[44] Vgl. *Johannes Willebrands:* Religionsfreiheit und Ökumenismus, in: *Ders.:* Mandatum unitatis: Beiträge zur Ökumene, Paderborn 1989, 65; *Joseph Ratzinger:* Problemi e risultati del Concilio Vaticano II, Queriniana, Brescia 1967, 102.

Eisernen Vorhangs die tschechischen Historiker und Theologen auffor-
derte, gemeinsam einen Platz für Meister Jan Hus in der nationalen Geistesgeschichte zu finden.[45]

Die Rede des Kardinals war für die tschechische katholische Kirche
ohne Zweifel von großer Bedeutung. Nach Ansicht des katholischen Priesters und Theologen Antonín Mandl war der Wunsch nach einer Versöhnung der tschechischen Geschichte ein Hauptmotiv Kardinal Berans, sich
für die Religionsfreiheit einzusetzen.[46] Die Rede des Kardinals ging weit
über die Grenzen der tschechischen katholischen Kirche hinaus und war
zutiefst ökumenisch. Die Nachricht von der Rede Josef Berans verbreitete
sich schnell unter den tschechischen evangelischen Christen. Sie erregte
große Aufmerksamkeit und wurde als „Symbol eines verfolgten Christen"[47]
angesehen. Der oben erwähnte Theologe der Evangelischen Kirche der
Böhmischen Brüder, Josef Smolík, bekundete dazu: „Die Worte Kardinal
Berans, mit denen er die schuldhafte Unterdrückung in Glaubensfragen
eingestand und eine solche Gewaltausübung verdammte, hatten eine magi-
sche Wirkung. Für die Protestanten war damit Genüge getan. Sie begriffen
diese Worte als Herausforderung, nun selbst ihr Verhältnis zu ihren katholischen Brüdern und Schwestern zu ändern."[48]

Die Worte des Prager Erzbischofs auf dem Konzil haben den weiteren
Kurs der tschechischen Ökumene substantiell bestimmt: Vor allem würde
er ein Pilgerweg der Sühne zur Versöhnung mit der Tiefgründigkeit der
geistlichen tschechischen Geschichte sein, die befleckt ist durch die Geschichte voneinander getrennter Christen. Berans Nachfolger František Tomášek, der vor dem Ende des Zweiten Vatikanischen Konzils das Oberhaupt der Prager Erzdiözese wurde, war der Überzeugung, dass eine
gerechte Bewertung der Person Jan Hus' noch ausstehe. Im Geiste der Kon-
zilsrede des tschechischen Hierarchen zögerte er nicht, die Vergehen der
Katholiken in der leidvollen tschechischen Geschichte zu bekennen, und
bat die nicht-katholischen Christen um Vergebung, als er 1967 die Vorbereitungen zu der Millenniumsfeier des Prager Erzbistums eröffnete.[49]

[45] Comp. the speech of John Paul II in New Rudolf´s Gallery at Prague Castle during the en-
counter with cultural and intellectual representatives, in: Návštěvy Jana Pavla II. u nás,
Karmelitánské nakladatelství, Kostelní Vydří 2007, 22–30.

[46] *Antonín Mandl:* Smíření, in: Via 2/5 (1969), 65.

[47] *Jan Heller:* Vzpomínky českého evangelíka na koncil, in: Teologické texty, 6, 1995, 201.

[48] *Josef Smolík:* Druhý vatikánský koncil a evangelíci u nás, 78.

[49] Vgl. *František Tomášek:* Vyhlášení sedmileté přípravy k tisíciletému výročí založení bis-
kupství v Praze – duben 1967, in: Pastýřské listy 1945 – 2000, Arcidiecéze pražská, Karmelitánské nakladatelství, Kostelní Vydří 2003, 150–152.

Ende der 1960er Jahre bezogen die tschechischen katholischen Historiker schließlich Stellung im Falle Hus.[50] Sie waren wiederum vor allem durch Paul de Vooght beeinflusst, insbesondere durch seine zwei Aufsätze, die er 1969 in einer nach-konziliaren Atmosphäre des Strebens nach ökumenischer Verständigung über Hus geschrieben hatte – am Vorabend des 600-jährigen Jubiläums des Geburtstages des Reformators.[51] Dieser belgische Experte in Sachen Hus war der Meinung, dass der tschechische Geistliche eher Jeanne d'Arc an die Seite zu stellen sei als Calvin und Luther. Sein Glaube und Gehorsam, den er in Konstanz bezeugte, zeigten, dass er ein treuer Sohn der katholischen Kirche geblieben sei, obwohl im Laufe der Geschichte vor allem Nicht-Katholiken sich auf ihn als Beispiel und Vorläufer beriefen. De Vooght schreibt: „Sein beispielhafter Tod machte einen Märtyrer für das Evangelium aus ihm, geopfert von den Vorstehern der offiziellen Religion."[52] Aber es geht de Vooght nicht nur um eine rechtliche Rehabilitation. Es geht auch um die ökumenische Versöhnung und den Dialog, zu dem dieser Mahner an Hus alle beteiligten Parteien aufruft: „Es sollte möglich sein, in Hus sowohl seine Person und die Geschichte so zu versöhnen, dass eines Tages Katholiken und Hussiten in der Lage sein werden, den wirklichen Hus auf eine Weise einzubeziehen, dass damit eine gemeinsam geknüpfte Verbindung entsteht."[53] Wenn dieser belgische Benediktiner die Dokumente des Zweiten Vatikanischen Konzils liest, will es ihm scheinen, dass einige der Gedanken Hus', deren Rechtgläubigkeit immer angezweifelt worden war, schließlich doch von der heutigen katholischen Kirche akzeptiert worden sind. Er denkt dabei insbesondere an Hus' augustinisch geprägtes Konzept der Kirche, das einerseits zu einer bedauerlichen Definition der Kirche als einer *universitas praedestinatorum*[54] führte, aber andererseits mit der ekklesiologischen Perspektive des ersten

---

[50] Eine nach-konziliare Stellungnahme zum Thema Hus kam auch aus Polen. Kurz nach dem Konzil veröffentlichte Marian Rechowicz, Professorin an der Katholischen Universität Lublin eine Studie, in der sie für eine Neubewertung der Husschen Lehren im Lichte der Lehräußerungen des Zweiten Vatikanischen Konzils plädierte; vgl. *Marian Rechowicz:* Jan Hus, in: Tygodnik powszechny 29/52 (1965), 833.

[51] Vgl. *Paul de Vooght:* Jan Hus, Heretic or Martyr?, in: The Tablet, 233/6715 (2. Feb. 1969), 3–4; Jean Huss à l'heure de l'oecuménisme, in: Irénikon, XLII (1969), 293–313. Auszüge aus dem ursprünglichen Werk de Vooghts wurden in tschechischer Übersetzung ebenfalls publiziert: Mistr Jan Hus v době ekumenismu, in: Via, 3/1 (1970), 10–13.

[52] *Paul de Vooght:* Jan Hus, Heretic or Martyr?, 4.

[53] A. a. O.

[54] Errori di Jan Hus, in: *Heinrich Denzinger/Peter Hünermann* (Hg.): Kompendium der Glaubensbekenntnisse und kirchlichen Lehrentscheidungen = Enchiridion symbolorum definitionum et declarationum de rebus fidei et morum. Freiburg i. Br. u. a. 2014, Art. 1201.

Kapitels von *Lumen gentium* vereinbar ist. Ebenso habe dieses letzte Konzil dem Husschen Aufruf zu einem evangeliumsmäßigen Leben der Priester ein Ohr geliehen.[55] Die römische Kirche habe sich seit den Hus'schen Zeiten grundlegend gewandelt. Deshalb sollten diejenigen, die das Vermächtnis Hus' annehmen, nicht immer nur kritisieren, sondern auch die Liebe des Reformators zur katholischen Kirche entdecken, so der Wunsch Paul de Vooghts.[56]

Einerseits wurden die Gedanken de Vooghts mit Interesse aufgenommen, andererseits provozierten sie auch eine Reihe von Fragen. In der von der Tschechischen Christlichen Akademie in Rom herausgegebenen Zeitschrift *Studie* wurde de Vooght wegen seiner Sicht des Konstanzer Konzils kritisiert. Er sehe es wohl zu schematisch als eine Versammlung von Prälaten, die vor allem ihre eigenen Interessen zu schützen versuchten und deshalb die häretische These vertraten, dass das Konzil über dem Papst stehe.[57] Die Richter von Hus, von denen viele Personen von außerordentlicher Moral waren, wollten vor allem das Große Schisma überwinden und die Kirche reformieren. Der Konflikt zwischen Hus und dem Konzil könne nicht auf einen „persönlichen Streit zwischen ihm und feindlich gesinnten Prälaten" reduziert werden. Der Hauptgrund für seine Verurteilung zum Tode sei nicht Hus' Kritik an der Geistlichkeit gewesen, deren niedrige Moral allseits bekannt gewesen sei, sondern seine Lehre, die die Autorität eines Oberen in Frage stellte, wenn dieser sich im Zustand einer Todsünde befinde.[58] Diese Auffassung habe die Grundlage der mittelalterlichen Gesellschaft in Frage gestellt. Die Konzilsväter hätten sich dadurch so bedroht gefühlt, dass sie darauf bestanden, dass Hus seine Lehren widerrief.

Daneben gab es auch andere, umsichtige und um Objektivität bemühte Studien zu den Lehren Hus', vor allem über die Kirche, von Lehrenden der Theologischen Fakultät St. Kyrill und Methodius, von Bohumil Zlámal[59], einem Historiker aus Olmütz und von Jaroslav Kadlec[60], einem Kirchengeschichtler aus Litoměřice.

Die Zeit nach dem Konzil war eine Periode, in der katholische Stimmen, vor allem in den deutschsprachigen Ländern, intensiv versuchten,

[55] Vgl. *Paul de Vooght:* Jean Huss à l'heure de l'oecuménisme, 308–309.
[56] Vgl. a. a. O., 311–312.
[57] Vgl. O rehabilitaci Jana Husa, in: Studie 17 (1969), 307.
[58] Vgl. Errori di Jan Hus, in: Enchiridion symbolorum definitionum et declarationum de rebus fidei et morum, Art. 1230.
[59] *Bohumil K. Zlámal:* Husově věrouce, in: Via 3/2 (1970), 31.
[60] Vgl. *Jaroslav Kadlec:* Hus in neuem Licht?, in: Theologisch-praktische Quartalschrift 118 (1970), 193–168. De Vooght antwortete darauf mit dem Aufsatz: Obscurités anciennes atour de Jean Huss, in: Revue d'histoire ecclésiastique 66 (1971), 137–145.

Persönlichkeiten der weltweiten Reformation wie Luther und Calvin unvoreingenommen zu bewerten.[61] Diese Bemühungen wurden von Václav Bartůněk, dem Domkapitular des Kollegiatkapitels auf Vyšehrad aufmerksam verfolgt, der die Arbeiten de Vooghts studierte und zu einer neuen Würdigung Jan Hus' aufrief.[62] Mit ökumenischer Sensibilität gesteht er ein, dass das Bild von Hus als eines Häretikers, der zu einem gnadenlosen Tod auf dem Scheiterhaufen verurteilt worden ist, nicht nur das Evangelium, sondern auch die heutigen Katholiken kompromittiert. Mit einer moralischen Rehabilitation von Jan Hus würde sicher allen einen großen Dienst erwiesen werden. „Wir würden gerne (dieses Bild) zurechtrücken, und etwa mit einer glorreichen Verkündigung bekunden, dass wir in Hus, obwohl seine Lehre in einigen Punkten unrichtig war, einen Priester sehen können, der voller Eifer, moralisch ohne Tadel und damit beispielhaft war."[63] Für Bartůněks bleibt die Haltung von Hus rätselhaft, da er sich in Konstanz verweigert hat, einige ihm vorgelegte Artikel seiner Lehre als heterodox zurückzuweisen, obwohl er gleichzeitig abstritt, dass diese Artikel von ihm stammten. Auf jeden Fall aber müsse die katholische Kirche der Gegenwart ganz unmissverständlich alle finsteren Gewaltpraktiken in Glaubensfragen verurteilen.

Nachbemerkung

Nicht nur die ersten Blüten der tschechischen Ökumene, sondern auch viele andere hoffnungsvolle Zeichen in Kirche und Gesellschaft überlebten nicht den Frost, der die Tschechoslowakei nach der Invasion der „verbündeten Truppen" des Warschauer Paktes heimsuchte. Ein gewaltsames Ende der Erneuerungsversuche zur Schaffung eines „Sozialismus mit menschlichem Antlitz" am 21. August 1968 veranlasste die Kirchen in unserem Land zumindest in einer gemeinsamen Erklärung, ihre Solidarität mit den Führern des Landes und der Reformpolitik zu bekunden. Sowohl offizielle wie auch spontane ökumenische Aktivitäten waren jedoch zu einem baldi-

---

[61] Vgl. z. B. *Alexander Ganoczy:* Calvin im Urteil der Katholiken von heute, in: Concilium 2 (1966), 245–249; siehe auch die Äußerung über Luther von einem Vorsitzenden des Päpstlichen Rates zur Förderung der Einheit der Christen, *Johannes Willebrands:* Gesandt in die Welt, in: *Ders.:* Mandatum unitatis: Beiträge zur Ökumene, Paderborn 1989, 122–124.

[62] *Václav Bartůněk:* Ekumenismus a M. Jan Hus, in: Duchovní pastýř, 20/9 (1971), 131–134, 20/10 (1971), 153–156. Diese Aufsätze sind faktisch identisch mit einem deutschen Text, der auf Deutsch publiziert wurde: Hus heute, in: Schweizerische Kirchenzeitung 136/19 und 20 (1968).

[63] *Ders.:* Hus dnes, in: Duchovní pastýř, 17/3 (1968), 49.

gen Ende verdammt. Selbst von einer Aufnahme der Anregungen von Seiten des Zweiten Vatikanischen Konzils war man abgeschnitten. Das Interesse an dem tschechischen Reformator Jan Hus rückte ebenfalls auf einen hinteren Platz.

Zu Beginn der 1970er Jahre wurde die ganze Gesellschaft unseres Landes Opfer einer sogenannten „Normalisierung", deren Ziel es war, erneuernde Visionen einer pluralistischen, wenn auch marxistisch orientierten Gesellschaft zu zerstören. Die Mehrheit der tschechischen Bevölkerung, von der Angst niedergedrückt, überließ sich der Resignation, der Gleichgültigkeit und Apathie. Die noch vorhandenen nationalen Ideale wichen allmählich dem Grau der Alltagssorgen und den Lügen der totalitären Ideologie.

In jener Zeit organisierte und entwickelte sich in der katholischen Kirche eine „verborgene Kirche" innerhalb der erlaubten und (vom Staat) kontrollierten kirchlichen Struktur. Das hatte eine große ökumenische Bedeutung und machte es möglich, im Geheimen Theologie zu studieren. Samisdat und ebenso im Exil veröffentlichte Zeitschriften und Bücher waren hilfreich, denn sie ermöglichten den isolierten tschechischen Christen den Zugang zu Informationen. Und dort, in der lebendigen Gemeinschaft unmittelbarer menschlicher Beziehungen, aus denen sich die verborgene Kirche aufbaute, und bei den tschechischen Emigranten, erwachte in den 1960er und 1970er Jahren das Interesse an Jan Hus aufs Neue. Das jedoch ist das nächste Kapitel der *Hussiana,* das aber ohne das vorhergehende kaum vorstellbar ist.

Übersetzung aus dem Englischen:
Dr. Wolfgang Neumann

Das Heilige und Große Konzil:

Herausforderungen und Erwartungen[1]

Georgios Vlantis[2]

An das Panorthodoxe Konzil richten sich eine Vielzahl an Erwartungen und Herausforderungen. Zu den wesentlichen Herausforderungen zählen eine Verhältnisbestimmung der Orthodoxie zur Moderne, eine Lösung der innerorthodoxen Spannungen sowie die weitere Ausgestaltung der ökumenischen Beziehungen. Illusionär wäre allerdings die Vorstellung, dass mit dem Panorthodoxen Konzil alle Probleme gelöst wären, vielmehr bedarf es auch der Rezeption durch das Kirchenvolk sowie eine weitere vertiefte Zusammenarbeit. – Stefan Kube

Es hat sehr lange gedauert: Doch schlussendlich haben die Oberhäupter der autokephalen Orthodoxen Kirchen bei ihrem letzten Treffen (Konstantinopel/Istanbul 6.–9. März 2014) die Einberufung des Heiligen und Großen Konzils der Orthodoxie beschlossen. Dieses soll 2016 stattfinden.[3] In den vergangenen Jahrzehnten hat die Orthodoxe Kirche nicht wenig Kritik und Ironie für ihre Unfähigkeit geerntet, dieses lang ersehnte Konzil Wirklichkeit werden zu lassen. Große innerorthodoxe Spannungen während der letzten Jahre signalisierten alles andere als eine baldige Einberu-

[1] Dieser Beitrag erschien bereits im Dezember 2014 in Heft Nr. 11–12 der Zeitschrift Religion und Gesellschaft in Ost und West (RGOW), 15–17. Abdruck mit freundlicher Genehmigung des Autors und der Redaktion (Stefan Kube).

[2] Georgios Vlantis, Dipl. Theol., M. Th., Wissenschaftlicher Mitarbeiter am Lehrstuhl für Systematische Theologie an der Ausbildungseinrichtung für Orthodoxe Theologie der LMU München und Wissenschaftlicher Mitarbeiter der Theologischen Akademie in Volos (Griechenland).

[3] „Unter Vorbehalt unvorhergesehener Ereignisse", wie es in der Botschaft des Treffens (auf Deutsch in: Orthodoxie Aktuell 18, März-April 2014, S. 24–26) lautet. Die Oberhäupter verweisen mit dieser Formulierung auf die noch bestehenden Schwierigkeiten und wollen eine voreilige Euphorie bremsen.

fung des Konzils. Doch durch die Entscheidung ihrer Oberhäupter zeigt sich die Orthodoxie wieder einmal als Kirche der Überraschungen. Um einen realistischen Rahmen für die Erwartungen an das Konzil abstecken zu können, ist es hilfreich, sich zuerst eine kurze Übersicht über einige der großen Herausforderungen zu verschaffen, mit denen die Orthodoxe Kirche heute konfrontiert ist.

Die Orthodoxie in der heutigen Welt

1) Orthodoxie und Moderne

Im vergangenen Jahrhundert hat die Orthodoxie große geschichtliche Abenteuer erlebt, als mehrere autokephale Kirchen die Repressionen der sozialistischen Regime schmerzhaft am eigenen Leib erfahren mussten und daher nur einen eingeschränkten Handlungsspielraum zur Verfügung hatten. Die gegenwärtigen innerorthodoxen Verhältnisse sind ohne Kenntnis des damaligen geopolitischen Rahmens und der korrespondierenden Spannungen nicht zu verstehen. Zudem muss für eine angemessene Wahrnehmung der Situation der Orthodoxie berücksichtigt werden, dass historische Gründe (osmanische und kommunistische Repression, Kriege, usw.) die Begegnung dieser Kirche mit der Moderne und ihren Anliegen (Säkularisierung, Rolle des Subjektes, erkenntnistheoretische Neuansätze, Menschenrechte, neue Zugänge zur Anthropologie, usw.) verhinderten bzw. verlangsamten.

Zurzeit befinden sich die meisten Orthodoxen Kirchen in einer Phase der Neubestimmung ihrer Rolle und der Neuartikulation ihrer Botschaft in den postkommunistischen Gesellschaften. Einerseits gibt es laute Stimmen, die einen ekklesiologischen Nationalismus, einen polemischen Anti-Okzidentalismus, einen aggressiven Anti-Ökumenismus und einen ideologischen Anti-Modernismus vertreten. Solche Stimmen prägen, wenigstens zum Teil, das Profil mehrerer Kirchen und erschweren sowohl die interorthodoxe als auch die interkonfessionelle Verständigung beachtlich. Andererseits haben die Renaissance des religiösen Lebens und des Theologiestudiums in mehreren traditionell orthodoxen Ländern sowie neue, von Globalisierungsprozessen ermöglichte intellektuelle Impulse zur Entwicklung innovativer Ansichten in mehreren orthodoxen Kontexten geführt. Themen, die vor kurzem noch als Tabus galten, wie etwa die Frauenordination oder Fragen der Sexualität, werden manchmal in einer erfrischenden Weise besprochen. Es gibt orthodoxe Theologen, die eine akademisch anspruchsvolle Auseinandersetzung mit den Anliegen der Neuzeit anstreben und vom Potenzial des modernen und postmodernen Denkens zu profitieren versuchen. Anhand der Asymmetrien und Ungleichzeitigkeiten, unter denen die Begegnung der Orthodoxen Kirchen und Theologien mit der Moderne stattfindet, und angesichts der Stärke der konservativen Strömungen, die u. a. in den Kreisen der kirchlichen Hierarchien zahlreich vertreten sind, wäre es dennoch unrealistisch, von dem Konzil den synodalen Ausdruck eines theologischen Paradigmenwechsels zu erwarten. Ein synodal bestätigtes orthodoxes „Aggiornamento" ist nicht in Sicht.

2) Spannungen in der orthodoxen Welt

Machtbewusster gewordene Kirchen beanspruchen heute, nach dem Fall des Kommunismus, eine Neudefinition ihrer Rolle innerhalb der Orthodoxie. Die panorthodoxe Rolle des Ökumenischen Patriarchats wird von anderen autokephalen Kirchen nicht nur defacto, sondern auch expressis verbis relativiert bzw. in Frage gestellt (vgl. z. B. den Text der Russischen Orthodoxen Kirche vom Dezember 2013 zum Ravenna-Dokument[4]). Diese ekklesiologische und kirchenrechtliche Diskussion spiegelt auch Machtansprüche wider, die sowohl mit geopolitischen Faktoren als auch mit nationalistischen Ideologisierungen der Rolle der Orthodoxie verbunden sind (z. B. die in mehreren Kontexten wiederholte These über die Stellung Moskaus als drittes Rom). Turbulenzen in den Beziehungen der Orthodoxen Kirchen untereinander haben in den letzten Jahren oft zu großen Krisen geführt, die die panorthodoxe Einheit sehr gefährden. Zur Zeit ist die Orthodoxie mit großen Spannungen in der Ukraine und in der Kirche der Tschechischen Länder und der Slowakei konfrontiert; sie muss sich außerdem um eine Lösung des Streits der Patriarchate von Antiochien und Jerusalem bemühen (Antiochien hat sogar die Botschaft der Oberhäupter von März 2014 nicht unterschrieben, s. RGOW 4/2014, S. 3). Oftmals wird behauptet, dass die angeführten Probleme das Stattfinden des Heiligen und Großen Konzils letztendlich verunmöglichen werden. Die Oberhäupter der Orthodoxen Kirchen haben jedoch im März 2014 im Bewusstsein der Ernsthaftigkeit dieser Schwierigkeiten den Entscheid zur Einberufung des Konzils getroffen. Dadurch haben sie einen begrüßenswerten pragmatischen Geist gezeigt, der in den existierenden Spannungen kein Alibi für eine permanente Verschiebung des Konzils suchen will: Die Kirche lebt und darf sich synodal zusammenfinden, trotz ihrer Probleme – und auch mit dem Ziel ihrer Lösung.

---

[4] Auf Deutsch erschienen in: KNA-ÖKI, 13. Januar 2014, Dokumentation, I–VI.

Obwohl die Orthodoxie bereits seit Jahrzehnten eine breite ökumenische Tätigkeit entfaltet, vermisst man ihrerseits noch immer eine klare Antwort über den ekklesialen Status der anderen Kirchen. Solange sie in einem exklusivistischen Verständnis des Schemas Orthodoxie–Häresie mehr oder weniger gefesselt bleibt, kann die Andersheit der anderen Kirchen nur als Entfremdung und Inauthentizität wahrgenommen werden. Wenn die Orthodoxie nicht weiter in die Richtung einer dynamischen Ekklesiologie arbeitet, welche die *in via*-Situation von Kirchen positiv einsieht, die sich als Kirchen gemeinsam auf dem Weg zur Wiederherstellung der vollen sichtbaren Einheit des Leibes Christi befinden, dann werden die anti-ökumenischen Strömungen weiterhin lautstark bleiben. Die Unfähigkeit, das positive ekklesiologische Potenzial und die verschiedenen Gaben des nicht-orthodoxen Gesprächspartners wahrzunehmen, kann nur zur Lähmung der ökumenischen Tätigkeiten der Orthodoxie führen.

An der Sitzung des interorthodoxen Sonderausschusses vom 30.9. bis zum 3.10.2014 in Chambésy bei Genf haben gewichtige Stimmen für eine härtere Haltung der Orthodoxen Kirche angesichts ihrer heterodoxen Glaubensgeschwister plädiert (s. Nr. 11–12/2014 RGOW, S. 4 f); zugleich forderten sie eine entsprechende Revision der Texte über den ökumenischen Dialog, die die III. Vorkonziliare Panorthodoxe Konferenz (Chambésy 1986) vorbereitet hatte. Die Frauenordination und die Haltung von protestantischen Kirchen gegenüber der Homosexualität werden von einigen orthodoxen Kreisen als Alibi für den Abbruch oder zumindest für die Einschränkung von ökumenischen Dialogen instrumentalisiert. Wäre aber eine dialogunwillige (vielleicht auch unfähige?), in vormodernen Argumentationsmustern gefesselte Orthodoxie in der Lage, ihre Botschaft in einer für die heutige Welt überzeugenden Weise zu artikulieren? Man darf hoffen, dass sich die traditionstreue und verantwortungsbewusste ökumenische Offenheit des Ökumenischen Patriarchats auf dem Konzil durchsetzen wird, damit sich das große synodale Ereignis der Orthodoxie zu keiner ökumenischen Enttäuschung entwickelt.

Erwartungen jenseits von Frustration und Idealismus

In den Dokumenten, die von den panorthodoxen, in der Vorbereitung des Konzils involvierten Gremien verabschiedet wurden, zeigt sich eine breite Palette von Erwartungen: Einige Texte bringen die idealistische Vorstellung einer angestrebten tiefen Erneuerung fast aller Bereiche des kirchlichen Lebens zum Ausdruck, während andere von einer bürokratischen

Mentalität geprägt sind, die sich eher auf eine Verbesserung von Verwaltungsstrukturen beschränken will. Alle Texte spiegeln freilich die interorthodoxen Beziehungen und die politischen und kulturellen Zusammenhänge der jeweiligen Zeit wider. In der Botschaft der Oberhäupter der Orthodoxen Kirche vom März 2014 wird eine bescheidene, aber auch vielen Interpretationen gegenüber offene Formulierung vorgezogen: Das Konzil wird einberufen, „um Zeugnis ablegen zu können von ihrer [der Orthodoxen Kirche, G. V.] Einheit, wie auch von ihrer Verantwortlichkeit und ihrer Sorge gegenüber der heutigen Welt".

1) Die Tradition und das Anliegen einer neuen Hermeneutik

Beim Studium der Geschichte der Konzilsvorbereitungen wundert man sich, wie viel Zeit, Kraft und Energie beispielsweise die Kalenderfrage beansprucht hat. Wie überzeugend kann das Wort einer Kirche klingen, die einerseits ein zeitgemäßes Zeugnis ihrer Botschaft abzulegen gedenkt und sich andererseits in endlosen Diskussionen über die Einführung oder Nicht-Einführung des astronomisch überzeugenden Gregorianischen Kalenders verliert? Die Situation, dass einige autokephale Kirchen den neuen Kalender annehmen und andere nicht, hat freilich mehrere praktische Konsequenzen für die Panorthodoxie: beispielsweise feiern nicht alle Orthodoxe Kirchen Weihnachten am gleichen Tag. Die Kalenderfrage liefert somit ein gutes Beispiel für die spannende Diskussion über das Verhältnis der Orthodoxie zu ihrer Tradition: Was an der Tradition ist normativ, und ab wann muss man von einem Traditionalismus reden? Wie unterscheidet sich der theologisch begrüßenswerte Respekt vor der in der Vergangenheit artikulierten Glaubenswahrheit von einer Verabsolutierung des geschichtlichen Erbes, das undifferenziert als Tradition verklärt und politisch, nationalistisch missbraucht wird? Wird die Orthodoxe Kirche den Mut haben, konstruktive Erneuerungen des kirchlichen Lebens einzuführen, oder wird sie sich mit einer Neuformulierung des bereits Gesagten beim Konzil begnügen? Wird das Konzil eine prophetische Funktion übernehmen, oder wird es, unter Berufung auf die Normativität des Tradierten, auf innovative Schritte bei der Lösung der heutigen Probleme verzichten? Eine Balance zwischen den traditionalistischen Strömungen und den nach Erneuerung sehnenden Kräften zu halten, ist alles andere als einfach; das Konzil sollte dennoch offen für das Wehen des Geistes sein, der nicht nur Tröster, sondern auch Schöpfer ist.
Der Bedarf der Entwicklung einer Hermeneutik, die die Tradition in ihrer Kontextualität, geschichtlichen Bedingtheit und inspirierenden Funktion wahrnimmt und zugleich mehr Platz für legitime Innovationen

schenkt, erweist sich als notwendig, wenn die Orthodoxe Kirche den realistischen Bedürfnissen ihres Kirchenvolkes, ihrer soteriologischen Mission und den stark pneumatologischen Ansätzen ihrer Ekklesiologie gerecht werden will. Wie schon gesagt, ist die Orthodoxie für ein „Aggiornamento" zwar heute nicht bereit, dennoch gibt es genug Potenzial für progressive Schritte. Man könnte sich z. B. Wege einer stärkeren Involvierung der Frauen im Leben der Orthodoxie überlegen. Es sagt bereits viel aus, dass – obwohl einige panorthodoxe Vorbereitungsgremien auch Laien als Mitglieder haben durften – keine einzige Frau an den Prozessen zur Vorbereitung des Konzils teilgenommen hat; diese keineswegs zufällige Praxis ist nicht zukunftsweisend.

2) Wege zur Stärkung der orthodoxen Einheit

Die bereits angedeuteten Spannungen hinsichtlich der Rolle einiger autokephaler Kirchen innerhalb der Orthodoxie, die u. a. in der Diskussion über den Primat des Thrones von Konstantinopel und in der Reihenfolge der autokephalen Kirchen bei der liturgischen Kommemoration (Diptychen) sichtbar werden, werden sicherlich nicht leicht vom Konzil behoben werden können. Dennoch ist eine Fortsetzung der Diskussion über die Rolle des Ersten in der Orthodoxie unentbehrlich, wenn man der Einheit dieser Kirche ein solides Fundament verschaffen will. Man darf erwarten, dass das Konzil neue Wege zur Einführung und Stärkung von panorthodoxen synodalen Strukturen, zur interorthodoxen Verständigung und zum Krisenmanagement weisen wird. Nach Jahrzehnten intensiver Diskussionen wird auch eine Übereinkunft der Orthodoxen Kirchen zum Thema der Erlangung der Autokephalie und der Autonomie ersehnt, trotz der negativen Signale der letzten Jahre.[5]

Der Beschluss der Oberhäupter der Orthodoxen Kirchen im März 2014, dass die Entscheidungen des Konzils nach dem Prinzip der Einstimmigkeit (ὁμοφωνία) getroffen werden müssen, bedeutet, dass mehrere gordische Knoten nicht durchgeschlagen werden können, denn dafür wären die Zustimmung aller Betroffenen und der eventuelle Verzicht auf eigene Ansprüche erforderlich. Andererseits schützt dieses Verfahren vor Spannungen, die die panorthodoxe Einheit gefährden und die Rezeption des Konzils verhindern würden.

---

[5] Mit den Fragen nach der Autokephalie und ihrem Proklamationsmodus sowie den Diptychen hat sich zuletzt die VII. Interorthodoxe Vorbereitungskommission (Chambésy/Genf 2011) beschäftigt. Diese konnte jedoch keine Übereinstimmung dazu erreichen. Falls die interorthodoxen Spannungen während der verbleibenden Vorbereitungszeit nicht überwunden werden, wird das Konzil diese Fragen nicht in seinen Themenkatalog aufnehmen.

Das ekklesiologische Problem von parallelen Jurisdiktionen in den sog. Diaspora-Ländern wird auch nicht leicht gelöst werden können. Die bestehenden Unterschiede in der Interpretation von Kirchenkanones, die die Jurisdiktion des Ökumenischen Patriarchats bestimmen, sowie verschiedene kirchenpolitische Machtansprüche und evidente pastorale Gründe zeugen von der Schwierigkeit in dieser Frage. Zudem distanzieren sich mehrere Orthodoxe Kirchen trotz der synodalen Verurteilung des Ethnophyletismus (Konstantinopel 1872) nicht von einer nationalistischen Rhetorik. Der *expressis verbis* oder implizit gepflegte Nationalismus in orthodoxen Kontexten prägt in beachtlichem Maße das Profil vieler Diaspora-Gemeinden. Obwohl die Orthodoxen Kirchen den ekklesiologisch problematischen Charakter dieser Situation erkannt haben, mangelt es nicht an Fällen, wo die Kirchen de facto gegen eine Heilung des Problems agieren.[6]

Die IV. Vorkonziliare Panorthodoxe Konferenz (Chambésy/Genf 2009) hat die Gründung von Bischofsversammlungen in einer Reihe von Regionen der Welt beschlossen, „die aus allen in dieser Region als kanonisch anerkannten Bischöfen bestehen, die weiterhin bei derselben kanonischen Jurisdiktion bleiben, der sie heute angehören"; dies gelte als Übergangszustand, „der den Boden für die strenge kanonische Lösung des Problems vorbereiten soll [...]. Diese Vorbereitung darf nicht das Datum der Einberufung des künftigen Heiligen und Großen Konzils der orthodoxen Kirche überschreiten".[7] Vielleicht hat die Konferenz nicht mit einer so baldigen Einberufung des Konzils gerechnet, jedenfalls scheinen eine baldige Vollendung dieser Vorbereitungsphase und die vom Konzil angestrebte strenge kanonische Lösung des Problems derzeit nicht möglich. Das Konzil könnte dennoch realistische Schritte in die von der IV. Vorkonziliaren Konferenz hingewiesene Richtung vornehmen, damit die panorthodoxe Kooperation intensiviert und gemäß den orthodoxen ekklesiologischen Prinzipien stattfinden kann.

---

[6] Wenn eine Orthodoxe Kirche jemanden zum Bischof für ein kanonisches Territorium wählt, wo es schon einen Bischof einer anderen Orthodoxen Kirche gibt, darf sie ihm mit Rücksicht auf die orthodoxen ekklesiologischen Prinzipien nicht denselben Titel verleihen, den der bereits ansässige Bischof trägt (z. B. wenn es schon einen Metropoliten für Deutschland und Zentraleuropa des Ökumenischen Patriarchats gibt, darf das Patriarchat von Antiochien, das einen Bischof für die antiochenischen Gemeinden dieses Territoriums bestimmt, ihm nicht den Titel „von Deutschland und Zentraleuropa" verleihen). Trotzdem wird diese Regel manchmal nicht respektiert.

[7] Beschlüsse der IV. Vorkonziliaren Panorthodoxen Konferenz, in: *Anastasios Kallis:* Auf dem Weg zu einem Heiligen und Großen Konzil der Orthodoxie. Ein Quellen- und Arbeitsbuch zur orthodoxen Ekklesiologie (= Orthodoxe Perspektiven 10), Münster 2013, 604.

Es wäre illusorisch, von dem Heiligen und Großen Konzil der Orthodoxie quasi automatische, endgültige Lösungen auf die komplizierten gegenwärtigen Probleme der Kirche zu erwarten. Auch wenn dies die Absicht des Konzils wäre, ist die Rezeption seiner Beschlüsse vom Kirchenvolk erforderlich: dieses wird in einem Prozess mit unvorhersehbarem Ende über die Bedeutung des Konzils mitentscheiden. Andererseits darf man das Heilige und Große Konzil auch nicht kleinreden: es geht um ein ex definitione kraftvolles Zeugnis der Orthodoxie in der heutigen Welt.

Die Synodalität ist ein starker Ausdruck der Vitalität der Kirche und der schöpferischen Präsenz des Heiligen Geistes in ihr; dadurch zeigt sich die Kirche als Ort der Gemeinschaft und des Dialogs und öffnet sich dem Wehen des Parakleten. Die Synodalität erschöpft sich nicht in außerordentlichen konziliaren Ereignissen; sie muss permanent im ganzen Leben der Kirche durch verschiedene Formen und Prozesse realisiert werden. Wird somit das Ende des Prozesses, der zum Konzil geführt hat, auch der Beginn einer Neuwahrnehmung der Tragweite und des Potenzials der Synodalität für die Panorthodoxie? Wird das Konzil Strukturen einführen, die eine neue, intensivere, den Anliegen und Bedürfnissen der heutigen Zeit entsprechende panorthodoxe Zusammenarbeit garantieren? Diese Hoffnung dürfen wir jedenfalls nicht aufgeben.

Literatur:
Kallis, Anastasios: Auf dem Weg zu einem Heiligen und Großen Konzil der Orthodoxie. Ein Quellen- und Arbeitsbuch zur orthodoxen Ekklesiologie (=Orthodoxe Perspektven 10), Münster 2013. (Dieser äußerst wertvolle Band beinhaltet die mit der Vorbereitung des Konzils verbundenen Dokumente in deutscher Übersetzung sowie eine ausführliche Literaturliste zur Konzilsthematik.)
Meimaris, Theodoros: The Holy and Great Council of the Orthodox Church and the Ecumenical Movement, Thessaloniki 2013.
Ioniţă, Viorel: Towards the Holy and Great Synod of the Orthodox Church. The Decisions of the Pan-Orthodox Meetings since 1923 until 2009, Übers. aus dem Rumän. von Remus Rus (= Studia Oecumenica Friburgensia 62), Basel 2014.

Synoden und Konzilien im dritten Jahrtausend

Die ekklesiologische Erneuerung in der katholischen Kirche

Arnaud Join-Lambert[1]

Die Beiträge dieses Bandes anlässlich des Jubiläums des Konzils von Konstanz zeigen, dass das Interesse an der wissenschaftlichen Beschäftigung mit dem Thema der Konziliarität und der institutionellen Synodalität in der römisch-katholischen Kirche auch heute sehr lebendig ist. Wenn es auch weiterhin eine Vielzahl von ekklesiologischen Fragen gibt, besteht doch Grund zur Freude aufgrund der Fülle der Perspektiven, die sich im ökumenischen Dialog mit den reformatorischen und orthodoxen Kirchen entwickelt haben. Nach einem Rückblick auf einige wichtige Ereignisse der römisch-katholischen Kirchengeschichte auf diesem Gebiet (1) stellen wir die Neuerungen bei der Durchführung von Diözesansynoden dar (2) und die Entstehung einer diözesanen Synodalität, die viel größer ist, als sie im 1983 promulgierten *Codex des Kanonischen Rechtes* vorgesehen ist (3). Wir werden dann sehen, dass es schwieriger ist, diese neue Vitalität in konziliaren Prozessen auf überdiözesaner Ebene wirksam werden zu lassen (4).

1. Die relative Einheit der Konzilien- und Synodengeschichte bis zum 20. Jahrhundert

1.1 Von der Diözesansynode von Auxerre (585) bis zum Codex des Kanonischen Rechtes (Codex Iuris Canonici) von 1917

Es geht hier nicht um eine Gesamtdarstellung der Geschichte der Konzilien und Diözesansynoden, sondern ganz einfach um den Aufweis der Verankerung dieser Institution in der lateinischen Kirche seit der Spätan-

---

[1] Arnaud Join-Lambert ist Professor für Praktische Theologie und Liturgie an der Katholischen Universität Löwen/Belgien.

tike. Es gab zunächst drei Jahrhunderte lang Bischofskonzile bis dann in Auxerre um 585[2] die erste Diözesansynode der Kirche abgehalten wurde, in einem Jahrhundert intensiver synodaler Aktivität in dieser Region[3]. Es versammelten sich damals um den Bischof Aunacharius sieben Äbte, 34 Priester und drei Diakone. Die 45 promulgierten Kanones behandeln Disziplinarangelegenheiten, 19 von ihnen stehen in direktem Zusammenhang mit der Liturgie. In der folgenden Karolingerzeit gab es zahlreiche Konzilien aber sehr wenige Diözesansynoden. Seit dem 11. Jahrhundert waren die Konzilien und Synoden ein fester Bestandteil des Lebens der Diözesen und Kirchenprovinzen der lateinischen Kirche.[4]

Das Vierte Laterankonzil im Jahr 1215 schrieb in seinem 6. Canon eine jährliche Einberufung von Diözesansynoden vor, in Verbindung mit Provinzialkonzilien (unter Bezugnahme auf das Konzil von Nicäa).[5] Diese Verordnung zur Jährlichkeit wurde nicht streng befolgt, war jedoch ein neuer Impuls zur Ausbildung einer institutionalisierten Synodalität. Bis zum Konzil von Trient waren die Synoden beschränkt und ausschließlich Klerikern vorbehalten. Ihre Aufgabe war häufig die Umsetzung der von den Provinzialkonzilien getroffenen Beschlüsse.[6] Ein kurzer Blick in die seit dem 12. Jahrhundert veröffentlichten synodalen Statuten zeigt, dass Fragen der liturgischen und sakramentalen Pastoral darin eine wachsende Bedeutung bekamen und verschiedene synodale Entscheidungen wesentlich zur Einführung einer neueren Praxis beitrugen.[7]

---

[2] *Jean Gaudemet/Brigitte Basdevant:* Les canons des conciles mérovingiens (VIe–VIIe siècles). Introduction, traduction et notes, Bd. 2, Paris 1989 (Sources Chrétiennes 354), 486.

[3] Mindestens 40 provinziale oder regionale Konzilien und sieben nationale Konzilien.

[4] *Odette Pontal:* Les conciles de la France capétienne jusqu'en 1215, Paris 1995.

[5] „Sicut olim a sanctis patribus noscitur instutum, metropolitani singulis annis cum suis suffraganeis provincialia non omittant concilia celebrare (…) et que statuerint, faciant observari, publicantes ea in episcopalibus synodis, annuatim per singulas dioeceses celebrandis. *Guiseppe Alberigo* (Hg.): Les conciles œcuméniques, Bd. 2.1. Les décrets, Paris 1994, 506–508. Siehe auch *Raymonde Foreville:* Latran I, II, III et Latran IV, Paris 1965 (Histoire des conciles œcuméniques 6), 314 f.

[6] *Odette Pontal:* Les statuts synodaux, Turnhout 1975 (Typologie des sources du Moyen âge occidental 11), 17–30.

[7] Was die französischen und daran angrenzenden ausländischen Diözesen betrifft, die zum französischen Gebiet gezählt wurden, so sind nicht weniger als 2.500 Synodalstatuten vom 13. bis zum 18. Jahrhundert verzeichnet worden. Siehe hierzu *André Artonne/Louis Guizard/Odette Pontal:* Répertoire des statuts synodaux des diocèses de l'ancienne France du XIIIe à la fin du XVIIIe siècle, Paris ²1969 (Documents, études et répertoires publiés par l'IRHT 8).

Das Konzil von Trient bestimmte die Regeln der Synodalität genauer und bekräftigte unter anderem die Verpflichtung zur Abhaltung von Provinzial-synoden und Diözesansynoden. Es ist dies ein Indiz für die Schwierigkeiten, den seit dem Vierten Laterankonzil geforderten Rhythmus einzuhalten. Im 18. Jahrhundert verliert die Institution der Synode viel von ihrer Bedeutung im Leben der französischen Diözesen, anderswo noch mehr. Von 1789 bis 1849 gab es in der Mehrzahl der Länder praktisch keine Diözesansynoden (drei in den Vereinigten Staaten und eine in Deutschland), außer in Frankreich (63) und in Italien (58).[8] Von 1850 bis 1907 wurden von den 377 Diözesansynoden weltweit 166 in Frankreich abgehalten (davon 72 zwischen 1850 und 1859 und 30 von 1860 bis 1869), 88 in Italien und 49 in den Vereinigten Staaten. Anscheinend gab es außerhalb von Frankreich und Italien (und in geringerem Maße den USA) kein Interesse an Diözesansynoden. Dazu muss man noch sagen, dass diese Synoden oft sehr eingeschränkte Versammlungen waren, in denen im Allgemeinen allenfalls die Dekane und ein oder zwei Priester pro Dekanat vertreten waren.

Seit dem Mittelalter tagten die Diözesansynoden mehrere Tage (im Allgemeinen drei Tage) und ihre Durchführung war klar geregelt, sowohl strukturell wie auch liturgisch.[9] Erst seit Beginn des 20. Jahrhunderts kam es durch lehramtliche Entscheidungen zu tiefgreifenden Veränderungen dieser Institution der lateinischen katholischen Kirche.

1.2 Vom Codex des Kanonischen Rechtes von 1917 bis zum Zweiten Vatikanischen Konzil

Der Codex des Kanonischen Rechtes von 1917 ist sehr präzise hinsichtlich der Diözesansynoden (Cann. 356–362), sowohl was ihre Zusammensetzung wie ihre Frequenz betrifft. Dazu gehören die Mitglieder von Amts wegen (die mit Aufgaben betraut sind, die nur von Priestern ausgeübt werden können, Can. 358 § 1) und die vom Bischof zusätzlich bestimmten Diözesanpriester und Ordenspriester (Can. 358 § 2). Die Synoden müssen

---

[8] *René Metz:* Les organismes collégiaux, in: *Laurent Chevailler/Charles Lefebvre/René Metz:* Le droit et les institutions de l'Église catholique latine de la fin du XVIIIᵉ siècle à 1978. Organismes collégiaux et moyens de gouvernement, Paris 1982 (Histoire du droit et des institutions de l'Église en Occident 17), 18–186.

[9] *Martin Klöckener:* Die Liturgie der Diözesansynode. Studien zur Geschichte und Theologie des „Ordo ad Synodum" des „Pontificale Romanum". Mit einer Darstellung der Geschichte des Pontifikales und einem Verzeichnis seiner Drucke, Münster 1986 (Liturgiewissenschaftliche Quellen und Forschungen 68).

alle zehn Jahre vom Bischof einberufen werden (Can. 356 § 1), der den Vorsitz hat und sie normalerweise in seiner Kathedrale abhält. Diese Periodizität ist, so René Metz, eine der kennzeichnenden Faktoren der synodalen Erneuerung.[10] Im Vorfeld der Synode muss in Vorbereitungssitzungen ein thematischer Überblick erstellt werden, der von den Teilnehmern diskutiert worden ist. Die Mitglieder haben nur eine beratende Stimme; die Statuten werden vom Bischof promulgiert, der als einziger gesetzgebende Gewalt hat.

In ganz Europa wirkte der Codex als sehr starker Impuls für die Diözesansynoden, besonders deutlich in den deutschsprachigen Diözesen,[11] wo sie fast verschwunden waren. In Frankreich wurde die geforderte Frequenz der Synoden in den Diözesen unterschiedlich befolgt. 17 Diözesen von den insgesamt 87 Diözesen im metropolitanen Frankreich hielten sich an den vom Codex geforderten Rhythmus.[12] Es war auf jeden Fall das Ziel der ersten Synoden, den Codex auch umzusetzen. Später, nach dem Zweiten Weltkrieg, zeigen die Synodalstatuten eine deutliche Hinwendung zur Frage der Stellung der Laien in der Kirche.[13] Die klerikale Diözesansynode konnte im Blick auf diese Entwicklung als wenig geeignete Institution erscheinen.

Auch der Zeitraum zwischen der Abhaltung von Provinzialsynoden wurde 1917 geändert und auf 20 Jahre erhöht (Cann. 283). Der verpflichtende Charakter und der große zeitliche Abstand führten jedenfalls dazu, dass Provinzialkonzilien oder (nationale) Plenarkonzilien in einer Vielzahl von Ländern abgehalten wurden, manchmal zum ersten Mal in ihrer Geschichte.

2. Die Diözesansynoden seit dem Zweiten Vatikanischen Konzil

Die wissenschaftlichen Studien zur synodalen und konziliaren Erneuerung in der katholischen Kirche lassen ermessen, wie groß der in den letz-

---

[10]   *Metz*, Les organismes collégiaux, 160–164.
[11]   *Erwin Gatz*: Synodale Bewegungen und Diözesansynoden in den deutschsprachigen Ländern von der Säkularisation bis zum Zweiten Vatikanischen Konzil, in: Römische Quartalschrift für christliche Altertumskunde und Kirchengeschichte 82 (1987), 206–243.
[12]   *Louis Guizard:* Chronique des synodes diocésains et des statuts synodaux français, in: L'Année canonique 1 (1952), 265–270; 2 (1953), 395s; 3 (1954s), 319s; 4 (1956), 342; 5 (1957), 398.
[13]   *Louis Trichet:* Le synode diocésain, Paris 1992 (Bref 42), 94–98.

ten fünfzig Jahren stattgefundene Wandel ist.[14] Es gibt keine offizielle Liste der seit dem Zweiten Vatikanischen Konzil in der katholischen Kirche abgehaltenen Diözesansynoden. Ihre Zahl lässt sich auf ungefähr 900 schätzen.[15] Es sei angemerkt, dass von den 3.088 katholischen Diözesen viele seit dem Zweiten Vatikanum keine Diözesansynoden abgehalten haben. Sie haben sich in der Regel für alternative Formen diözesaner Versammlungen entschieden.[16]

2.1 Ein ekklesiologisches Aggiornamento

Erinnern wir uns an die ekklesiologische Gewichtsverschiebung, die durch das Zweite Vatikanische Konzil und sein *Aggiornamento* hervorgerufen wurde. Die Balance zur Seite der *Communio* hin zu verschieben statt zur *Societas perfecta* stellt eine theologische Option dar, die bestimmte Folgen in der Ekklesiologie hat. Ein Problem zeigte sich sofort bei der Umsetzung nach dem Konzil. Das Missverhältnis zwischen den kanonischen Normen von 1917 und den theologischen Entscheidungen von Vatikanum II war so groß, dass die alten synodalen Institutionen sich als völlig unangemessen erwiesen. Diese Situation konnte nicht endlos so weiter bestehen und so lässt sich seit den 1960er Jahren eine Erneuerung der synodalen Institutionen feststellen. Fast überall auf der Welt trifft man nun auf Diözesansynoden, die bestrebt sind, die ekklesiologische Sicht von *Lumen gentium* zu integrieren.

---

[14] *Alberto Melloni/Silvia Scatena* (eds.): Synod and Synodality. Theology, History, Canon Law and Ecumenism in new contact. International Colloquium Bruges 2003, Münster 2005 (Christianity and History. Series of the John XXIII Foundation for Religious Studies in Bologna 1); Cristianesimo nella storia 28/1 (2007); *Joseph Galea-Curmi:* The Diocesan Synod as a Pastoral Event. A Study of the Post-Conciliar Understanding of the Diocesan Synod, Roma 2005; *Arnaud Join-Lambert:* Synoden und Parasynoden nach dem Zweiten Vatikanischen Konzil. Neue Fragen für die Ekklesiologie und das Kirchenrecht der römisch-katholischen Kirche, in: *Wilhelm Rees/Joachim Schmiedl* (Hg.): Unverbindliche Beratung oder kollegiale Steuerung? Kirchenrechtliche Überlegungen zu synodalen Vorgängen, Freiburg i. Br. 2014 (Europas Synoden nach dem Zweiten Vatikanischen Konzil 2), 264–281.

[15] Siehe die Liste in: *Arnaud Join-Lambert:* Les synodes diocésains dans l'Église catholique depuis le Concile Vatican II. Liste, bibliographie, ressources, 2014 (Cahier International de Théologie Pratique. Document 3), www.pastoralis.org.

[16] Was Deutschland betrifft siehe *Sabine Demel/Hanspeter Heinz/Christian Pöpperl:* Löscht den Geist nicht aus. Synodale Prozesse in deutschen Diözesen, Freiburg i. Br. 2005; *Dominik Burkard:* Diözesansynoden und synodenähnliche Formen sowie Kirchenvolksbegehren der letzten Jahrzehnte in den deutschsprachigen Ländern, in: Römische Quartalschrift für christliche Altertumskunde und Kirchengeschichte 101 (2006), 113–140.

Die legislativen Anstrengungen münden dann in den neuen Codex Iuris Canonici von 1983. Es sind die folgenden drei großen theologischen Verschiebungen, die im Recht der lateinischen katholischen Kirche bestätigt werden:

- Die Aufhebung der Verpflichtung zu einer Einberufung in regelmäßigen Intervallen, denn „In den einzelnen Teilkirchen soll eine Diözesansynode abgehalten werden, wenn nach dem Urteil des Diözesanbischofs und nach Anhören des Priesterrates die Umstände dies anraten" (Can. 461 § 1). Richard Puza hat dies mit Recht für fundamental erklärt, denn die Synode ist nun nicht mehr eine „Institution" (die Regeln unterworfen und in starkem Maße gesetzlich geregelt ist), sondern ein „Ereignis" (das von einer Reihe von kontextuellen Umständen abhängt und so teilweise etwas Unvorhersehbares an sich hat).[17]
- Die offensichtlichste Veränderung betrifft die Teilnahme von Laien als vollwertige Mitglieder einer Synodenversammlung (s. Can. 463 § 1–2).
- Die Einladung nicht-katholischer Beobachter (vgl. Can. 463 § 3), wie dies auch schon beim Zweiten Vatikanischen Konzil der Fall war.

2.2 Ein Prozess und nicht mehr eine Versammlung

Wenn man diese neuen Diözesansynoden mit den alten vergleicht, wird deutlich, dass es sich nicht mehr um das gleiche Phänomen handelt. Alle nach-konziliaren Diözesansynoden verbindet ohne Ausnahme gemeinsame Eigenschaften, die sie von der tausendjährigen Praxis der lateinischen katholischen Kirche unterscheiden. Ungeachtet bestehender Unterschiede entwickeln sich gemeinsame Leitlinien.

Man kann im Allgemeinen vier Phasen in der Strukturierung der großen Mehrzahl der synodalen Prozesse feststellen.[18] Manchmal gibt es nur drei dieser Phasen, wenn die beiden ersten zusammengefasst werden. Von diesen Phasen stellen die beiden ersten im Blick auf die tausendjährige synodale Praxis eine völlige Neuerung dar. Sie haben sich übrigens im Nachhinein als ganz wesentlich für den Erfolg der auf sie folgenden Phasen und für die erfolgreiche Rezeption der synodalen Entscheidungen erwiesen.

---

[17] *Richard Puza:* Die Diözesansynode. Ihre rechtliche Gestalt im neuen CIC (cc. 460–468), in: Theologische Quartalschrift 163 (1983), 223–226, hier 226.

[18] Siehe die zahlreichen Beispiele für solche Phasen in: *Arnaud Join-Lambert:* Les processus synodaux depuis le concile Vatican II: Une double expérience de l'Église et de l'Esprit Saint, in: Cristianesimo nella storia 32 n° 3 (2011), 1137–1178.

Bei vielen Synoden hat es eine erste Phase der vorausgehenden Konsultation der katholisch Getauften der Diözese oder sogar aller Einwohner des Gebietes der Diözese gegeben. Dabei sind die Mittel und Methoden sehr unterschiedlich. Man hat üblicherweise Umfragen mit Hilfe von Fragebogen durchgeführt, die individuell oder in Gruppen ausgefüllt werden sollten. Der Vorteil dabei war die große Personenzahl, die damit erreicht wurde. Allerdings gab es große Schwierigkeiten bei der Auswertung der manchmal sehr zahlreichen Antworten. Andere Diözesen organisierten zur Vorbereitung örtliche Versammlungen (im Dekanat oder jeweiligen Bezirk), um für die Synode zu sensibilisieren und erste Hinweise auf die drängendsten pastoralen Anliegen zu bekommen. Manche Diözesen haben sich für eine weniger bindende Vorgehensweise im Blick auf eine mögliche Synode entschieden und Diözesanversammlungen und Forumsveranstaltungen organisiert. Aufgrund der im Laufe der Zeit gesammelten Erfahrungen mit den vergangenen Synoden scheinen heute die Vorbereitungskonsultationen besser organisiert zu sein.

Die zweite Phase ist der zeitlich aufwändigste Teil des Prozesses und geht den Beschlussfassungen voraus. Sie besteht in der Arbeit von synodalen Gruppen, die über ihre Tätigkeit jeweils einen Bericht erstellen. Diese Gruppen setzen sich auf unterschiedliche Weise zusammen, sie kommen vor allem aus den Ortsgemeinden oder Pfarrbezirken, aber bilden sich auch aufgrund gewisser Gemeinsamkeiten (beruflich, kirchlich, geistlich etc.). Innerhalb dieser Gruppen vor allem geschieht die Bewusstseinsbildung des Gottesvolkes für seine Teilnahme an „der allen Gläubigen gemeinsamen Würde und Tätigkeit zum Aufbau des Leibes Christi"[19]. Das Ergebnis dieser Phase besteht gewöhnlich in der Erstellung eines Zwischenberichts (oder auch mehrerer Zwischenberichte), die den Synodenversammlungen als „Arbeitsinstrumente" dienen.

Die dritte Phase ist traditionsgebundener. Sie besteht gewöhnlich aus einer oder mehreren (allgemeinen) Versammlungen (in drei bis fünf Sessionen), die über mehrere Monate, manchmal Jahre, verteilt stattfinden. Seltener kommt es vor, dass Diözesen die Zahl der Zusammenkünfte erhöhen, statt große Sessionen abzuhalten.[20] Aufgrund verschiedener Umstände ist es gelegentlich zu einer unverhältnismäßigen zeitlichen Streckung gekommen, so bei der Synode von Cotonou (Bénin) mit einer ersten „Session" im Jahr

---

[19] *Zweites Vatikanisches Konzil:* Lumen Gentium. Dogmatische Konstitution über die Kirche, 32.

[20] Zum Beispiel die Synoden von Scranton (USA, 1984–186) mit 20 Synodenzusammenkünften, von São José dos Campos (Brasilien, 2008–2010) mit neun thematischen Sessionen und von Brindisi (Italien, 2008–2010) mit 15 Tagen, verteilt über fünf Monate.

1975 und einer zweiten in den Jahren 1988 bis 1992. In einem solchen Fall sollte man besser von zwei unterschiedlichen Synoden sprechen. Das Verhältnis zwischen den Sessionen kann unterschiedlich sein: Entweder ein in einer Session bearbeiteter Text wird in der nächsten Session weiter bearbeitet und erhält dort Zusätze oder jede Session bearbeitet ihr eigenes Feld. Was geschieht in den Versammlungen? Die Vorschläge aus den zwei vorangegangenen Phasen werden dort diskutiert, bearbeitet, ergänzt und verabschiedet. Das Ergebnis wird dann entweder vom Bischof angenommen, um unverändert in den Synodenakten promulgiert zu werden, oder vom Bischof im Hinblick auf die Promulgation (im Allgemeinen nur leicht) abgeändert.

Fast alle Synoden schließen mit einer Diözesanversammlung. Diese findet entweder direkt im Anschluss an die letzte Synodenversammlung statt oder anlässlich eines besonderen Festaktes zur öffentlichen Verkündigung der Synodenakten. Diese letzte Phase hat nicht nur einen festlichen Charakter, sondern ist oftmals ein bedeutendes Datum in der Geschichte einer Diözese.

2.3 Eine neue Wirksamkeit

Betrachten wir nun die Elemente, die eine nachhaltige Veränderung des Lebens der Ortskirche bewirkt haben. Man muss bei der Diözesansynode zwei Bestandteile unterscheiden: das Ereignis selbst mit seinen Phasen und das Schlussdokument. In der Regel war in der Zeit vom Vierten Laterankonzil bis zum Zweiten Vatikanischen Konzil eine Diözesansynode kein herausragendes Ereignis im Leben einer Kirche. Die performative Dimension einer Diözesansynode lag in ihren Beschlüssen, die in den Akten veröffentlicht waren.

Es ist sehr bezeichnend, welche Bedeutung bei den nachkonziliaren Synoden alle Phasen des synodalen Prozesses haben. Die Rolle des Diözesanbischofs hat sich gewandelt. Es handelt sich nun nicht mehr nur darum, die Synode einzuberufen, ihr vorzustehen und ihr „einziger Gesetzgeber" (Can. 466) zu sein, sondern einen komplexen Prozess im Ganzen zu begleiten. Phänomenologisch gesehen, ermöglicht es dessen Dauer, dass sich Personen ändern und Ideen reifen. Das war vor dem Zweiten Vatikanum nicht möglich, ganz einfach aufgrund des punktuellen Charakters des auf einige Kleriker beschränkten Ereignisses. Alle Gläubigen einer Diözese (Kleriker und Laien) haben nun die Möglichkeit, sich zu entwickeln, zu verstehen, zu wachsen, umzukehren usw. Und kein (katholisch) Getaufter wird ausgeschlossen. Die Synode wird wahrhaftig zu einer Angelegenheit aller im Blick auf eine Erneuerung der Mission. Ihre Performativität hat sich verändert und ist aller Wahrscheinlichkeit größer geworden.

Die Dynamik, mit der sich Konsultationen, Feiern und Versammlungen in einer Diözese verbinden, beschränkt sich nicht auf die Diözesansynoden. Wenn auch aus phänomenologischer und teilweise theologischer Sicht die Foren und bestimmte Diözesanversammlungen den Synoden gleichkommen, so haben die Texte, die von ihnen veröffentlicht werden, im Allgemeinen doch nicht die gleiche Autorität wie die Synodenakte. Jedoch sind diese Prozesse Ausdruck einer identischen Synodalität. Im Sinne einer von Gilles Routhier[21] vorgeschlagenen Definition bezeugt sich diese durch die Dimension des Versammeltseins, durch die Suche nach einem Konsens der von einem gemeinsamen Glauben bewegten Mitglieder. Der Begriff, der am besten diese Annäherung zwischen diesen Prozessen und den Synoden charakterisiert ist der der „Communio".

Wie kann man diese in verschiedenen Ländern entstandenen Prozesse am besten bezeichnen? Wir haben die bislang in der Geschichte unbekannte Bezeichnung „Parasynoden" vorgeschlagen.[22] Diese Parasynoden wurden vor allem in Europa abgehalten, in Frankreich, Spanien, Belgien, Österreich und Deutschland. Anderswo scheinen Länder wie z. B. Mozambik, Jamaika und Honduras regelmäßig diesen Versammlungstyp gewählt zu haben als „Organ" der Teilhabe am Leben der Partikularkirchen.

Es ist wichtig, bei der Betrachtung jeweils den unterschiedlichen Kontext zu beachten. Es versteht sich z. B. von selbst, dass bei einer eng mit dem Rechtsstaat verbundenen kirchlichen Struktur (Deutschland, Österreich, Schweiz) die Entscheidung für eine Synode oder eine Parasynode andere Folgen hat, als wenn eine solche Entscheidung etwa in Frankreich oder Honduras getroffen würde. In ihrer Gesamtheit umfassen diese Prozesse in der Tat Zusammenkünfte mit sehr unterschiedlichen Inhalten und Zielen. So bilden z. B. die 80 in Frankreich seit 1980 stattgefundenen Parasynoden durchaus kein einheitliches Phänomen. Schon die Gründe für ihre Einberufung an Stelle von Synoden im eigentlichen Sinne sind unterschiedlich und manchmal mehrdeutig.[23] Verschiedene Verantwortungsträger, wie

---

[21] *Gilles Routhier:* La synodalité de l'Église locale, in: Studia canonica 26 (1992), 111–161, hier 122–123.

[22] *Arnaud Join-Lambert:* Synoden und Parasynoden. Die Frage wird erstmals grundlegend erörtert in: *Richard Puza/Abraham P. Kustermann* (Hg.): Synodalrecht und Synodalstrukturen. Konkretionen und Entwicklungen der „Synodalität" in der katholischen Kirche, Freiburg/Schweiz 1996.

[23] *Arnaud Join-Lambert:* Les synodes diocésains français et leurs Actes (1983–1997). Questions posées aux canonistes, in: Revue de Droit Canonique 49 (1999), 351–374, hier 358–361.

etwa Kardinal Karl Lehmann,[24] sehen in diesen Diözesanversammlungen eine Alternative, die Aufmerksamkeit verdient. Die deutschen und österreichischen Diözesen haben diesen weniger verpflichtenden Prozessen übrigens vielfach den Vorzug vor einer Diözesansynode gegeben.[25]

In der Theorie ist die Unterscheidung zu den Synoden im kanonischen Sinne klar, aber die Praxis ist geeignet, eine gewisse Konfusion entstehen zu lassen. Die Dimension einer gelebten Gemeinschaft im Dienste diözesaner pastoraler Richtungsweisungen steht im Zentrum beider Formen. Die Sache, um die es geht, ist die Synode als höchste Form des Regierungshandelns einer Teilkirche. Sie ist ja wirklich eine Institution – die erste im Blick auf die Beschlussfassung und Entfaltung einer Teilkirche – die gewissermaßen die Kraft der Synodalität gewährleistet. Deshalb erwähnt das Kirchliche Lehramt diese alternativen Formen in seiner *Instruktion über die Diözesansynoden* (1997) mit dem Wunsch, dass ihr Status präzisiert würde.[26] Diese Klarstellung lässt allerdings bislang auf sich warten.

4. Die Plenar- und Provinzialkonzilien

Plenar- und Provinzialkonzilien gab es bereits seit den Anfängen des Christentums, vor den Diözesansynoden. Ihre Zahl und ihre Bedeutung hat sich im Laufe der Geschichte stark gewandelt. Man muss unterscheiden zwischen den großen (wenigen) Prozessen der nachkonziliaren Jahre und den spärlichen weiteren Schritten seit der Verkündigung des *Codex des kanonischen Rechtes* von 1983.[27]

Diese überdiözesanen Prozesse sind ekklesiologisch von Bedeutung. Wenn auch gering an Zahl erinnern doch diese Partikularkonzilien allein schon durch ihre bloße Existenz an eine wesentliche Dimension: die Syn-

---

[24] *Klaus Nientiedt:* Freiburger Diözesanforum: Was geschieht mit den Voten?, in: Herder Korrespondenz 46 (1992), 545–548, hier 546.

[25] *Demel/Heinz/Pöpperl,* Löscht den Geist nicht aus, Freiburg i. Br. 2005.

[26] Es ist überaus wünschenswert, dass auch die ›Diözesanversammlungen‹ oder andere Zusammenkünfte, insofern sie hinsichtlich ihrer Ausrichtung und ihrer Zusammensetzung einer Synode ähneln, mit Hilfe der Vorschriften des kanonischen Rechts und der hier vorgelegten Instruktion ihren Platz in der kanonischen Disziplin finden, um sie auf diese Weise zu einem wirksamen Instrument im Dienste der Leitung einer Teilkirche zu machen." (Text unter www.vatican.va/roman_curia/congregations/cbishops/documents/rc_con_cbishops_doc_20041118_diocesan-synods-1997_ge.html)

[27] *Arnaud Join-Lambert:* Partikularkonzilien seit dem Zweiten Vatikanischen Konzil. Ein Überblick, in: *Joachim Schmiedl* (Hg.): Nationalsynoden nach dem Zweiten Vatikanischen Konzil. Rechtliche Grundlagen und öffentliche Meinung, Fribourg/Schweiz 2013 (Theologische Berichte 35), 21–38.

odalität der Teilkirche kann sich nicht verwirklichen ohne Berücksichtigung der inneren Verbindung, die die kirchliche Gemeinschaft notwendigerweise zwischen dieser Kirche und den anderen Teilkirchen schafft. Die Synodalität ist somit eng mit der Kollegialität verbunden, einer anderen wesentlichen Dimension der katholischen Ekklesiologie. Jean-Marie Tillard spricht im Hinblick darauf von Synergie, Solidarität und wechselseitiger Fürsorge und einer vollständigen Einbeziehung der Ortskirchen.[28] Diese Partikularkonzilien bilden so eine Ergänzung zu den Diözesansynoden und verwirklichen seit dem Zweiten Vatikanum eine ähnliche Synodalität.

4.1 Einige kurze Bemerkungen zur Entwicklung der Plenar- und Provinzialkonzilien

Geschichtlich unterscheidet man zwei Kategorien von Partikularkonzilien. Die Plenarkonzilien sind Versammlungen der Bischöfe eines bestimmten Landes. Man hat sie in verschiedenen Perioden der Kirchengeschichte unterschiedlich bezeichnet, z. B. als „Nationalkonzil". Die Provinzialkonzilien hatten vor allem die Aufgabe der Übermittlung von Informationen und Dekreten von den oberen Entscheidungsebenen zu den Diözesanbischöfen.

Die Jahre nach dem Zweiten Vatikanischen Konzil sind die Zeit einer entscheidenden Entwicklung im Hinblick auf diese Versammlungen. Man widmet den Konzilien erneute Aufmerksamkeit und erfüllt sie mit neuem Leben.[29] Dies ist vermutlich Ausdruck einer Rezeption der von der Ekklesiologie des Zweiten Vatikanischen Konzils geförderten Kollegialität wie auch der Aufwertung des Episkopats. Die im Vorfeld und im Nachgang beim Heiligen Stuhl einzuholenden Autorisierungen sind allerdings ein offensichtlicher Hemmschuh, und zwar bisweilen ein ganz expliziter, für diese Initiativen.

Das vom Zweiten Vatikanischen Konzil initiierte l'aggiornamento gilt für die Partikularkonzilien auf die gleiche Weise wie schon für die Diözesansynoden. Der Codex des kanonischen Rechtes von 1983 verpflichtet nicht mehr zu regelmäßigen Abhaltungen, sondern überlässt die Entscheidung zu einer Einberufung dem pastoralen Urteil der Bischöfe (Can. 439

---

[28] *Jean-Marie R. Tillard:* L'Église locale. Ecclésiologie de communion et catholicité, Paris 1995 (Cogitatio fidei 191), 397.

[29] „Diese Heilige Ökumenische Synode wünscht, daß die ehrwürdigen Einrichtungen der Synoden und Konzilien mit neuer Kraft aufblühen; dadurch soll besser und wirksamer für das Wachstum des Glaubens und die Erhaltung der Disziplin in den verschiedenen Kirchen, entsprechend den Gegebenheiten der Zeit, gesorgt werden." Vatikanum II, Dekret Christus Dominus, 36.

§ 1 et 440 § 1). Die Teilnahme der Laien als ordentliche Mitglieder (Can. 443 § 3.2) oder als Gäste (Can. 443 § 4) ist ebenfalls geregelt, wobei ihre Zahl begrenzt wird (im Verhältnis zur Zahl der ordentlichen Mitglieder[30]). Schließlich können auch nicht katholische Beobachter eingeladen werden (Can. 443 § 6).

4.2 Die institutionelle Konziliarität in der katholischen Kirche nach dem Zweiten Vatikanischen Konzil

Wie im Falle der nachkonziliaren Diözesansynoden hat die neue Wertschätzung der Laien aufgrund des allgemeinen Priestertums aller Getauften auch zu einer Veränderung ihrer Teilnahme an den Partikularkonzilien geführt. Allerdings kann man unmittelbar nach dem Zweiten Vatikanischen Konzil auch eine gewisse Verwirrung feststellen. Wie kann man dieser Neuerung Rechnung tragen und zugleich die Kontinuität mit den alten Prozessen, die das kanonische Recht noch nicht geändert hat, berücksichtigen? Nur elf mit Partikularkonzilien vergleichbare Prozesse sind in den Jahren 1965 bis 1983 auf den Weg gebracht worden.

Außer dem holländischen „Pastoralkonzil", das dann zur *Bijzondere Synode* (1966–1980) wurde, hat es noch drei andere konziliare Vorgänge in Europa gegeben, dazu noch der *Österreichische Synodale Vorgang*[31] und die Synode 72 der Schweiz. Am bekanntesten ist die *Gemeinsame Synode der Bistümer in der Bundesrepublik Deutschland* (1971–1975), die in acht Sessionen abgehalten wurde, nach einer Vorbereitungszeit von zwei Jahren, in der 21 Millionen Fragebogen ausgegeben wurden mit einem Rücklauf von 4,5 Millionen. Dieses ausführlich dokumentierte und wissenschaftlich untersuchte Plenarkonzil gilt als Erfolg (im Kontext seiner Zeit) aufgrund seiner Organisation, seiner Ergebnisse und der großen Beteiligung sowohl in den Versammlungen wie in den Ortsgemeinden.

In einem ganz anderen Kontext, in der Deutschen Demokratischen Republik (DDR), wurde eine Pastoralsynode durchgeführt. Sie erstreckte sich über mehrere Jahre, die Vollversammlungen fanden in Dresden ab dem Jahr 1973 statt. Der Minderheitenstatus und die Zersplitterung der Katholiken sowie die staatlichen Repressionen bewirkten, dass dieser Prozess nur

---

[30] Ein Dispens ist jedoch möglich, wie etwa beim Konzil von Lille (2013–2015), das als Provinzialsynode von Lille-Arras-Cambrai bezeichnet wurde und eine Parität von Männern und Frauen erlaubte.

[31] *Wilhelm Rees:* Der Österreichische Synodale Vorgang (1973/74). Vorgeschichte und kirchenrechtlicher Status, in: *Schmiedl,* Nationalsynoden, 116–198.

eine eingeschränkte Reichweite und ebenso eingeschränkten Einfluss auf das kirchliche Leben hatte.[32]

Hinsichtlich der Partikularkonzilien im engeren Sinne kann man keinen merklichen Aufschwung nach der rechtlichen Kodifizierung von 1983 feststellen. Es gab 15 Plenarkonzilien (darunter zwei in Italien durch provinzübergreifende Regionalkonzilien, und drei sehr lang andauernde konziliare Prozesse in Polen[33])[34] und drei Provinzialkonzilien im engeren Sinne.[35]

Blick auf die Zukunft

Nach fast 50 Jahren der Praxis einer erneuerten Konziliarität und diözesanen Synodalität in der katholischen Kirche können wir es wagen, einen Blick in die Zukunft zu werfen. Die Dözesansynoden haben die konkrete Umsetzung des vom Zweiten Vatikanischen Konzil heraufbeschworenen *sensus fidelium* und einer Communio-Ekklesiologie ermöglicht.[36] Wir schlagen vier Perspektiven vor.

Die Diözesansynode ist das kirchliche Handeln, das am besten geeignet ist, eine Partikularkirche im Sinne der ekklesiologischen Entscheidungen des Zweiten Vatikanischen Konzils aufzubauen. Die anderen Räte (auf bischöflicher, presbyterialer und pastoral diözesaner Ebene) sind dem nicht gleichzustellen, da sie feste Leitungsorgane sind. Die Diözesansynode ist ein Leitungsorgan und darüber hinaus ein Geschehen, das die Teilkirche in all ihren Dimensionen einbezieht. Anders gesagt, die Synoden sind der bedeutsamste Ausdruck einer Teilkirche in all der Komplexität ihres Urteilshandelns, gebildet aus Teilen des Volkes Gottes unter der Leitung des apostolischen Dienstes eines Bischofs. Es handelt sich hier um eine höchst bedeutsame Gestalt des Leibes Christi in einer bestimmten Zeit, an einem bestimmten Ort.

---

[32] *Sebastian Holzbrecher:* Die Ostdeutsche Pastoralsynode in Dresden (1973–1975), in: *Schmiedl,* Nationalsynoden, 77–100; *Demel/Heinz/Pöpperl,* Löscht den Geist nicht aus, 26–30.

[33] *Grzegorz Chojnacki:* Zweite gemeinsame Synode der polnischen Bistümer. Gegenwart und Perspektiven der katholischen Kirche in Polen, in: Theologie und Glaube 93 (2003), 544–550.

[34] Region Marken (Italien, 1985–1989), Sardinien (Italien, 1987–1993), Philippinen (1990–1991), Dominikanische Republik (1990–1993, 2000), Mozambik (1991), Polen (1991–1997), Panama (1993), Ghana (1997), Venezuela (1998–2000, 2006), Burkina Faso (2000).

[35] Provinz Tarragone (Spanien, 1992–1993), Provinz Popayan (Kolumbien, 1996–2000), Provinz Lille (Frankreich, 2013–2015).

[36] *Richard Puza:* Le principe synodal et les deux types de synodes entre le Code de 1917 et le Code de 1983, in: *Melloni/Scatena* (eds.), Synod and Sinodality, 647–662, hier 658.

Eine Diözesansynode ist heute ganz klar ein Prozess und nicht mehr nur ein punktuelles Ereignis. Jede ihrer Phasen ist wichtig, damit die Synode tatsächlich die Wirklichkeit des Lebens der Teilkirche repräsentiert und nicht nur ein Regierungsakt, ja fast ein Verwaltungsakt, ist. Sie bezieht die beteiligten Personen in einen Prozess der individuellen und institutionellen Veränderung ein. Es ist die zeitliche Dauer, durch die sich dieser Prozess verwirklicht, und in dem, durch das Werk des Heiligen Geistes, eine Umkehr möglich wird. Die Ganzheit der liturgischen Dimension der Diözesansynoden ist wesentlich für den Charakter des Handelns der Synode. Die gelebte Erfahrung ist so eine Erfahrung des Glaubens, der die Kirche des Volkes Gottes aufbaut. Die Spannungen und Enttäuschungen, der Zusammenstoß unterschiedlicher Denkweisen, die mitunter gegensätzlichen Perspektiven usw., all das ist Teil derselben Dynamik, die sich weigert, in eine Irenik zu flüchten, die tatsächlich nur eine Leugnung wäre anzuerkennen, dass ein Charakteristikum des Menschen das Leben *in statu viatoris* und in *statu conversionis* ist.[37]

Die Partikularkonzilien haben heute eine ähnliche Dynamik wie die Diözesansynoden, finden aber viel seltener statt. Es geht dabei nicht nur um das wirkliche Problem einer endgültigen *recognitio* von Seiten Roms, die notwendig ist, um die universelle Gemeinschaft zu gewährleisten, was die grundsätzliche Aufgabe des Papstes ist. Jedenfalls sind die Partikularkonzilien als Ausdruck von Kollegialität und zugleich Synodalität, eine unleugbare theologische und praktische Kraft. Sie könnten folglich Auslöser von Argwohn gegenüber einer römischen „Zentralmacht" sein, wenn diese sich nicht als Diener der Communio begreift. Ihnen kommt eine entscheidende Rolle zu bei der ernstlichen und zuversichtlichen Verwirklichung der Ekklesiologie von Vatikanum II.

Die Ekklesiologie des Zweiten Vatikanischen Konzils stellt ein weises Gleichgewicht zwischen Synodalität, Kollegialität und Vorrangstellung her. Die Entwicklung der Synodalität, die auf dem allgemeinen Priestertum der Gläubigen beruht, ist ohne Zweifel eine der großen theologischen Orientierungslinien, damit die katholische Kirche ihre Mission für die Männer und Frauen von heute und morgen erfüllen kann. Ihre konkreten Modalitäten in den Diözesansynoden, den Parasynoden und den Partikularkonzilien machen diese erneuerten Institutionen zu wertvollen Instrumenten für die Verkündigung der Guten Nachricht des Evangeliums an alle. Dabei wird

---

[37] *Johannes Paul II.:* Dives in misericordia (1980), 13.

diese neue Art des „faire Église" (Kirchemachens) sicher noch weiterer An-
passungen bedürfen. Sie könnte jedenfalls auch wichtige Auswirkungen auf
die ökumenischen Dialoge der Kirchen auf dem Weg zur Einheit haben.

Übersetzung aus dem Französischen:
Dr. Wolfgang Neumann

Konziliarismus –
die Rekonstruktion einer Idee

Daniela Blum[1]

1. Die Relevanz der Idee

Sicher kann man das Thema Konziliarismus historisch angehen. Das wird im Folgenden auch geschehen. Aber der Konziliarismus ist kein belangloses Theoriegespinst des späten Mittelalters. Vielmehr stellten die ekklesiologischen Theoretiker des Mittelalters ein alternatives Ordnungsmodell vor Augen, das sowohl in seinem Scheitern in den Konzilien des 15. Jahrhunderts (I) als auch in seinen Grundvorstellungen über die Ekklesiologie der Kirche (II) bleibende Relevanz hat. Von dieser doppelten Bedeutung her soll das Thema entfaltet werden.

(I) Als die *causa Lutheri* nach 1517 immer weitere Kreise zog, als der kirchliche Prozess gegen Luther angestrebt wurde, als schließlich Luther am 3. Januar 1521 exkommuniziert war und seine Lehre trotzdem immer neue Anhänger gewann und in Oberdeutschland ein zweites Zentrum reformatorischen Denkens entstand – spätestens da hätte der Papst ein allgemeines Konzil einberufen müssen, um sich mit der reformatorischen Theologie auseinanderzusetzen. Der Ruf nach einem Konzil erklang allerorten in der Kirche. Begonnen hat es erst 1545 in Trient. Zu diesem Zeitpunkt hatte sich die Theologie der Reformatoren längst an vielen Universitäten, in vielen Städten und Fürstentümern nicht nur des deutschen Reiches durchgesetzt. Städtische Magistrate und mächtige Fürsten hatten die Reformation aufgenommen und mit der Durchformung ihres Herrschaftsgebiets nach dieser Lehre begonnen. Auch wenn das Konzil von Trient als Allge-

[1] Dr. Daniela Blum ist Wissenschaftliche Mitarbeiterin am Lehrstuhl für Mittlere und Neuere Kirchengeschichte an der Eberhard-Karls-Universität Tübingen.

meines und Ökumenisches Konzil einberufen wurde,[2] gelang weder eine intensive Auseinandersetzung mit den Schriften der Reformatoren noch eine Verständigung mit denselben. Die Spaltung in zwei Kirchtümer konnte nicht aufgehalten werden.

Rom hatte die Reformation durch die Exkommunikation Luthers nicht unterdrücken können. Warum? Die öffentliche Meinung im Deutschen Reich hatte Luther zum Wegbereiter nationaler und kirchlicher Reformen erklärt. Kirchenpolitisch wichtige Kreise des Reiches hatten sich in der Verurteilung der Reformatoren zurückgehalten.[3] Schließlich gaben sich politische und kirchliche Regierende der Täuschung hin, die Reformatoren seien noch nicht endgültig von der Kirche getrennt, solange ein allgemeines Konzil noch kein Urteil gefällt habe.[4] Alle drei Faktoren haben unmittelbar mit den konziliaren Erfahrungen des 15. Jahrhunderts zu tun. Aufgrund der konziliaristischen Idee waren manche Anhänger Luthers der Überzeugung, einem Reformer zu folgen. Das Häretikertum musste schon das allgemeine Konzil feststellen. Dass Reformen der Kirche notwendig waren, war ja ein Kernanliegen des spätmittelalterlichen Konziliarismus gewesen. In dieser Tradition wussten sich die Reformatoren. Viele politische und kirchliche Autoritäten warteten auf das endgültige Urteil eines Konzils, das sie in solchen Fragen des Glaubens und der Lehre für zuständig hielten. Die Erwartungshaltung resultierte aus den Erfahrungen des 15. Jahrhunderts, in denen sich die Konzilien um die Fragen der Lehre und Kirchenreform gekümmert hatten und sich im Dokument *Haec sancta* (1415) gar die Superiorität des Konzils über den Papst zugesprochen hatten.

Auch das Zögern des Papstes, das allerorten erwartete Konzil einzuberufen, speiste sich aus den konziliaren Erfahrungen. Gerade weil etwa das Konzil von Konstanz sich die Superiorität in der Kirche zugesprochen hatte und weil die Konzilsidee als praktische Ordnungsstruktur der Kirche für die Päpste unkontrollierbare Züge angenommen hatte, wollten Leo X. und

---

[2] Vgl. Dekret der Konzilseröffnung, Sessio I, 13. Dezember 1545, in: Dekrete der ökumenischen Konzilien, lat.-dt., Bd. 3: Konzilien der Neuzeit, hg. v. *Josef Wohlmuth,* Paderborn u. a. 2002, 660.

[3] Selbstverständlich ist zu beachten, dass nicht allein der päpstliche *horror concilii* den sachlichen Umgang der Kirche mit der Reformation verzögerte, sondern auch die Verschränkung mit der Politik. Bestes Beispiel dafür ist sicher die Aussetzung des römischen Prozesses gegen Luther bis zur Wahl Karls V. zum deutschen Kaiser am 28. Juni 1519. Bis dahin konnte der Landesherr Luthers, Friedrich der Weise, als Kurwähler und potentieller Kaiserkandidat Luther offen schützen.

[4] Vgl. zu der Darstellung dieser Gründe, allerdings mit deutlich abwertender Tendenz des Konziliarismus und der Reformation, *Hubert Jedin:* Geschichte des Konzils von Trient, Bd. 1: Der Kampf um das Konzil, Freiburg i. Br. 1949, 144.

seine Nachfolger die Sache der Reformation nicht auf einem Konzil verhandeln.[5] Aufgrund der Erfahrungen mit jenen Konzilien, die sich aus konziliaristischen Theorien begründeten und selbst neue entwarfen, verkürzten die Päpste in der Folgezeit eine ekklesiologische Theorie auf das Problem der innerkirchlichen Jurisdiktionsgewalt[6] – und die wollten sie sich selbst garantieren. Beides also, die Begeisterung für die Ideen der Reformation und das Hinauszögern eines Konzils durch die Päpste, und damit der faktische Verlauf der Reformation und die Entwicklung in unterschiedliche Kirchen erklären sich aus den Ideen des Konziliarismus und den Erfahrungen, die die Kirche im 15. Jahrhundert damit gemacht hatte. Insbesondere das Konzil von Konstanz gilt als „Nukleus der Reformation"[7], da das Konzil weder die Reformen der Kirche, ihrer Strukturen und ihres Klerus anging noch die „häretischen" Strömungen, insbesondere die in Böhmen beheimateten Hussiten, wieder in die Kirche integrieren konnte. Stattdessen fand Jan Hus auf dem Scheiterhaufen den Tod, die Lehren des John Wyclif wurden verurteilt. Die Hussiten radikalisierten sich weiter, viele kirchliche Missstände grassierten weiter, die Reformideen breiteten sich weiter aus und mündeten in einem selektiven, keineswegs linearen Prozess in die Reformation.[8]

[5] *Volker Reinhardt* und andere vertreten sogar die These, dass das barocke Rom, mit dessen Gestaltung in der ersten Hälfte des 16. Jahrhunderts begonnen wurde, sowie der prunkvolle Lebenswandel des Renaissancepapsttums auch als Antwort der Päpste auf den Konziliarismus gedacht war. Vgl. *Volker Reinhardt:* Im Schatten von Sankt Peter. Die Geschichte des barocken Rom, Darmstadt 2011.

[6] Vgl. *Helmut G. Walther:* Konziliarismus als politische Theorie? Konzilsvorstellungen im 15. Jahrhundert zwischen Notlösungen und Kirchenmodellen, in: *Heribert Müller/Johannes Helmrath* (Hg.): Die Konzilien von Pisa (1409), Konstanz (1414–1418) und Basel (1431–1449). Institutionen und Personen (Vorträge und Forschungen, Konstanzer Arbeitskreis für Mittelalterliche Geschichte 67), Ostfildern 2007, 31–60, hier 34.

[7] *Karin Stober:* Das Konstanzer Konzil. Eine Umschau, in: Das Konstanzer Konzil 1414–1418. Weltereignis des Mittelalters. Katalog, hg. v. Badischen Landesmuseum, Darmstadt 2014, 218–220, hier 220.

[8] Der Ruf nach Reform, der im Kontext der Konzilien in der ersten Hälfte des 15. Jahrhunderts allenthalben zu hören war, ist auch begrifflich von dem kirchen- und strukturbildenden Prozess zu unterscheiden, der später als Reformation bezeichnet werden wird. Der konziliare Ruf nach Reform nämlich hatte gerade kein Programm, weil unterschiedliche Fraktionen, Nationen, Gelehrte und Kardinäle ganz verschiedene Vorstellungen davon entwickelt hatten, was überhaupt zu reformieren sei. Unter dem Begriff der Reform kann hier „eher eine Stimmung einer gewissen Unzufriedenheit" verstanden werden oder „ein Gespür […], dass selbst die religiösen Koordinatensysteme weit weniger an trostreicher Stärkung vermitteln, als es erwartete oder erhofft wurde" (*Karl-Heinz Braun:* Die großen Themen des Konzils. Einheit der Kirche, Reform und rechter Glaube, in: Das Konstanzer Konzil 1414–1418. Weltereignis des Mittelalters. Katalog, hg. v. Badischen Landesmuseum, Darmstadt 2014, 225 f, hier 225).

che? Die Kirchenkonstitution des Zweiten Vatikanischen Konzil betont im
dritten Kapitel zu den institutionalisierten Diensten der Kirche die „kollegiale Einheit"[9] der Bischöfe in den Teilkirchen, zur Gesamtkirche und mit
dem Papst, stets aber „unter treuer Beachtung des Primates und des Vor-
rangs ihres Hauptes"[10], des Paptes also. Gerade die Ökumenischen Konzilien dienen der Konstitution zunächst als Zeichen für die Kollegialität des
Bischofsamtes.[11] Sodann konstatiert sie die vollständige Vollmacht des Bi-
schofskollegiums mit dem Papst über die gesamte Kirche, die es im Ökumenischen Konzil ausübt, stellt die Vollmacht aber unter den Primat des
Paptes, der den Konzilien vorsteht und ihre Beschlüsse bestätigen muss,
die konziliare Entscheidungsfindung also allererst ermöglicht.[12] Mit dieser
Spannung gibt *Lumen Gentium* die Frage nach dem Verhältnis von Papst
und Allgemeinem Konzil ein Stück weit der Interpretation frei, indem sich
das Dokument einer klaren Abgrenzung der Kompetenzen und ihrer Beziehung zueinander enthält: Das „Verhältnis von konziliarer, kollegialer und
päpstlicher Kompetenz [ist] nicht definiert"[13]. *Lumen Gentium* schlägt ein
harmonisches Modell der Kirchenleitung vor und stellt deshalb nicht die
Frage, was passiert, wenn Primat und Bischofskollegium, Papst und Konzil
unterschiedliche Lehren vertreten. Die Absenz klarer Verhältnisbestim-
mungen ist sicher aus den Entstehungsbedingungen der Konstitution zu erklären.[14] Die Frage nach der „Synodalität im Rahmen der Gesamtverant-
wortung für die Kirche"[15] hat jedenfalls dazu geführt, dass das dritte
Kapitel, zu denen die zitierten Abschnitte LG 22 und 23 gehören, die größten Auseinandersetzungen in der Rezeption der Kirchenkonstitution verur-

---

[9]   LG 23, 2. Die Kirchenkonstitution wird zitiert nach: Herders Theologischer Kommentar
      zum Zweiten Vatikanischen Konzil, hg. v. *Peter Hünermann/Bernd-Jochen Hilberath,*
      Bd. 1: Die Dokumente des Zweiten Vatikanischen Konzils. Konstitutionen, Dekrete und
      Erklärungen. Lateinisch-deutsche Studienausgabe, Freiburg/Basel/Wien 2004, 73–185.
[10] LG 22,2.
[11] Vgl. LG 22,1.
[12] Vgl. LG 22,2. Ganz ähnliche Vorstellungen finden sich im CIC 1983, der dem Bischofs-
      kollegium im Ökumenischen Konzil die Gewalt im Hinblick auf die Gesamtkirche zu-
      spricht (can. 337 §1), dem Papst aber die Einberufung, den Vorsitz, die Verlegung, die
      Unterbrechung bzw. Auflösung und die Genehmigung der konziliaren Dekrete sowie die
      Verhandlungsgegenstände und die Geschäftsordnung des Konzils zuspricht (can. 338).
[13] *Jürgen Miethke:* Konziliarismus, in: *Karl-Heinz Braun* u. a. (Hg.): Das Konstanzer Kon-
      zil 1414–1418. Weltereignis des Mittelalters. Essays, Darmstadt 2013, 77–81, hier 81.
[14] Zur Entstehungsgeschichte der Kirchenkonstitution vgl. Herders Theologischer Kom-
      mentar zum Zweiten Vatikanischen Konzil, hg. v. *Peter Hünermann/Bernd-Jochen Hil-
      berath,* Bd. 2: Sacrosanctum Concilium, Inter Mirifica, Lumen Gentium, Freiburg/Ba-
      sel/Wien 2004, 269–351.
[15] A. a. O., 428.

sacht hat.[16] Die Frage nach Kollegialität und Primat begleitet die Geschichte der Kirche.[17] Schon daran zeigt sich, dass der Konziliarismus eine zentrale ekklesiologische Ordnungsfrage berührt, was zum Schluss noch einmal zu diskutieren ist (4.). Die Herkunft des Konziliarismus als kirchlich-politischer Idee ist auf doppeltem Wege zu klären. Hochmittelalterliche Kanonistiker verfassten erste Theorieentwürfe und rezipierten dabei spätantik-christliche Traktate (2). Erst die Krise des Großen Abendländischen Schismas aber stellte die Frage nach der Leitung der Kirche und leitete eine Blüte konziliaristischer Theorien an den kanonistischen und nun auch theologischen Fakultäten ein. Erst in diesem Zusammenhang geriet die Theorie auch in die praktische Anwendung (3).

2. Die Entwicklung der Idee

Die synodale Struktur ist alt. Im 2. und 3. Jahrhundert begann in der Alten Kirche eine rege Konzils- und Synodaltätigkeit. Eine besondere Rolle spielten die Versammlungen der Bischöfe aus dem gesamten bewohnten Erdkreis, die sogenannten Ökumenischen Konzilien. Die Konzilien verstanden sich als im Heiligen Geist versammelt und bezogen von daher ihre Autorität. In den altkirchlichen Konzilien war nicht geklärt, wem die höhere Kompetenz zustand, weil sich die Frage nicht stellte: Die Sonderstellung des römischen Bischofs als Papst hatte sich noch nicht in einer Papaltheorie profiliert. Auch nach der endgültigen Spaltung in eine Ost- und eine Westkirche im 11. Jahrhundert rief der Papst im Westen Konzilien ein, zuletzt 1311/12 in Vienne.[18]

---

16 Vgl. Entstehungsgeschichte der Kirchenkonstitution vgl. a. a. O., 558. *Peter Hünermann* erklärt sich die offenkundige Schwierigkeit des Konzils, das Bischofsamt durchweg kollegial zu denken, aus dem „hierarchischen Potestas-Denken [...], das einer hierarchologischen Sicht der Kirche entspricht, aber übersieht, dass jede Vollmacht in der Kirche ziel- und funktionsbestimmt ist und von daher Grenzen und Konditionen aufweist" (559). Dieses Denken habe viele Konzilsväter – nicht nur der Minorität – geprägt. Hünermann weist darauf hin, dass die Synodalität der Kirche im Vergleich zu vorkonziliaren Bestimmungen und im Vergleich zu den ersten Konzilsschemata auch im dritten Kapitel deutlich herausgestrichen sei, gibt aber zu, dass es in diesem Kapitel „Problemüberhänge gibt, die dringend einer weiteren theologischen Klärung und entsprechender kirchlicher Entscheidungen bedürfen" (560).

17 Vgl. *Klaus Schatz:* Der päpstliche Primat. Seine Geschichte von den Ursprüngen bis zur Gegenwart, Würzburg 1990, 60–64.

18 Vgl. zur Entwicklung der Konzilstätigkeit von der Antike bis zu den Toren von Konstanz *Peter Walter:* Konzil und Konzilien. Kirchliche Versammlungen mit langer Tradition, in: Das Konstanzer Konzil 1414–1418. Welterereignis des Mittelalters. Katalog, hg. v. Badi-

Erste Fragmente einer konziliaristischen Theorie entwickelten sich stufenweise und keineswegs als in sich geschlossenes System im 14. Jahrhundert an der Pariser Universität und an den juristischen Fakultäten Oberitaliens. Die Lehre konziliarer Superiorität wurzelt dabei weniger in der hochmittelalterlichen Theologie als in der Kanonistik.[19] Hintergrund dieser Überlegungen waren die gelehrten Debatten darüber, ob gegenüber dem Tyrannen ein etwaiges Widerstandsrecht zu begründen bzw. – auf die Kirche gewendet – ob und wie ein irrender Papst (*papa haereticus*) zu richten sei.[20] Im Fall eines häretischen Papstes, so hielt das *Decretum Gratiani,* ein wichtiger Teil des geltenden Kirchenrechts, fest, war der amtierende Papst nicht mehr der gültige Papst. An diesen „Bruchstellen im sonst konsequenten System der Papstmonarchie"[21] entwickelten sich erste Elemente des Konziliarismus. Man kann unter dem Konziliarismus des 14. Jahrhunderts zunächst die Eröffnung der Möglichkeit verstehen, „die Kirchenverfassung ‚systemimmanent' durch die Akzentuierung korporativkollegialer Elemente auf eine breitere, konsensgeleitete Partizipationsbasis zu überführen"[22]. Demnach zeichnet sich die Ordnungsidee des Konziliarismus durch korporative ekklesiologische Verfassungsstrukturen aus, die zeitgleich auch im weltlichen Kontext verwirklicht wurden.[23] Die konzilia-

---

schen Landesmuseum, Darmstadt 2014, 221 f, sowie in unübertroffener Gründlichkeit und Kenntnis Hermann Josef Sieben: Traktate und Theorien zum Konzil. Vom Beginn des Großen Schismas bis zum Vorabend der Reformation (1378–1521) (Frankfurter Theologische Studien 30), Frankfurt a. M. 1983; *Hermann Josef Sieben:* Vom Apostelkonzil zum Ersten Vatikanum. Studien zur Geschichte der Konzilsidee (Konziliengeschichte, Reihe B), Paderborn u. a. 1996.

[19] Zuerst *Brian Tierney:* Foundations of the Conciliar Theory. The Contribution of the Medieval Canonists from Gratian to the Great Schism, Leiden u. a. 1955 [erweiterter ND 1998], allerdings unter Ausblendung theologischer und theologiegeschichtlicher Fragestellungen.

[20] Vgl. *Miethke,* Konziliarismus (s. Anm. 13), 78 f.

[21] *Klaus Schatz:* Allgemeine Konzilien – Brennpunkte der Kirchengeschichte, Paderborn ²2008, 127.

[22] *Heribert Müller:* Die kirchliche Krise des Spätmittelalters. Schisma, Konziliarismus und Konzilien (Enzyklopädie Deutscher Geschichte 90), München 2012, 5.

[23] Der Zusammenschluss in der Repräsentativität einer Körperschaft war eine Ordnungsidee, die in vielen Bereichen verwirklicht und als Theoreticum im akademischen Bereich bedacht wurde. Johannes Helmrath spricht in diesem Zusammenhang von der „Synodalisierung von Kirche und Gesellschaft" (*Johannes Helmrath:* Das Konzil von Konstanz und die Epoche der Konzilien (1409–1449). Konziliare Erinnerungsorte im Vergleich, in: *Gabriela Signori/Birgit* Studt (Hg.): Das Konstanzer Konzil als europäisches Ereignis. Begegnungen, Medien und Rituale (Vorträge und Forschungen, Konstanzer Arbeitskreis für Mittelalterliche Geschichte 79), Ostfildern 2014, 19–56, hier 55). Außerkirchliche Beispiele für die – vielerorts durchaus langsame – Entwicklung neuer korporativer Strukturen sind die überall in Europa gegründeten Universitäten und die neugeordneten Magistratsstrukturen in den Städten.

ristischen Beiträge stellten aber auch die Frage nach dem Verhältnis von Papst und Konzil: Sie kamen darin überein, dass sie „jenem kollegialen Element der Synode Priorität zuerkannten, das neben dem monarchischen des Papats seit dem Apostelkonzil bereits in der Kirche verankert sei"[24]. Die Dekretistik hielt sich dabei an die spätantike, auch im Decretum Gratiani verschriftlichte Lehre, dass für die Gesamtkirche das Generalkonzil die höchste verbindliche Entscheidungsinstanz sei. Freilich aber betonten die hochmittelalterlichen kirchlichen Rechtsgelehrten die Prämisse, dass die Glieder der Kirche ohne das Haupt, den Papst, nicht handlungsfähig seien, und machten die Lehre damit mit der monarchischen Kirchenleitung des Papstes verträglich.[25] Gleichzeitig lieferten sich die Kanonisten eine Kontroverse um die Frage, welche Art von Repräsentation für eine kirchliche Gemeinschaft angemessen sei: Konnten Einzelne an die Stelle der Gesamtheit der Personen in der Kirche treten? Konnte der Papst die Gesamtkirche alleine repräsentieren? Oder war die traditionelle kirchliche Institution des Generalkonzils für die Repräsentation der Gesamtkirche notwendig?[26]

Parallel zu diesen kanonistischen Kontroversen fochten Kaiser und Papst im ausgehenden 13. und beginnenden 14. Jahrhundert eine Auseinandersetzung um die machtpolitische Vorrangstellung in Europa aus. Der französische König Philipp der Schöne (*1268, 1285–1314) sammelte an seinem Hof Gelehrte, die auf dem Hintergrund dieses Konfliktes die papale Macht argumentativ zu begrenzen suchten. Dazu gehörte der Franziskaner Wilhelm von Ockham (1288–1347). Er bezichtigte den amtierenden Papst aufgrund seines Umgangs mit der apostolischen Armutsforderung seines Ordens der Häresie. Folgenreicher für die konziliaristische Theorie aber war seine Vorstellung einer Restkirche, in der er versuchte auszuloten, „bei einer wie geringen numerischen Minderheit die Rechtgläubigkeit der Kirche garantiert sei und wie diese erkannt werden könne"[27]. Ockham hielt es für möglich, dass die wahre Kirche Christi nur in einem kleinen Rest, vielleicht nur einigen Laien, vielleicht nur einem einzigen Kind erhalten sein kann.[28] Diese Lehre erfuhr später im Kontext des geschrumpften

---

[24] *Müller,* Krise (s. Anm. 22), 72.
[25] Vgl. *Walther,* Konziliarismus (s. Anm. 6), 51.
[26] Für die unterschiedlichen Akzentuierungen der Repräsentationslehre vgl. *Walther,* Konziliarismus (s. Anm. 6), 51–53.
[27] *Walther,* Konziliarismus (s. Anm. 6), 50.
[28] Vgl. *Volker Leppin:* Konziliarismus und Papalismus. Eine spätmittelalterliche Debatte und ihr Nachhall in der Genese der Konfessionen, in: *Armin Kohnle/Christian Winter* (Hg.): Zwischen Reform und Abgrenzung. Die Römische Kirche und die Reformation (Quellen und Forschungen zur sächsischen Geschichte 37), Stuttgart 2014, 75–87, hier 76 f. Zu Ockhams politischer Theorie vgl. ausführlich *Jürgen Miethke:* Politiktheorie im Mittelalter. Von Thomas von Aquin bis Wilhelm von Ockham, Tübingen 2008, 248–295.

Baseler Konzils eine ungeahnte Rezeption. Marsilius von Padua (gest. 1342/43) entwickelte ungefähr zeitgleich in seiner Schrift *Defensor pacis*[29] eine Art Staatskirchentum. Ockham und auch Marsilius stellten aber auch radikale Anfragen an die konziliare Autorität und Unfehlbarkeit. Insofern funktionieren sie nur bedingt als Vertreter einer konziliaristischen Theorie, doch ihre Traktate dienten – ebenso wie die kanonistischen Debatten um die Repräsentation in der Kirche – anderen Gelehrten als Anregung. Diese „Konziliaristen" rezipierten nun ältere kanonistische Lehren vom allgemeinen Konzil – stets als altes, keineswegs revolutionäres System des Kirchenregiments.

Unter ihnen war insbesondere Pierre d Ailly (1350/51–1420) mit seinem ekklesiologischen Traktat *De materia concilii generalis* folgenreich. Er argumentierte, dass das primäre Haupt der Kirche nicht der Papst sei, sondern Christus allein.[30] Nur insofern der Papst zur Erbauung der Kirche diene, sei das Konzil ihm zum Gehorsam verpflichtet. Wenn der Papst dieser Aufgabe aber nicht gerecht werde, sei das Konzil verpflichtet, für den Papst einzuspringen, um gewissermaßen die päpstliche Macht zu restituieren. Sein Schüler Jean Gerson (1363–1429) brachte ein, dass in der Situation, in der durch den Tod eines Papstes kein Stellvertreter Christi auf Erden existiere, das Konzil für den Papst diese Stellung übernehmen könne.[31] Damit gewann das Konzil gegenüber der subsidiären Funktion im Entwurf Pierre d'Aillys eine gewisse Selbstständigkeit. In der Situation des Großen Abendländischen Schismas, das Europa seit 1378 in zwei Papsttümer schied, trat genau die Situation ein, dass es keinen Stellvertreter Christi auf Erden gab. Die Entwürfe Jean Gersons und Pierre d'Aillys wurden daher im Kontext des Schismas „zum Gewebe eines ersten Konziliarismus"[32] verbunden.

Dabei spielte der Kanonist Francesco Zabarella (1360–1417) eine entscheidende Rolle. Er setzte nun seinerseits nicht beim Haupt, sondern beim Leib der Kirche an. Der mystische Leib der Kirche war ihm nach

---

[29] Zu der Schrift vgl. a. a. O., 204–247.

[30] Zur Argumentation Pierre d Aillys, auch im Folgenden, vgl. *Leppin,* Konziliarismus (s. Anm. 28), 79. Der Traktat ist abgedruckt in: *Bernhard Meller:* Studien zur Erkenntnislehre des Peter von Ailly (Freiburger Theologische Studien 57), Freiburg i. Br. 1954, 289–336. Ein weiterer solcher Traktate zur Kirchenreform ist abgedruckt in: Quellen zur Kirchenreform im Zeitalter der großen Konzilien des 15. Jahrhunderts, Bd. 1: Die Konzilien von Pisa (1409) und Konstanz (1414–1418) (Ausgewählte Quellen zur deutschen Geschichte des Mittelalters 38a), hg. v. *Jürgen Miethke/Lorenz Weinrich,* Darmstadt 1995, Nr. 8, 338–377.

[31] Vgl. *Jean Gerson:* Tractatus de unitate ecclesiae, in: Oeuvres complètes, hg. v. *Palémon Glorieux,* Bd. 6: L Oeuvre Ecclésiologique, Paris u. a. 1965, Nr. 272, 137–145.

[32] *Leppin,* Konziliarismus (s. Anm. 28), 79.

1 Kor 12 nur als ungeteilter Leib denkbar. Das Schisma widersprach damit seinen ekklesiologischen Grundvorstellungen. Diese Situation konnte nur durch eine wirkliche Darstellung überwunden werden, eine *repraesentatio* jenes einen Leibes – und die fand Zabarella verwirklicht im Konzil als besonders geeigneter Repräsentationsform der Gesamtkirche, um das Schisma zu lösen und die Reform der Kirche anzugehen.[33] Diese Begründungsfigur war durchaus folgenreich für die Ekklesiologie: „Von dem hierarchischen Hauptbild verschob sich die Legitimationsstruktur zum Leib selbst als ganzem."[34] Die Kirche gewann nun ihre Autorität von Christus selbst und nicht mehr vermittelt durch den Papst. Solche und ähnliche Ideen gewannen im Umfeld des Konzils von Konstanz Gehör.

3. Die Erprobung der Idee

Bewegte sich diese Debatte in zeitgenössisch-akademischen Bahnen, so gewann sie eine neue Relevanz durch die Spaltung der abendländischen Christenheit (1378–1417). In diesem Kontext entwickelten sich an den Universitäten neue konziliare Theorien, in diesem Kontext bekam die *via concilii* immer neue Befürworter, in diesem Kontext wurde aus den theoretisch erwogenen Möglichkeiten Instrumente zur Konfliktmoderation.[35]

Wie war es zum Schisma gekommen? Nach 70 Jahren Avignoneser Papsttum war Gregor XI. (*1329, 1370–1378) 1376 nach Rom zurückgekehrt, starb aber zwei Jahre später. Das Konklave wählte den Italiener Urban VI. (*1318, 1378–1389) zum neuen Papst, der sofort ein strenges Reformprogramm für die Kirche anstrebte. Das Papstschisma begann, als dreizehn französische Kardinäle die Wahl Urbans nicht anerkannten, ihn der Amtsanmaßung bezichtigten und ihn mit dem Bann belegten. Am 20. September 1378 wählten sie – unter dem Schutz des französischen Königs – Clemens VII. (*1342, 1378–1394) zum neuen Papst. Clemens konnte sich militärisch nicht durchsetzen und kehrte daher nach Avignon zurück. Beide Päpste konnten sich jeweils politische Unterstützung sichern, beide Päpste hatten eigene Oboedienzen,[36] d. h. Gehorsamsgebiete,

33 Vgl. *Walther,* Konziliarismus (s. Anm. 6), 47.
34 *Leppin,* Konziliarismus (s. Anm. 28), 80.
35 Vgl. *Leppin,* Konziliarismus (s. Anm. 28), 78 f.
36 Für die Abbildung der Oboedienzen vgl. *Ansgar Frenken:* Vorteile suchen – Netze knüpfen. Die Situation am Vorabend des Konzils, in: Das Konstanzer Konzil 1414–1418. Weltereignis des Mittelalters. Katalog, hg. v. Badischen Landesmuseum, Darmstadt 2014, 261–263, hier 262 f, Abb. 1 f.

und beiden Päpsten wurden durch die Kardinäle ihrer Oboedienz bei ihrem Ableben Nachfolger gewählt. So konnte das Schisma über den Tod oder Rücktritt[37] eines Prätendenten nicht geklärt werden und nistete sich ein.

Die *via concilii* bezeichnete in diesem Zusammenhang die einzige Möglichkeit, das Papstschisma zu überwinden, nachdem alle anderen Möglichkeiten, einen oder beide Papstprätendenten zum Rücktritt zu bewegen, gescheitert waren.[38] Die ursprünglich konziliaristische Idee verband sich als Weg zur praktischen Überwindung der Kirchenspaltung sehr schnell mit einer dreifachen Aufgabe, der *causa unionis*, der *causa fidei* und der *causa reformationis*. Es sollte also die abendländische Christenheit durch die Beseitigung des Schismas vereint werden, der Glauben gegen die sogenannten Häresien von Hus, Wyclif und anderen verteidigt werden, vor allem sollte die Habgier, der Nepotismus und der Reichtum im Umfeld der

---

[37] Hintergrund für die Unmöglichkeit, dass einer der beiden Papstprätendenten auf sein Amt verzichtete, war die Übersteigerung der Papaltheorie im hohen Mittelalter, die einen ersten Höhepunkt schon in der Bulle *Unam sanctam* (1302) durch Bonifaz VIII. (*1235, 1294–1303) erfahren und im Avignoneser Papsttum weitere Entfaltung gefunden hatte. Die Bulle endet mit der Feststellung, dass „es für jedes menschliche Geschöpf unbedingt notwendig ist, dem Römischen Bischof unterworfen zu sein" (DH 875). In der Interpretation der Bulle ist jedoch entscheidend, diesen Schlusssatz in die Kirchenlehre des Thomas von Aquin einzuordnen, der der Satz entnommen ist. Außerdem ist die Bulle in den bereits erwähnten Streit Bonifaz' mit König Philipp dem Schönen von Frankreich einzuordnen. Papst und König waren sich uneinig darüber, welche Rechte dem König gegenüber den zeitlichen Gütern des Klerus zustünden. In anderen Dokumenten äußerste Bonifaz sich deutlich differenzierter und in der Argumentationslinie der Zwei-Schwerter-Lehre, die seit der Antike das geistliche vom weltlichen Schwert unterschied. Damit stand in *Unam Sanctam* die geistliche Macht im Verhältnis zur weltlichen Macht zur Aushandlung, nicht das Verhältnis von Papst zum Konzil. Dennoch ist zu konstatieren, dass die Päpste in Übersteigerung der Papaltheorie seit dem Konzil von Vienne kein Konzil mehr einberufen hatten. Mit der Festigung der päpstlichen Macht gegenüber der weltlichen Herrschaft und den Folgen des Investiturstreites ging zumindest implizit und faktisch auch eine Stärkung des Papstamtes *ad intra,* in die Kirche selbst, einher. Sie führte im Kontext des Schismas dazu, dass keiner der Papstprätendenten zurücktreten wollte und damit die Papaltheorie in ihrem Kern ad absurdum führte.

[38] Die mittelalterliche Theologie hatte sich als Ausweg aus dem Papstschisma zunächst die *via facti* überlegt, also die gewaltsame Verdrängung von einem der beiden Papstprätendenten. Dies scheiterte daran, dass beide Prätendenten über eigene Oboedienzen verfügten und beide politische Schutzmächte hinter sich wussten. Auch die *via cessionis* schlug fehl. Sie sah vor, dass die Kardinäle einer Oboedienz gezwungen wurden, nach dem Tod ihres Prätendenten keinen Nachfolger zu wählen, oder aber dass ein neugewählter Prätendent zum Rücktritt genötigt wurde. Der Weg des Kompromisses, die *via conventionis,* die den Rücktritt beider Prätendenten vorsah, sollte 1408 bei einem gemeinsamen Treffen der beiden Prätendenten in Savona beschritten werden, aber auch diese Möglichkeit scheiterte an der Absenz eines neutralen Territoriums und einer neutralen Kommission und der Furcht beider Prätendenten vor den Folgen eines Rücktritts.

Kurie und der Kardinäle sowie die Praxis der Simonie (Ämterkauf) und der Exemtionen (Ausnahmen aus dem Rechtsbereich des eigentlich zuständigen kirchlichen Vorgesetzten) auf allen Stufen des Klerus endlich abgeschafft werden.[39] Die Konziliaristen wussten genau, dass das Papstschisma in der Übersteigerung des päpstlichen Amtes und dem Streben der Kardinäle nach Macht, Einfluss und Reichtum wurzelte. Ohne eine Reform an Haupt und Gliedern der Kirche konnten die eigentlichen Probleme folglich nicht behoben werden. Damit aber kennzeichnete ein „Zielkonflikt"[40] von Anfang an die *via concilii*.

Vom Konzil von Pisa (1409) bis zum Konzil von Basel-Lausanne (1431–1449) bildete sich eine kirchengeschichtlich einmalige „Sequenz einander fortzeugender Generalkonzilien"[41]. Zu Beginn des 15. Jahrhunderts wandten sich zunächst die Kardinäle Gregors XII., des römischen Papstprätendenten, aufgrund von Einnahmeausfällen und dem Starrsinn Gregors von ihrem Papstprätendenten ab. Einige Anhänger des Avignoneser Papstes Benedikt XII. (* um 1285,1334–1342) schlossen sich ihnen an. Zusammen beriefen sie am 29. Juni 1408 das Konzil von Pisa ein. Sie begründeten ihr Verhalten mit der offenkundigen Häresie der beiden Papstprätendenten. Diese nämlich bedrohten als Schismatiker das Dogma der Einheit der Kirche und waren damit Häretiker.[42] Als Häretiker waren sie amtsunfähig und hatten sich selbst abgesetzt. Eigentlich gab es keine verbindliche Einschränkung der Jurisdiktionsvollmacht des Papstes; außerdem

---

[39] Diesen Umstand verdeutlicht insbesondere das 1415 durch das Konzil von Konstanz verabschiedete Dekret *Haec Sancta,* in dem sich das Konzil für diese drei Aufgaben, „den Glauben, [...] die Ausrottung des besagten Schismas und die allgemeine Reform der Kirche Gottes an Haupt und Gliedern" zuständig erklärte (Dekret Haec Sancta, Sessio V, 6. April 1415, in: Dekrete der ökumenischen Konzilien, lat.-dt., Bd. 2: Konzilien des Mittelalters. Vom ersten Laterankonzil (1123) bis zum fünften Laterankonzil (1512–1517), hg. v. *Josef Wohlmuth,* Paderborn u. a. 2000, 408–410).

[40] *Jürgen Miethke:* Papst und Konzil. Der Konstanzer „Konziliarismus", in: Das Konstanzer Konzil 1414–1418. Weltereignis des Mittelalters. Katalog, hg. v. Badischen Landesmuseum, Darmstadt 2014, 228–230, hier 229.

[41] *Helmrath,* Konzil von Konstanz (s. Anm. 23), 19.

[42] Ganz deutlich zeigt sich dies in dem Dokument, mit dem die Kardinäle in Pisa 1409 beide Papstprätendenten für abgesetzt erklärten. Dazu erklärte sich das Konzil als im Heiligen Geist versammelt, rief den Namen Christi an und erklärte dann gegen die beiden Papstprätendenten, „die sich in verdammenswerter Weise um das Papstamt streiten [...], daß beide überführte Schismatiker waren und sind und daß sie das alte Schisma hartnäckig gefördert, verteidigt, begünstigt, gebilligt und unterstützt haben, ja daß sie sogar überführte Häretiker sind, die vom Glauben weichen" (*Heiko A. Oberman/Adolf Martin Ritter/Hans Walter Krumwiede/Volker Leppin* [Hg.]: Kirchen- und Theologiegeschichte in Quellen. Ein Arbeitsbuch, Bd. 2: Mittelalter, hg. v. *Adolf Martin Ritter/Bernhard Lohse/Volker Leppin*, Neukirchen-Vluyn ⁶2008, Nr. 64 b, 223).

konnte ein Papst von niemandem gerichtet werden. In Glaubensangelegen- heiten und damit auch in Fragen der Häresie aber war das Konzil zuständig. Damit hatte man einen kirchenrechtlich und theologisch möglichen
Ausweg aus dem Schisma gefunden. Das Pisanum, im März 1409 begonnen, setzte beide amtierenden Papstprätendenten ab, die trotz Einladung
nicht nach Pisa gekommen waren. Damit war der Weg frei für die Neuwahl
von Alexander V. (*1340, 1409–1410). Schon im August wurde das Konzil
beendet und die Reformfragen der Kirche auf ein drei Jahre später einzube-
rufendes Konzil vertagt. Die beiden abgesetzten Papstprätendenten akzep-
tierten ihre Absetzung jedoch nicht und konnten sich innerhalb deutlich
verkleinerter Oboedienzen einen Herrschaftsanspruch sichern. Damit
hatte Pisa die Spaltung der Kirche nicht überwunden, sondern den beiden
Papstprätendenten einen dritten hinzugefügt.[43] Auch wenn Pisa das eigene
Ziel, die Einheit der Kirche, verfehlt hatte, beschritt das Konzil in Pisa erstmals die *via concilii*, setzte Maßstäbe, probierte Praktiken, plante ein
nachfolgendes Konzil und „initialisierte damit selbst die Kette von Konzilien – und prägte sie thematisch und strukturell vor"[44]. Auch wenn die Synode „weniger Manifestation eines kardinalizischen Konziliarismus als vielmehr eine improvisierte Notveranstaltung"[45] war, ebnete das Pisanum als
Organisations- und Verfahrensmodell den Weg zum Konzil von Konstanz.

Die konziliaristische Idee verband sich in der Anwendung nicht nur
mit den drei großen Aufgabengebieten der Einheit, der Reform und des
Glaubens. Ebenso wenig wie der Konziliarismus eine geschlossene Struk-
turtheorie lieferte, hatte das Konzil von Konstanz ein festes Programm. Als
es dem römisch-deutschen König Sigismund 1414 endlich gelang, einen
Papstprätendenten zur Einberufung des Konzils zu bewegen, hatte das
Konzil weder ein Reformprogramm noch einen konkreten Plan. Das Konzil
„ereignete"[46] sich. Themen und Schwerpunkte wurden immer wieder neu

---

[43] Zur Vorgeschichte und Entwicklung des Pisanums vgl. *Ansgar Frenken:* Erst zwei, dann
drei Päpste. Nachfolgestreit auf dem Stuhl Petri, in: Das Konstanzer Konzil 1414–1418.
Weltereignis des Mittelalters. Katalog, hg. v. Badischen Landesmuseum, Darmstadt 2014,
223 f, hier 224; *Paul Ourliac:* Das Schisma und die Konzilien (1378–1449), in: Die Geschichte des Christentums. Religion – Politik – Kultur, Bd. 6: Die Zeit der Zerreißproben
(1274–1449), hg. v. *Michel Mollat du Jourdin/André Vauchez*, dt. Ausgabe hg. v. *Bernhard Schimmelpfennig,* Freiburg/Basel/Wien 1991 (ND 2010), 75–131, hier 75–96.
[44] *Helmrath,* Konzil von Konstanz (s. Anm. 23), 19.
[45] *Müller,* Krise (s. Anm. 22), 68.
[46] *Braun,* Themen des Konzils (s. Anm. 8), 226. Von dieser Perspektive her ist letztlich die
Ausstellung gestaltet, die das Badische Landesmuseum zur 500-jährigen Feier der Konzilseröffnung 2014 in Konstanz veranstaltet hat. Die Ausstellung und auch der zweitei-
lige Katalog verstanden das Konzil als Anlass für eine Begegnung der Kulturen, als Platt-

ausgelotet, Teilnehmer und ihre Gefolgschaften kamen und gingen. Das macht beides, den Konziliarismus an sich und das Konzil von Konstanz, so schwer bewertbar. Darüber hinaus betraf die Ordnungskrise des frühen 15. Jahrhunderts nicht nur die Kirche, sondern auch die politische Macht. Kirchliche und politische Reformen wurden von Konstanz erwartet. König Sigismund warb mit großem diplomatischem Geschick für das Konzil von Konstanz an den Königshöfen Europas. Er plante im Kontext des Konzils, einen neuen Papst zu wählen und das Schisma zu überwinden, aber auch die christlichen Könige Europas an einen Verhandlungstisch zu bringen und Frieden zu schließen.[47] Diese Dimension aber steigerte noch den „Zielkonflikt" des Konzils.

4. Die Idee eines alternativen Ordnungsmodells für die Kirche?

Der Konziliarismus erwies sich im Konzil von Konstanz als der einzige Weg, die gespaltene Christenheit wieder unter einem Papst zu vereinen. Die drei Papstprätendenten wurden abgesetzt bzw. durch goldene Brücken zur Abdankung bewegt, die *causa unionis* konnte nach dem längsten Schisma der abendländischen Kirche mit dem neu gewählten Papst Martin V. (*1368, 1417–1431) geklärt werden. Darin liegt die eigentliche Bedeutung von Konstanz. Darin liegt aber auch die Bedeutung des Konziliarismus als Ordnungsidee der Kirche. Bis heute ist umstritten, ob das Konstanzer Dekret *Haec Sancta,* das in der Situation des geflohenen Papstes die Supe-

---

form des intellektuellen und kulturellen Austausches, als Initialzündung für die Verbreitung der Ideen des Humanismus und der Renaissance. Beinahe schon euphorisch fasst Malte Prietzel die Bedeutung von Konstanz zusammen: „Das Konstanzer Konzil stellte ein kulturelles Forum dar und prägte die europäischen Eliten. So baute es das Fundament aus, auf dem sein Zusammentreten gründete: Die kulturelle Einheit Europas" (*Malte Prietzel*: Langes Konzil – große Wirkung. Warum die Einheit der Kirche so wichtig war, in: Das Konstanzer Konzil 1414–1418. Weltereignis des Mittelalters. Katalog, hg. v. Badischen Landesmuseum, Darmstadt 2014, 231 f, hier 232).

[47] Vgl. *Martin Kintzinger:* Christen, Krisen und Konflikte. Politische Konstellationen im Abendland, in: Das Konstanzer Konzil 1414–1418. Weltereignis des Mittelalters. Katalog, hg. vom Badischen Landesmuseum, Darmstadt 2014, 24 f, hier 25. Nur aus der Verschränkung politischer und kirchlicher Macht – und der daraus sich ergebenden Relevanz eines stabilen Papsttums für die Ordnung Europas generell – sowie den politischen Friedensverhandlungen ist die große Pluralität der Delegationen aus ganz Europa und darüber hinaus in Konstanz zu erklären. Machtpolitische Auseinandersetzungen und Kriege prägten das Europa dieser Zeit; gleichzeitig zwangen die Osmanen, die von Osten her den Kontinent bedrohten, die europäischen König- und Fürstentümer dazu, sich zu verbünden. Vgl. *Stober,* Konstanzer Konzil (s. Anm. 7), 218.

riorität des Konzils über dem Papst behauptete,[48] als Nothilfe für die Lösung drängender Kirchenprobleme oder als dogmatischer Glaubenssatz zu verstehen ist. Von der Dogmatizität des Dokumentes kann man wohl kaum sprechen. Aber der Konziliarismus in der Prägung von *Haec Sancta* lieferte gerade im Ernstfall des eingewurzelten Schismas die Lösung, die Einheit der Kirche und damit das Papstamt über die ganze westliche Christenheit überhaupt zu bewahren. *Haec Sancta* war, so Klaus Schatz in aller Deutlichkeit, „das einzige Mittel [...], die Einheit der Kirche und gerade die Fortdauer des Papsttums zu retten".[49] Und weiter: „Es ist [...] über die damalige Situation hinaus ein ‚Modell' für Extremsituationen eines radikalen Versagens des Papsttums, sei es für den Fall eines Papst-Schismas, eines ‚häretischen Papstes' oder sonst einer Situation, in der ein Papst in eklatanter Weise gegen das Gemeinwohl der Kirche handelt."[50] Insofern, das würdigt auch Joseph Ratzinger, hat *Haec Sancta* bleibende Relevanz. Er weist aber auf die Aktualität des Dekrets für die Kirche hin, da es „als Notrecht bleibend zu ihren Möglichkeiten gehöre"[51] und als Komplementäraussage zu den Dekreten des Ersten Vatikanischen Konzils zu lesen sei. Ratzinger verweist sogar auf Jedin, der dem Konziliarismus Aktualität in der heutigen ekklesiologischen Debatte beimisst. Die Relevanz besteht nicht im historischen Konziliarismus, sondern in seiner Ordnungsstruktur und damit der Möglichkeit einer Appellation von päpstlichen Entscheidungen im Extremfall.[52] Zugleich muss auch gegen jede konziliaristische Auslegung von *Haec*

---

[48] Das Konzil erklärte, „daß ein jeder, welcher Stellung, welchen Standes und welcher Würde auch immer, sei es auch die päpstliche, der den schon beschlossenen wie auch den noch zu beschließenden Geboten, Satzungen oder Anordnungen oder Vorschriften dieser heiligen Synode und eines jeden anderen rechtmäßig versammelten allgemeinen Konzil in den genannten oder auf sie bezüglichen Fragen den Gehorsam verweigert [...], einer entsprechenden Buße unterworfen und gehörig bestraft wird, wobei nötigenfalls auch andere Rechtsmittel angewendet werden" (*Leppin*, KThGQu 2 (s. Anm. 42), Nr. 70a, 235 f).

[49] *Schatz*, Allgemeine Konzilien (s. Anm. 21), 147.

[50] Vgl. *Klaus Schatz:* Unkonventionelle Gedanken eines Kirchenhistorikers zum päpstlichen Primat, in: *Peter Hünermann* (Hg.): Papstamt und Ökumene. Zum Petrusdienst an der Einheit aller Getauften, Regensburg 1997, 25–42, hier 41.

[51] *Joseph Ratzinger:* Das neue Volk Gottes. Entwürfe zur Ekklesiologie, Düsseldorf 1969, 139.

[52] Insofern entbehrt es nicht einer gewissen Ironie, wenn strenge Papalisten in der (früheren) Forschungsgeschichte *Haec Sancta* – jene Basis, die dafür sorgte, dass das Konzil überhaupt ohne den vorsitzenden Papst Johannes XXIII. (*1370, 1410–1415) weitergen konnte, nachdem dieser geflohen war – für eine ungültige Häresie erklärten und auf Gregor XII. (*1335, 1406–1415) als legitimem weil römischem Papst bestanden, der das Konzil hätte einberufen müssen. Vgl. beispielhaft *Walter Brandmüller:* Sacrosancta Synodus unversalem Ecclesiam repraesentans. Das Konzil als Repräsentation der Kirche, in: *Ders.* (Hg.): Synodale Strukturen der Kirche. Entwicklung und Probleme, Donauwörth

Sancta betont weden, dass sich das Konzil in seiner Repräsentationssfunktion für den Leib der Kirche zwar über dem Papst verortete, sich aber in den Dienst der Restitution der päpstlichen Macht stellte.[53] Einer Mehrheit der Prälaten und Fürsten erschien es in Konstanz nicht notwendig, die Leitung der Kirche außerhalb des Schismas auf das Konzil zu übertragen. Nur dessen regelmäßiges Zusammentreten wurde im Dekret Frequens festgehalten.

Erst das Baseler Konzil (1431–1449), ein „Enkelkind des Konstanzer Konzils"[54] insofern Konstanz die regelmäßige Einberufung eines Konzils beschlossen hatte, machte aus diesem Notstandskonziliarismus einen prinzipiellen Konziliarismus. Das Basiliense bestand nur zu 5 bis 15 % aus Bischöfen. Die Mehrheit setzte sich aus dem kollegial-korporativen und dem universitären Milieu zusammen und bestand auf der Umsetzung von *Haec Sancta*. Papst Eugen IV. (*1383, 1431–1447) war nicht gewillt, eine Schmälerung seiner Rechte zuzulassen und nutzte seinen Triumph der zum Greifen nahen Union mit den Griechen und dem daraus resultierenden Machtzuwachs, um das Konzil in seinen Machtbereich nach Ferrara 1437 bzw. Florenz 1439 (Ferrara-Florenz 1438–1445) zu verlegen. Nur eine gemäßigte Minderheit folgte dem Ruf nach Italien, die Mehrheit der in Basel versammelten Konzilsväter setzte seine Synode bis 1449 fort. Damit waren Konzil und Papst gespalten. Die Baseler Väter hatten bereits 1432 mit *Sacrosancta* ein Dokument erlassen, das die Superiorität des Konzils gegenüber dem Papst behauptete und festlegte, dass ein Papst ein Konzil weder verlegen noch vertagen geschweige denn auflösen könne.[55] Wer dieser Wahrheit aber widerspreche, sei ein Häretiker. Mit dieser Begründung setzte das Basiliense 1439 Eugen IV. ab und wählte Felix V. (*1383, 1439–1449) zum Papst. Ergebnis dieses Prozesses war ein Papst- und ein Konzilsschisma: Eugen IV. stand gegen Felix V., Basel gegen Ferrara und Florenz. Die Konzilien lösten sich wechselseitig auf, die Päpste setzten sich wechselseitig ab, alle exkommunizierten die Parteigänger der jeweils ande-

---

1977, 93–112. Er verweist darauf, dass konziliaristische Theorie und Praxis nur in die „ekklesiologische Katastrophe des Basler Schismas" (110) führen konnte, insofern sie dem sakramental-hierarchischen Charakter der Kirche widerspreche. Diese Forschungsrichtung ignorierte schlicht die faktische – nicht ideelle – Relevanz von Haec Sancta für den Fortbestand ihrer eigenen Sache, des Papsttums nämlich.

[53]   Vgl. *Leppin,* Konziliarismus (s. Anm. 28), 81.

[54]   *Helmrath,* Konzil von Konstanz (s. Anm. 23), 37.

[55]   Vgl. *Dekret Sacrosancta,* Sessio II, 15. Februar 1432, in: Dekrete der ökumenischen Konzilien, lat.-dt., Bd. 2: Konzilien des Mittelalters. Vom ersten Laterankonzil (1123) bis zum fünften Laterankonzil (1512–1517), hg. von *Josef Wohlmuth,* Paderborn u. a. 2000, 456 f sowie den Nachtrag in der folgenden Sitzung vom 29. April 1432, in: a. a. O., 457–460.

ren Seite. Erst 1449 konnte das doppelte Schisma durch die Amtsniederlegung des in Basel gewählten Papstes Felix V. überwunden werden. Vor diesem Hintergrund kann man den Konzilien von Konstanz und Basel und dem Florentinum zwar eine „zeitgenössische Funktionalität" zugestehen, offensichtlich wird aber auch ihre „konziliare Exzentrizität"[56]. Darin liegt sicher der Schlüssel, um den päpstlichen *horror concilii* in seiner durchaus ernstzunehmen Plausibilität zu verstehen. Verhängnisvoll für die Reformation blieben das Scheitern des Konziliarismus und die päpstliche Furcht vor einem neuen Konzil dennoch.

Letztlich führte die Erprobung konziliarer Formen in das Wiedererstarken des Papsttums.[57] Papalistische Entwürfe untermauerten die Führung der Kirche durch das Haupt in Rom und verwarfen – ausgehend von den Erfahrungen Baseler Provenienz – die Superiorität des Konzils. Auch das päpstlich geleitete Konzil nach dem Vorbild des Florentinums erwies sich als das erfolgreichere Modell. Als die Gegner Luthers dann früh begannen, Luthers Anfragen als Generalangriff auf die papale Leitung der Kirche zu verstehen, musste der Ruf der Reformatoren in römischen Ohren nach einem nicht päpstlich geleiteten Konzil wie ein „Rückfall in konziliaristische Positionen geradezu Baseler Couleur"[58] klingen. Trotz der faktischen Entwicklung zu einer päpstlich geleiteten Kirche im Vorfeld und im Gefolge der Reformationszeit, dogmatisch und kirchenrechtlich geklärt ist die Frage nach der zentralen oder dezentralen Leitung der Kirche nicht. *Lumen Gentium*, um zum Beginn dieses Beitrags zurückzukehren, stellt in Kapitel 8 Christus klar an den Anfang seiner Begründungsfigur, von dem her der Leib der Kirche zu denken ist. Wie schon Pierre d'Ailly und Jean Gerson stellt *Lumen Gentium* wieder die Frage, wer eigentlich den Leib repräsentiert. Es ist interessant, wie in dieser Frage immer dieselben Bibelstellen, der Hüteauftrag an Petrus in Joh 21,17 und das Schlüsselwort in Mt 16,18f, als Begründung für ganz unterschiedliche Argumentationen dienen konnten: Galten diese Verse Enea Silvio Piccolomini (1405–1464), dem Konzilssekretär von Papst Felix V., 1540 als Beleg der Überordnung des Konzils über die Autorität des Papstes, so verwendete er 1560, nun selbst Papst geworden, in der Bulle *Execrabilis*, dieselben Schriftworte, um damit die monarchische Stellung des Papstes als Stellvertreter Christi und

---

[56] *Helmrath,* Konzil von Konstanz (s. Anm. 23), 55.
[57] Die Perspektive, die mittelalterliche Kanonistik insgesamt als Entwicklung zu einer Papaltheorie zu betrachten und den Konziliarismus in diese Entwicklung einzuordnen, lehrt *Aldo Landi:* Le radici del conciliarismo. Una storia della canonista medieval alla luce dello sviluppo del primate (Studi storici), Turin ²2001.
[58] *Leppin,* Konziliarismus (s. Anm. 28), 85.

Haupt des Leibes zu begründen.[59] Die Kirchenkonstitution des Zweiten Vatikanischen Konzils schließlich spricht dem Papst mit diesen Versen die Hirtenrolle und die Vollmacht des Bindens und Lösens zu, die aber zugleich auch dem mit seinem Haupt verbundenen Apostelkollegium zugeteilt sei.[60] Die Metapher vom Leib Christ und ihre Interpretation, sie bleibt der Kirche aufgegeben.

Nicht nur ekklesiologische Strukturen wurden durch den Konziliarismus entscheidend bedacht, seine Vertreter haben vieles ersonnen, was heute die Politiktheorie der Demokratien prägt: „Was Freiheit, was Gerechtigkeit, was menschliche Würde in politischer Verfassung bedeuten können, wie sie zu sichern und zu wahren seien, wurde hier theoretisch auf dem Hintergrund einer reichen theologischen, philosophischen, juristischen Tradition und im Angesichts [sic!] von unmittelbaren Erfahrungen praktischer politischer Konflikte neu durchdacht."[61] Gerade die angelsächsische Politiktheorie, Rechts- und Ideengeschichte hat den Konziliarismus – in seinen theoretischen Entwürfen und in seiner Verwirklichung im Basliense sowie in seinen Auswirkungen auf dem englischen Konstitutionalismus des 16. und 17. Jahrhunderts – ausführlich rezipiert.[62] Hier zeigt sich der philosophisch-theoretische Überschuss einer Idee, die nicht allein in kirchlichen Strukturdebatten aufgeht.

---

[59] Vgl. *Simona Iaria:* Enea Silvio Piccolomini und Pius II. Ein Vergleich unter der Perspektive des Konziliarismus mit Ausblick auf die Reformation, in: *Jürgen Dendorfer / Claudia Märtl* (Hg.): Nach dem Basler Konzil. Die Neuordnung der Kirche zwischen Konziliarismus und monarchischem Papat (ca. 1450–1475) (Pluralisierung und Autorität 13), Berlin 2008, 97–119. Pius II. antwortete in der Bulle Execrabilis (1460) auf den Umstand, dass viele weiterhin ein Konzil zur Reform der Kirche forderten, folgendes: „Wie sehr (ein solches Vorgehen) den heiligen Canones widerstreitet, wie sehr es dem christlichen Gemeinwesen schadet, kann jeder Rechtskundige erfassen [...]. Um dieses üble Gift aus der Kirche Christi auszuscheiden [...], verdammen wir solchen Appell und weisen ihn als irrig und abscheulich zurück; wir erklären ihn für null und nichtig, falls er sich noch hervorwagen sollte, und betrachten ihn als sinnlos und bedeutungslos" (*Leppin*, KThGQu 2 (s. Anm. 42), Nr. 80c, 237). Darin zeigt sich, dass die Päpste nicht vor dem Konziliarismus Respekt hatten, sondern vor einem weiteren Konzil.

[60] Vgl. LG 22,2.

[61] *Miethke*, Politiktheorie (s. Anm. 28), 305.

[62] Als Vorreiter der Analyse des Zusammenhangs von ekklesiologischer und politischer Theorie gelten Brian Tierney und seine Schule. Vgl. *Tierney,* Foundations (s. Anm. 19). In jüngerer Zeit vgl. insbesondere *Francis Oakley:* The Conciliarist Tradition. Constitutionalism in the Catholic Church 1300–1870, Oxford 2003; *Ronald W. Carstens:* The Medieval Antecedents of Constitutionalism (American University Studies, Series IX, History 115), New York u. a. 1992. Oakley und Carstens weisen nach, dass der Konziliarismus den frühneuzeitlichen parlamentarischen Konstitutionalismus Englands beeinflusst hat. Sie rezipieren den Konziliarismus vorrangig als ideen- und verfassungsgeschichtliche Theorie, sind allerdings aufgrund ihrer eigenen Beheimatung im

Die Relevanz der konziliaristischen Idee bleibt somit auf mehreren Ebenen bestehen, die finale Bewertung des Konziliarismus muss dagegen vorsichtig ausfallen. Es gab im späten Mittelalter noch keinen dogmatischen Traktat *de ecclesia*. Wir beobachten daher eine Variabilität ekklesiologischer Modelle, die durchaus nebeneinander existieren konnten. Zugleich beobachten wir in den Auseinandersetzungen um eine papale oder konziliare Leitungsstruktur der Kirche im 15. Jahrhundert den Bedeutungsverlust des Kirchenrechts zugunsten der Theologie und der Heiligen Schrift.[63] Insofern sind viele (papale) Gegner des Konziliarismus gar nicht von extrem papalistischen Gedanken geprägt, sondern vom geltenden und praktizierten Kirchenrecht. Die Position der verurteilten Päpste war schlicht eine ältere. Und doch ging die papale Leitung als Sieger aus der Erprobung der konziliaristischen Ideen. Damit nahm ein Prozess seinen Anfang, den man gemeinhin erst der Zeit der Konfessionalisierung zuschreibt: Die Verkirchlichung der Kirche und – damit einhergehend – die Verweltlichung der Welt.[64] Und ein Letztes für alle, die den Konziliarismus falsch verstehen wollen: Für die Konziliaristen war „eine Kirche ohne Papst unvorstellbar"[65].

---

nachvatikanischen Katholizismus theologischem und kirchlich-strukturellem Gedankengut nicht abgeneigt. Den Ursprung der konziliaren Theorie wiederum wähnt diese Forschungsrichtung in den säkularen ständischen Bewegungen des hohen und späten Mittelalters, die auf herrschaftliche Partizipation und Legitimation der Amtsgewalt von unten drängten. Vgl. beispielhaft *Antony Black: Church, State and Community. Historical and Comparative Perspectives* (Variorum Collected Studies Series 763), Aldershot 2003. Gleichzeitig werden – wiederum in der Perspektive politischer Theorie – die Reformation und die anglikanische Kirche in der Tradition konziliaristischer Ideengeschichte und im Gegensatz zu zeitgenössischen papalistischen Entwürfen der römischen Kirche untersucht. Vgl. *James H. Burns/Thomas M. Izbicki* (Hg.): Conciliarism and Papalism (Cambridge Texts in the History of Political Thought), Cambridge 1997; *Paul Avis:* Beyond the Reformation? Authority, Primacy and Unity in the Conciliar Tradition, London 2006.

[63] Vgl. *Britta Müller-Schauenburg:* Benedikt XIII., in: *Karl-Heinz Braun* u. a. (Hg.): Das Konstanzer Konzil 1414–1418. Weltereignis des Mittelalters. Essays, Darmstadt 2013, 121–125, hier 124.

[64] Vgl. Quellen zur Kirchenreform im Zeitalter der großen Konzilien des 15. Jahrhunderts, Bd. 2: Die Konzilien von Pavia/Siena (1423/24), Basel (1431–1449) und Ferrara/Florenz (1438–1445) (Ausgewählte Quellen zur deutschen Geschichte des Mittelalters 38b), hg. v. *Jürgen Miethke/Lorenz Weinrich*, Darmstadt 2002, 81.

[65] *Müller,* Krise (s. Anm. 22), 74.

Die Reformation – immer noch eine Baustelle

Zur Vorbereitung des Jubiläums 1517 bis 2017

Hans-Jürgen Goertz[1]

Inzwischen ist eingetreten, wovor einige Reformationshistoriker gelegentlich gewarnt haben: Die Vorbereitungen zum 500-jährigen Reformationsjubiläum (1517–2017) konzentrieren sich immer mehr auf Martin Luther und lassen andere Reformatoren oder reformatorische Bewegungen in den Schatten treten. Zwar sind die Thesen Luthers gegen den Ablass das Signal für den reformatorischen Aufbruch, doch ist dieser Aufbruch noch nicht die Reformation. Unter Reformation wurde in den frühen Auseinandersetzungen um die Erneuerung der Christenheit oft das Bemühen verstanden, die alte Kirche durch eine Kirche ohne Papst und Klerus zu ersetzen. Davon hat Luther in den Ablassthesen nicht gesprochen. Er wandte sich nur gegen einen Missbrauch in der Kirche, eine falsch verstandene Aufforderung zur Buße. Selbst die Lehre von der Rechtfertigung des Sünders aus Gnade allein, oft das Herzstück der Reformation genannt, war 1517 noch nicht voll ausgebildet. Gleichwohl deutete sich die radikale Zäsur zwischen dem scholastischen Lehrsystem, das eine Selbstbeteiligung des Menschen an seinem Heil kannte, und der reformatorischen Einsicht an, das Heil allein von der Gnade Gottes zu erwarten. Neue Gedanken wurden aber noch unter Reformwilligen unterschiedlicher Herkunft und Interessenlage diskutiert. Noch war alles in Fluss. Es wurde experimentiert und nach Wegen gesucht, die Christenheit zu erneuern. Darum bemühten sich neben Martin Luther auch solche, die es etwas anders meinten als er, ja, die von ihm abgelehnt wurden oder die ihm mit Verve widersprachen – beispielsweise Erasmus von Rotterdam, der seine Stimme erhob und seinen Einfluss auf die virulenten Reformabsichten in der Christenheit geltend machte, bald auch die Theologen, die zu Rom standen, aber doch die Notwendigkeit von Reformen einsahen, oder die Reichsritter, die mit geistlichen Herrschaften in Fehde lagen und den Reformern ihren Schutz anbo-

---

[1] Hans-Jürgen Goertz war bis 2002 Universitätsprofessor für Sozial- und Wirtschaftsgeschichte an der Universität Hamburg und ist u. a. Herausgeber des revidierten Mennonitischen Lexikons.

ten. Dazu zählten neben Andreas Bodenstein von Karlstadt, dem Doktorvater Luthers, auch Thomas Müntzer und die aufständischen Bauern, Bilderstürmer und Sakramentsschänder, solche, die Mönche, Priester und Nonnen öffentlich verhöhnten oder beschimpften, und solche, die der Heilswirkung kirchlicher Rituale misstrauten und sich der Gegenwart Gottes im eigenen Lebensvollzug anvertrauten – wie die Täufer in der Schweiz, in Mittel- und Oberdeutschland.

Im Übrigen lassen sich Motive, Gedanken und Vorsätze, wie sie Absichten zu Grunde liegen, nur selten ohne Abstriche verwirklichen. Sobald sie in eine konkrete Gestalt überführt werden, reiben sie sich an den Realitäten, stoßen auf Widerstände, werden abgeändert oder sogar verfälscht. Oft ist es nur ihre defizitäre Gestalt, die sich durchsetzt. Abgesehen davon lassen sich Absichten des einen nur im Einvernehmen mit anderen verwirklichen. Doch andere haben es grundsätzlich schwer, die inneren Beweggründe und Überzeugungen hinter den Absichten klar zu erkennen und zu verstehen. Zuviel Eigensinn und eigenes Verständnis und zuviel eigene Erfahrung mischen sich in den Verständigungsprozess ein, als dass damit gerechnet werden könnte, dass die eigene Absicht auch wirklich verstanden wird. Davon ist der reformatorische Aufbruch geprägt: Missverständnisse, abweichende Meinungen, viel Polemik und Streit wechseln einander ab und bestimmen die Atmosphäre, in der die Reformation allmählich entsteht.

Im Grunde waren es auch gar nicht die Absichten Einzelner, die der Reformation zum Durchbruch verhalfen. Es waren vielmehr Bewegungen, die von Motiven, Überzeugungen und Absichten, von Predigt und Flugschrift, Zeichen, Gesten und spektakulären Ausfällen gegen Priester, Mönche, Nonnen, Bischöfe und Kardinäle mobilisiert wurden und in Aktion traten: reformatorische Bewegungen, die sich noch nicht zu einer institutionellen Gestalt verfestigt hatten, sondern immer noch nach einer besseren Gestalt der Kirche bzw. ihrer Lebenswelt suchten. Der reformatorische Aufbruch zeichnet sich durch seinen „Suchcharakter" aus, in dem der Politologe Joachim Raschke das Charakteristikum sozialer Bewegungen sah.[2] Werden die Anfänge der Reformation gefeiert, dann sind es vor allem und zuerst die reformatorischen Bewegungen, die hier und da in unterschiedlichen Gegenden und sozialen Milieus entstanden waren, an die zu

---

[2]   *Joachim Raschke:* Soziale Bewegungen. Ein systematisch-historischer Grundriss, Frankfurt a. M. 1985, 78.

denken sein wird: auf der Suche nach Neuem, das noch erst entstehen wird. Gefeiert wird nicht ein grandioses „Christusfest", wie evangelische Bischöfe heute ankündigen, gefeiert wird in hoffnungsvoller Bescheidenheit die unfertige Reformation.

Von Luther gingen zweifellos die wichtigsten Impulse für eine tief greifende Kritik am „System" der römischen Kirche aus, die sich vom Zeugnis der Heiligen Schrift weit entfernt hatte. Auf den „Sturz des bisher gültigen Normensystems" hat der Erlanger Reformationshistoriker Berndt Hamm den durchschlagenden Erfolg des reformatorischen Aufbruchs zurückgeführt.[3] Dennoch wäre es unangemessen, ein so komplexes Geschehen wie den Reformationsprozess zu personalisieren und das Ergebnis, zu dem er geführt hat, mit den Absichten einer einzelnen Person zu identifizieren.

Um es vorwegzunehmen, Luther wollte mehr, als schließlich erreicht wurde, vielleicht sogar auch anderes. Auf keinen Fall war die Bilanz seines Wirkens eindeutig. So hat Heinz Schilling seine Biographie Luthers mit einer ausgewogenen Betrachtung über „die Dialektik von Scheitern und Erfolg" abgeschlossen und zu erkennen gegeben, dass die Reformation etwas anderes war, als die präzise Verwirklichung der Ideen und Absichten eines Reformators.[4] Für ihn war Luther nicht Heros, sondern Akteur in einem Geschehen, das zur Veränderung seiner Welt drängte.

Viele haben sich in die Bemühungen um eine Erneuerung der Christenheit eingemischt. Wenn sie auch oft nicht den begründenden Argumenten Luthers gefolgt sind, haben sie sich doch in ihren eigenen Gedanken und Bemühungen bestätigt gefühlt und dem Reformator deutlich vor Augen geführt, dass seine reformatorischen Erkenntnisse ihren realitätsgestaltenden Sinn erst entfalten können, wenn sie von anderen aufgenommen und in weit gestreute Aktionen umgesetzt werden. Wie eine solche Rezeption reformatorischer Erkenntnisse erfolgte, wie sie von ihrem Ursprung abwich, ihn abschwächte oder übersteigerte, entzog sich der Kontrolle Luthers. Freilich hat Luther das zur Kenntnis genommen, er hat darauf reagiert und seine eigenen Intentionen nicht nur erläutert und klarer formuliert, sondern auch verändert. Er hat sie angereichert, ebenso hat er sie gelegentlich verwässert oder in eine Richtung vorangetrieben, die ihm

---

[3] *Berndt Hamm:* Einheit und Vielfalt der Reformation – oder: was die Reformation zur Reformation machte. In: *Berndt Hamm, Bernd Moeller und Dorothea Wendebourg:* Reformationstheorien, Göttingen 1995, 69.

[4] *Heinz Schilling:* Martin Luther. Rebell in einer Zeit des Umbruchs. Eine Biographie. München ²2013.

vorher nicht in den Sinn gekommen wäre. Um ein Beispiel zu nennen: Hatte er es zunächst abgelehnt, die neue Glaubenserkenntnis mit der Gewalt des Schwertes durchzusetzen, ging er bald dazu über, die weltliche Obrigkeit zu Hilfe zu rufen, um denjenigen das Handwerk zu legen, die seine reformatorischen Initiativen abänderten, radikal verformten oder in ihr Gegenteil verkehrten. Er war zutiefst davon überzeugt, dass das Evangelium, wie er es verstand, keinen Glaubenszwang begründet. Doch er konnte andererseits nicht darauf verzichten, im Namen dieses Evangeliums die Obrigkeiten aufzufordern, Andersgläubige zur Strecke zu bringen, um die Ausbreitung dieses Evangeliums sicher zu stellen. So war sehr bald die Situation entstanden, dass weltliche Obrigkeiten von Luther ermahnt wurden, dem Evangelium beizustehen, und dass der „gemeine Mann" gegen eben diese Obrigkeiten aufbegehrte, um auf seine Weise demselben Evangelium Beistand zu leisten. War das Eine Reformation und das Andere die Zerstörung der anhebenden Reformation, das Werk Gottes hier, wie Luther meinte, und das Werk des Teufels dort? Aus der Rückschau betrachtet gehört dieser innere Widerspruch zum Charakter der Reformation, wie sie sich historisch entwickelte. So wird 2017 nicht nur der verheißungsvolle Anfang einer Reformation gefeiert werden, die als Reformation noch überhaupt keine deutlichen Konturen aufwies, sondern eine Reformation, die in ihren inneren Konflikten und Kontrasten, ihren Visionen und Unerbittlichkeiten zu Inhalt und Gestalt gelangte. Gefeiert werden Freund und Feind von einst, und gefeiert werden muss mit denjenigen, die sich vom Freund oder Feind damals in ihrem religiösen Bekenntnis herleiten. Nur so wird das Reformationsjubiläum zu einem ökumenischen Ereignis im 21. Jahrhundert – und das schließt inzwischen auch die römisch-katholische Kirche ein, von der sich die reformatorischen Kirchen getrennt haben. Auch von dieser Kirche ist viel – oft im Umkehrschluss – in den Inhalt und die Gestalt der Reformation – eingegangen.

Gefeiert werden die Schwachen genauso wie die Starken: die Erschlagenen, Verbrannten und Gehängten ebenso wie die Mutigen, die für das Heil in dieser Welt eintraten, und die Besonnenen, die alle Mühen auf sich nahmen, Kirche und Gesellschaft eine bessere Zukunft zu erschließen.

Im Streit der Meinungen blieben die Kontrahenten einander nichts schuldig – die Schwachen ebenso wenig wie die Starken. Allerdings standen den einen mehr Machtmittel zur Verfügung als den anderen. Wird im Jubiläumsjahr an beide erinnert, kann das nur mit versöhnlichem Blick geschehen. Die Schlachten von einst müssen nicht noch einmal geschlagen werden. Jeder wird sich den unbarmherzigen Umgang der Vorfahren miteinander eingestehen und nach Wegen suchen, sie in gemeinsamer Erinnerung an den reformatorischen Aufbruch miteinander auszusöhnen. „Versöhnte Einheit" wurde das Wandbild genannt, das der italienische Kommunist Gabriele Mucchi für die Kirche in Alt-Staaken (Berlin-Spandau) nach der Wende 1989 gemalt hat, auf dem nicht nur Luther und seine Freunde, sondern auch Erasmus von Rotterdam, der Humanist, und Thomas Müntzer, der „Rebell in Christo", unter dem Kreuz Christi zu sehen sind, auch Ignatius von Loyola, der Gründer des Jesuitenordens, Nikolaus Kopernikus und Thomas Morus. Die Mauer hatte Alt-Staaken zertrennt, mit dem Wandbild wurde ein Symbol geschaffen, das daran erinnert, wie stark das Kreuz versöhnlich wirken kann.

So wird es nicht mehr darum gehen, die Rechtfertigung aus Gnade allein, die dem Sünder angeboten wird oder widerfährt, einseitig als einen forensischen Akt (Freisprechung) oder als ein einseitig transformatorisches Geschehen (Gerechtmachung) zu deuten, sondern als einen Akt der Versöhnung, mit dem Gott im Kreuz Jesu Christi dem Menschen begegnet und ihn in eine neue Situation stellt. Das „Sein in Christus", wie die neue Situation im Neuen Testament genannt wird, ist eine Situation, in der untereinander Zerstrittene die Chance erhalten, miteinander als Versöhnte zu leben. Dieser Aspekt der Rechtfertigungsbotschaft ist im Zuge der sich herausbildenden Reformation des 16. Jahrhunderts nicht zur Geltung gelangt. Fünfhundert Jahre später, wenn die Kirchen sich anschicken, auf besonders feierliche Weise an die Reformation zu erinnern, könnte dieser vernachlässigte Aspekt ins Zentrum der Jubiläumsfeierlichkeiten gerückt werden: Versöhnung und Frieden. Paradoxerweise ist die Reformation mit ihrem Herzstück, nämlich der Rechtfertigungsbotschaft, gemessen an den frühen Absichten, hinter ihren Grundeinsichten zurückgeblieben, wenn nicht sogar gescheitert. Mit der Rechtfertigungsbotschaft verträgt sich beispielsweise nicht die Haltung Luthers gegenüber den aufständischen Bauern, die Heinz Schilling als „Hauch von nachgerade fundamentalistischem Fanatismus" kritisiert hat.[5] In der Vorbereitung auf das große Jubiläum könnte die Reformation als Aussöhnung der Menschen mit Gott und untereinander weiter voranschreiten und dem Prinzip folgen, unter dem sie einst angetreten war: „Ecclesia semper reformanda" – die Kirche muss immer reformiert werden.

Die Reformation des 16. Jahrhunderts erschöpfte sich nicht in dem Versuch, nur die Kirche zu erneuern. Sie bezog auch den weltlichen Be-

---

[5] *Schilling*, Martin Luther, 314.

reich menschlichen Zusammenlebens mit ein. In dem *Grundlagentext zu Rechtfertigung und Freiheit. 500 Jahre Reformation 2017*, den die Evangelische Kirche in Deutschland (EKD) kürzlich veröffentlichte, wird der Beitrag der Reformation nicht nur zur Religiosität der Neuzeit, sondern auch zur Entstehung und Entwicklung der Demokratie herausgestellt und behauptet: „Luthers grundsätzlicher theologischer Überzeugung entspricht die moderne Verfassungsgestalt des demokratischen Rechtsstaats; sie lebt fort in der Einsicht, dass das Gewissen der Menschen unabhängig von seinen Inhalten nicht durch andere Menschen reguliert werden kann und darf" (S. 102). Diese Sätze müssen überraschen, denn es ist ja nicht unbekannt, dass Luther nicht davor zurückschreckte, das Gewissen derer, die das Evangelium anders auslegten als er, missachten konnte und solche Menschen, wenn sie seinem Reformwerk in die Quere kamen, der obrigkeitlichen Rechtsprechung und dem Scharfrichter auslieferte. Der Weg zum neuzeitlichen Freiheitsverständnis führte wohl nicht über das theologisch tief durchdachte Freiheitsverständnis Luthers, dessen Dialektik von der Freiheit und Unfreiheit eines Christenmenschen vor allem ein Argument für die Freiheit Gottes sein wollte, dem Menschen im Kreuz Jesu Christi zu begegnen und ihn von den Mächten dieser Welt zu befreien. Der Weg zur Neuzeit führte auch nicht über die Freiheit, die Luther sich vor Kaiser und Reich 1521 auf dem Reichstag zu Worms nahm, als er sich weigerte, seine reformatorischen Erkenntnisse zu widerrufen. Dieser mutige Auftritt war sicherlich eine Sternstunde in der abendländischen Freiheitsgeschichte. Aber der Beitrag der Reformation zur Gewissens- und Religionsfreiheit und zu den Allgemeinen Menschenrechten gründete eher im Aufstand des gemeinen Mannes gegen die Leibeigenschaft im Deutschen Bauernkrieg, wie Peter Blickle in seiner *Geschichte der Freiheit in Deutschland: Von der Leibeigenschaft zu den Menschenrechten* (2003) meinte, und im Martyrium vieler Täufer, Spiritualisten und Antitrinitarier, dann der Puritaner und Baptisten in der „Neuen Welt" als im Mut eines Einzelnen gegenüber den Autoritäten dieser Welt. Der Weg zu Religionsfreiheit und Toleranz in der Neuzeit führte wohl eher über diejenigen, denen damals die Berufung auf das eigene Gewissen bestritten wurde und deren Bitte um Toleranz zunächst auf dem Scheiterhaufen oder auf dem Schafott endete. Von ihnen ist im Grundlagentext der Evangelischen Kirche keine Rede.

Der Beitrag der Reformation gründet nicht in der Freiheit, die sich jemand nahm, sondern in der Freiheit, die vielen, die wie Luther von einer höheren Freiheit wussten, vorenthalten wurde. Dass solche Rinnsale religiöser und gesellschaftlicher Freiheit, wie sie heute selbstverständlich, wenn auch hier und da immer noch umkämpft ist, allmählich zu reißenden Strömen heranwuchsen, ist weniger dem Geist der Reformation zu verdanken, als dem Geist derjenigen, die einen Weg in die Säkularität gesucht und gefunden haben – weniger dem Glauben als der Vernunft. Auch diejenigen, die von ihrem Verstande Gebrauch machten, werden jedoch von sich aus ein Interesse daran zeigen, noch einmal auf die Rinnsale in der Reformation zurückzuschauen, und sich anregen lassen, über die Schwierigkeiten nachzudenken, denen Gewissen und Freiheit heute noch ausgesetzt sind.

So könnte das zu erwartende Reformationsjubiläum zu einem Fest der Aussöhnung der Kirchen miteinander und der Freiheit für alle werden.

Mit dem Anfang anfangen

Ein Beitrag zur Lehre von den Sakramenten belehrt von Dietrich Bonhoeffer[1]

Nadine Hamilton[2]

In den neueren ökumenischen Diskussionen um die Mahlgemeinschaft zeigt sich, dass die Frage nach der Präsenz Christi die Zentral- und Mittelpunktstellung auf dem Weg zu einer gemeinsamen Feier der Eucharistie darstellt. Gerade mit der Beschreibung der Anwesenheit Christi im Sinne einer „Realpräsenz" konnten sich Lutheraner, Reformierte, Orthodoxe und Katholiken als Gesprächsgrundlage einigen[3] und so einen Diskussionsraum schaffen, der die Basis weiterer ökumenischer Gespräche darstellte und noch heute darstellt. Diese Errungenschaft ist freilich als kleiner Meilenstein im theologischen Dialog nicht von der Hand zu weisen und keinesfalls klein zu reden. Allerdings scheint es dabei aber so, dass die ökumenisch beliebte Rede von der Realpräsenz Christi dann doch unentschieden und undefiniert bleibt, sodass die Gesprächsteilnehmer diesen Begriff konsenswillig annehmen können, ohne jedoch das Wagnis einzugehen, die Kontroversbestände ihrer je eigenen Lehrtradition kritisch und veränderungsbereit zu überdenken. Die folgenden Gedanken zu einem angemessenen Verständnis der Anwesenheit Christi im Abendmahl sehen sich des-

---

[1] Der hier vorgelegte Versuch einer Interpretation der Realpräsenz Christi im Abendmahl beruht auf meiner Dissertation „Dietrich Bonhoeffers Hermeneutik der Responsivität. Ein Kapitel Schriftlehre im Anschluss an *Schöpfung und Fall*", die voraussichtlich im Frühjahr 2016 bei V&R erscheinen wird.

[2] Nadine Hamilton ist seit 2010 wiss. Assistentin am Lehrstuhl für Systematische Theologie I., Dogmatik, der Friedrich-Alexander-Universität Erlangen-Nürnberg.

[3] Vgl. *Taufe, Eucharistie und Amt*. Konvergenzerklärung der Kommission für Glauben und Kirchenverfassung des Ökumenischen Rates der Kirchen. Mit einem Vorwort von William H. Lazareth und Nikos Nissiotis, Paderborn ⁹1982, 14.

halb als Versuch, dieses Desiderat ernst zu nehmen und einen ökumenischen Vorschlag über ein mögliches Verstehen zu unterbreiten.

Dazu setze ich an einem Punkt ein, der weitaus basaler und selbstverständlicher daherkommt, als es die schwierige Frage nach der Präsenz Christi in den Sakramenten tut. Das heißt, ich möchte fragen, was das eigentlich ist, *das Sakrament.* Dabei ist es erklärtes Ziel dieses Gedankenganges, ein fundiertes Verständnis einer Sakramententheologie zumindest in Umrissen darzulegen, wofür sich die Lektüre Dietrich Bonhoeffers, hier vor allem seiner *Christologievorlesung,*[4] in jedem Fall als lohnend zeigt. Dieser nämlich weiß seinen Begriff des Sakraments dezidiert und grundsätzlich alleine aus der Christologie herzuleiten,[5] woraus sich für diese Skizze eine erste Umorientierung dahingehend ergibt, die Frage nach der Präsenz Christi im Abendmahl nicht ontologisch, sondern phänomenologisch zu beantworten. Mit anderen Worten, anstatt nach dem „Wie" der Anwesenheit Christi in den Elementen Brot und Wein zu fragen, möchte ich beschreiben, was in dieser Feier *geschieht,* indem ich mich an der Person Christi, also an dem „Wer" orientiere. Mein Fokus liegt damit nicht mehr auf der viel diskutierten Beschaffenheit der Elemente, sondern auf dem Geschehen selbst und der darin liegenden Dynamik im Hinblick auf seine Teilnehmer.

Ein biblischer Sakramentsbegriff

Der Argumentationshintergrund für einen dementsprechend christologisch gefassten Sakramentsbegriff liegt freilich theologisch nicht unbedingt auf der Hand, ist aber biblisch fundiert, was die nach wie vor zum evangelischen Standardrepertoire gehörende *Einführung in die evangelische Sakramentenlehre* von Gunther Wenz beredt aufzeigen kann. Eine Begründung unseres heutigen kirchlich-theologischen Sakramentsverständnisses im Sinne eines Ritus, der in seiner sichtbaren Zeichenhandlung die unsichtbare Wirklichkeit Gottes vergegenwärtigt, findet sich dagegen biblisch nicht. Unsere sakramentalen Zeichenhandlungen im kirchlichen Gebrauch, namentlich Taufe und Abendmahl, stehen biblisch in keinem direkten Bezug zu dem lateinischen Begriff *sacramentum,* bzw. zu seinem griechi-

---

4   Vgl. *Dietrich Bonhoeffer:* Berlin 1932–1933, München 1997, 279–348.
5   Vgl. *Bonhoeffer,* Berlin, 300–305.

schen Pedant μυστήριον (Mysterion/Geheimnis).[6] Während noch im Alten Testament gegenüber dem Begriff des μυστήριον, vor allem aus dem Bedürfnis der Distanzhaltung gegenüber Mysterienkulten, Zurückhaltung geübt wurde und sich erst spät mit dem Danielbuch eine neue Konnotation des Begriffes als „einer verhüllten Ankündigung der von Gott bestimmten, zukünftigen Geschehnisse"[7] entwickelt, finden sich im Neuen Testament bereits zahlreiche Stellen, in denen der μυστήριον-Begriff genau diese eschatologische Dimension aufnimmt. So steht er bemerkenswerterweise in den Evangelien in unmittelbarer Nähe zum zentralen Begriff der Botschaft Jesu, nämlich dem der βασιλεία τοῦ θεοῦ (Reich Gottes): „Euch ist das Geheimnis des Reiches Gottes gegeben" (Mk 4,11 parr.). Dass dieses Reich Gottes vor allem als anthropologische (und nicht als politisch-nationale) Größe in der Welt Gestalt gewinnt, zeigt sich dabei freilich nicht zuletzt an ihrem Übermittler selbst, dessen ganze Person und gesamtes Wirken dieses eschatologische Reich bereits antizipierend vorwegnimmt und anbrechen lässt. In seinen Worten und Taten ist seine Person letztlich nicht von seinem Werk zu unterscheiden, was die Vermutung nahelegt, dass dieser Jesus schon zu seiner Erdenzeit selbst die *Verwirklichung* dieses Reiches Gottes ist.[8]

Neutestamentlich findet sich dann eine weitere Entwicklung dahingehend, allein Jesus Christus als das eine μυστήριον zu lesen und in der Auferstehung des Gekreuzigten seine Person als eschatologische Vollendung der Schöpfung zu manifestieren. Das zeichnet sich daran ab, dass in den paulinischen und deuteropaulinischen Briefen konsequenterweise der μυστήριον-Begriff vorwiegend im Singular erscheint und im Zusammenhang mit dem Christus-Kerygma gebraucht wird (vgl. beispielsweise 1Kor 2,7–10; Röm 16,25 f; Kol 1,25 ff, 2,2 f; Eph 1,9 f; 3,3–7.8–12). In der Erfüllung des Geheimnisses Gottes werden in ihm Schöpfung und Vollendung, Anfang und Ende der Welt umfasst und aus ihrem eigenen Verfügungs- und Erkenntnisraum genommen, hier nämlich kommen die Zeiten zu ihrem Ende (Eph 1,9 f).[9] Bedeutsam in der biblischen Auffassung des μυστήριον bleibt damit, dass im Gegensatz zu heidnischen Mysterienkulten das offenbare Geheimnis Gottes in Jesus Christus gerade nicht eine Ar-

---

6 Vgl. *Gunther Wenz:* Einführung in die evangelische Lehre von den Sakramenten, Darmstadt 1988, 5 f.

7 *Heinrich Bornkamm:* Art.: μυστήριον, in: ThW IV, 821. Im Original hervorgehoben.

8 Vgl. *Bornkamm,* Art.: μυστήριον, 825.

9 Vgl. *Bornkamm,* Art.: μυστήριον, 826.

kandisziplin nach sich zieht, sondern an die Öffentlichkeit und zum Bekenntnis drängt.[10] Nicht Mysterienkult, sondern offene Verkündigung des Planes Gottes in der Person Jesus Christus steht damit im Zentrum des bleibenden Geheimnisses, das demnach allein in dieser Person zu erkennen, besser zu *erfahren* ist.

Für die Erfassung eines theologisch grundlegenden Verständnisses des Sakraments ist man biblisch mit dem Begriff des μυστήριον demnach zunächst nicht auf etwaige Zeichenhandlungen verwiesen, sondern allein auf die Offenbarung Gottes in Jesus Christus, der biblisch gesprochen das einzige und das erste Sakrament ist und das in seiner Person (vgl. Kol 1,26 f, 2,2 f).

Um einem Verständnis des Sakraments näher zu kommen, gilt es demzufolge *nach*zudenken, was es meinen kann, dass Christus selbst das einzige Sakrament ist. Nicht erst Martin Luther hatte darauf aufmerksam gemacht,[11] sondern bereits Augustin hatte in den Ausführungen zu seiner Zeichenlehre aufgezeigt, dass das größte aller Sakramente, auf das sich alle anderen sakramentalen Zeichen bezögen, das „sacramentum incarnationis" (Geheimnis der Fleischwerdung) oder „sacramentum divinitatis et humanitatis Christi, quod manifestatum est in carne" (das Geheimnis der Göttlichkeit und Menschlichkeit Christi, das im Fleisch offenbart ist) sei.[12] Das Sakrament an sich ist also nichts weniger als der in Jesus Mensch gewordene Gott selbst. D. h. explizit: Dort, wo Gott und Mensch in *vollkommener Einheit* beieinander sind, dort *geschieht* Sakrament.

Jesus Christus das Personsakrament

Für die hier angestellten Überlegungen ist es demnach grundlegend, bei Christus als der vollkommenen Einheit zwischen Schöpfer und Geschöpf zu beginnen. Das bedeutet weiter, dass, wenn Christus selbst das Sakrament ist, es damit um die Frage nach seiner Person als dem Gekreuzigten, Auferstandenen und Erhöhten in seiner gott-menschlichen Einheit geht, nämlich darum, wer dieser Christus eigentlich ist. Es verwundert

---

[10] Vgl. *Wenz,* Einführung in die evangelische Sakramentenlehre, 10 f.
[11] Vgl. WA 6, 501, 37 f, 551, 37–552,1.
[12] *Aurelius Augustinus:* De natura et gratia 2,2 (PL 44). Vgl. *Josef Finkenzeller:* Die Lehre von den Sakramenten im allgemeinen. Von der Schrift bis zur Scholastik, Freiburg/Basel/Wien, 44 f.

darum kaum, dass es genau diese Paradoxie, die die Frage nach der Person Christi aufgibt, also die Unterscheidung in Gott und Mensch, in Göttliches und Weltliches, Transzendentes und Immanentes, war, die Martin Luther unter anderem gegen Rom und zuletzt auch gegen Zürich und Genf aufbrachte.[13] Es ist die Frage nach dem, wer dieser Jesus Christus eigentlich ist, genauer aber ist es die Frage nach dem Wie: Wie ist es möglich, dass Gott in Jesus Mensch wurde? Wie ist über diesen Jesus als den Christus zu denken? Wie ist eine Verbindung von Unendlichem und Endlichem, von Geistlichem und Leiblichem vorzustellen?

Die Frage nach der Person Christi ist damit scheinbar die nach der *Möglichkeit* der Gegenwart Gottes in der Welt, nach der hier angebrachterweise zu fragen nötig scheint, welche die Theologie durch die Zeiten hindurch beschäftigte, an der sie sich jedoch abarbeitete und die sie aufgrund der in ihrer Sache liegenden Paradoxie zerriss, ja, zerreißen musste. Es konnte auch gar nicht anders sein, als dass die Theologie sprachlos blieb, handelt es sich hierbei doch um die Frage nach dem in Christus offenbaren Geheimnis, das in seiner Offenbarung Geheimnis bleiben musste. Ein Geheimnis nämlich dahingehend, das der Mensch mit seiner Ratio nicht (er)fassen kann, weil Gott Gott und der Mensch Mensch ist (1Kor 2,12). Es war das Konzil von Chalcedon, das in der Frage nach der Einheit beider Naturen Christi erstmals einen kirchenweiten Konsens erlangte, darin aber unanschaulich und paradox blieb. In Negativaussagen wurde da versucht, sich dem Geheimnis nur soweit zu nähern, dass sein Charakter erhalten blieb. Anstatt das Geheimnis Gottes in die menschliche Erkenntnis einzuordnen und damit letztlich ihr unterzuordnen, wurde hier auf einzigartige Weise Gottes Dasein in der Welt Raum gelassen und so seine Offenbarung geehrt.

Eine Annäherung an diesen Christus findet sich damit nicht über ontologische Spekulationen, das hat die nach-chalcedonensische Theologiegeschichte in unterschiedlichen Facetten und Farben gezeigt. Anstatt also Christus in das menschliche Denksystem einzuordnen, muss zunächst anerkannt werden, dass nicht der Mensch in der Lage ist, diese Paradoxie aufzulösen, sondern es Gott selbst überlassen ist, dem Menschen dieselbe aufzuzeigen. Der Gegenwart Christi im Sakrament ist demnach, anders als meist geschehen, nur näher zu kommen, wenn nicht nach der Möglich-

---

[13] Vgl. beispielswiese Luthers Sermon von dem Sakrament des Leibes und Blutes Christi, wider die Schwarmgeister, in: WA 19, 482–523. U. a.: 486, 10–490, 14.

keit, sondern nach der *Wirklichkeit* gefragt wird, um es mit Bonhoeffer zu formulieren.[14] Er ist auch derjenige, der in seiner *Christologievorlesung* deutlich macht, dass es die „Wer-Frage" ist, die einzig allein gestellt werden soll und gestellt werden darf.[15] Es ist damit also tatsächlich zu fragen, wer dieser Christus ist und dieses Wer darf sich nicht als vorgeschütztes Wie herausstellen, sondern muss Personfrage bleiben.

Diese Frage aber, das hat Karl Barth beredt gezeigt,[16] ist nicht vom Menschen aus zu *beantworten.* Mehr noch, der Mensch kann sie noch nicht einmal selbst *stellen,* wie Bonhoeffer mahnt,[17] weil er in Adam getrennt ist von Gott und darum nicht selbst Gott anrufen, sondern allein Gott sich ihm zuwenden kann. Nicht der Mensch ist es somit, der sich selbst auf sein Geschöpfsein ansprechen kann, allein Gott der Schöpfer kann ihn als sein Geschöpf auszeichnen, weil Geschöpfsein immer die Bindung an den Schöpfer impliziert, diese Auszeichnung aber nach dem Fall verloren ist.[18] Nach dem Wer also kann der Mensch demnach nur fragen, weil es Gott gefallen hat, ihn in Christus bereits vorher anzusprechen. Nur von ihm her ist nach ihm zu fragen, weil menschliches Fragen ohne ihn nur um sich selbst kreist, weil ja das Immanente nicht mehr das Transzendente erkennen kann, sondern mit der verlorenen Einheit immer nur wieder auf sich selbst zurückgeworfen wird.[19]

Wichtig ist es demnach, die tatsächliche Fragerichtung zu erkennen: Egal ob in akademischer Theologie oder privatem Glauben, wenn versucht wird, Christus je von der menschlichen Ratio her zu (er)fassen, ihn in ein

---

[14] Vgl. *Dietrich Bonhoeffer:* Barcelona, Berlin, Amerika 1928–1931, München 1991, 373. Vgl. dazu auch *Eberhard Jüngel:* Gott als Geheimnis der Welt. Zur Begründung der Theologie des Gekreuzigten im Streit zwischen Theismus und Atheismus, Tübingen ²1977, 289–295.

[15] Vgl. *Bonhoeffer,* Berlin, 284: „Die 2. verbotene Frage ist, wie das *Daß* der Offenbarung denkbar sei. Diese Frage läuft darauf hinaus, hinter den Anspruch Christi zurückzukommen und ihn ihrerseits zu begründen. Dabei maßt sich der eigene Logos an, der Vater Jesu Christi selbst zu sein, der allein um das Faktum der Offenbarung Gottes weiß. Es bleibt unter *Ausschluß* dieser beiden Fragen bei der Frage nach dem *Wer,* nach dem *Sein,* nach dem Wesen der Natur des Christus."

[16] Vgl. dazu beispielsweise *Karl Barth:* Unterricht in der christlichen Religion. Teil 1: Prolegomena 1924, in: *Karl Barth* Gesamtausgabe II, 17, Zürich 1985, 195.

[17] Vgl. *Bonhoeffer,* Berlin, 283 f.

[18] Bonhoeffer spricht darum von dem sicut-deus-Menschen, der sich mit dem Übertritt des Gebotes zu seinem eigenen Schöpfer macht und damit auf sein Geschöpfsein nicht mehr ansprechbar ist. Vgl. *Dietrich Bonhoeffer:* Schöpfung und Fall, München 2007, 107 f.

[19] Vgl. *Bonhoeffer,* Schöpfung und Fall, 108.

menschliches System einzuordnen, wird mit einem vermeintlichen „Wer?" eigentlich nach dem Wie, nämlich nach dem „Wie bist du möglich?" gefragt. Darin setzt sich der Fragende aber *über* den Befragten hinweg, ist er doch selbst derjenige, der letztlich über die Antwort ob deren Zulässigkeit entscheidet. Lässt der Mensch aber dagegen sein Fragen geführt sein von Gott in Jesus Christus, ist es ihm tatsächlich möglich, nach dem Wer zu fragen. Mit Bonhoeffer gesprochen: „Nach dem *Wer* kann nur dort legitim gefragt werden, wo sich der Gefragte selbst vorher schon offenbart hat, wo der immanente Logos bereits vorher aufgehoben ist; d. h. nach dem *Wer* kann nur gefragt werden unter der Voraussetzung der bereits vorher geschehenen Antwort."[20] Die Frage nach dem „Wer bist du?" ist demnach die Frage, die das Menschsein in ein anderes Licht rückt, die zu allererst den Fragenden aus seiner selbstmächtigen Position enthebt und ihn befähigt, frei für den Befragten zu werden. Erst da, wo sich dieser schon in seiner Person offenbart hat, kann wirklich erkannt werden, wer dieser Christus ist (1Joh 5,20). „Streng genommen ist also die ‚Wer-Frage' allein im Glauben sprechbar, wo sie ihre Antwort erhält",[21] formuliert es Bonhoeffer pointiert.

In seiner leibgewordenen Zusage an den Menschen findet sich damit eine erste Antwort auf das Wer dieses Christus, nämlich die, dass er sich als der Auferstandene als bleibendes Wort Gottes an uns Menschen zeigt. In dieser Ansprache ist Christus den Menschen ganz gegenwärtig als Mensch, weil wir Menschen sind, und als Gott, weil nur Gott ewig gleichzeitig ist. Das Sein dieses Gott-Menschen, dieser Person Christi ist damit wesenhaft Bezogensein. Er ist in seiner Einheit aus Gott und Mensch die vollkommene Kommunikation zwischen Schöpfer und Geschöpf, in welche die Menschen in seinem Sein als menschliches Wort Gottes mithineingenommen sind. Christi Person ist damit *Pro-me*-Sein (Für-mich-Sein), denn sie ist wesenhaft bezogen auf sein Gegenüber. Das heißt mit anderen Worten, dass Person und Werk Christi sich demnach auch nicht voneinander trennen lassen, denn Christi Person ist *Pro-me*-Sein. Das bedeutet aber zugleich auch, dass Christus nie in einem wie auch immer gearteten An-sich-Sein zu denken ist, wie die Theologie das über Jahrhunderte hinweg immer wieder versucht hat zu tun.[22] Christus als *pro me* (für mich) ist Christus *pro nobis* (für uns), d. h. er ist es, der die Menschen aus ihrer Selbstverlassen-

---

20 *Bonhoeffer*, Berlin, 283.
21 *Bonhoeffer,* Berlin, 288.
22 Vgl. *Bonhoeffer,* Berlin, 294 ff.

heit, aus ihrer Selbstverkrümmtheit, herausruft und wieder zu Geschöpfen, zu Nächsten macht. Die Wer-Frage ist damit letztlich die Frage nach dem Nächsten und gerade darin ist sie wirklich Personfrage.[23] In der Ansprache Christi an den Menschen ist jeder einzelne damit in die Gemeinschaft mit Gott gerufen, eine Gemeinschaft die sich in der Welt in der Kirche Christi verwirklicht.

Die leibliche Wirklichkeit Christi

Ist mit dem biblischen Befund also Christus selbst das Sakrament und ist sein Sein die Verwirklichung des Reiches Gottes in der Welt, das Kommen Gottes in die Welt, ist es von hier aus möglich, in die theologische Diskussion um die Gegenwart Christi im Abendmahl einzusteigen. Von einem christologischen Sakramentsverständnis her bleibt es dann auch hier angebracht, mit Bonhoeffers deutlichem Hinweis gerade nicht nach der Möglichkeit der Anwesenheit Christi zu fragen. Das würde ja wieder zu theologischen Spekulationen führen, die letztlich den Menschen über Gottes Präsenz in der Welt entscheiden ließen. Es ist meiner Ansicht nach daher nötig, von Bonhoeffers christologischer Fundierung der Sakramente her, den Fokus nicht auf die Elemente des Sakraments zu richten, sondern auf das Geschehen selbst. Und es ist deutlich, dass dies gerade auch Martin Luthers Intention war. Mit der Betonung der konkreten und leiblichen Anwesenheit des ganzen Christus im Abendmahl, d. h. in seinem gottmenschlichen Sein, verweist er auf eine Wirklichkeit, die sich in dieser heilbringenden Anwesenheit Christi tatsächlich hier und jetzt in dieser kirchlichen Handlung je wieder neu vergegenwärtigt. Es ist dann zum einen nicht der in der Amtsvollmacht handelnde Priester, der diesen Christus in der Messopferhandlung vergegenwärtigt, es ist zum anderen dann aber auch nicht bloßes Zeichen einer geistlichen Realität.

Spreche ich hier also von einer leiblich-konkreten Gegenwart Christi im Sakrament, kann diese Präsenz nur eine solche meinen, die den ganzen Christus in seiner Person und seinem Werk meint, weil eben eines nicht vom anderen zu trennen ist. Dementsprechend ist die Realpräsenz Christi dann auch genau so zu verstehen, nämlich als Gegenwart Gottes in der Welt, die unmittelbar leiblich eine neue Wirklichkeit bedeutet, weil sie

---

[23] Vgl. *Bonhoeffer*, Berlin, 283.

eine neue Beziehungswirklichkeit schafft. Und diese Wirklichkeit ist doppelter Art: Sie ist persönlich, weil sie jeden einzelnen direkt anruft, sie ist aber auch leiblich, weil hier der ganze Mensch auch in seiner Leiblichkeit angerufen ist. Gerade weil Luther an der Betonung der leiblichen Gegenwart Christi auch in Brot und Wein festhält, ist eine dualistische Trennung von Leiblichem und Geistlichem ausgesetzt.[24] Wort und Element bilden das Sakrament, weil dieses „Dir da" nicht nur eine geistliche Realität bedeutet und Brot und Wein nicht nur eine neue Seinsqualität meinen. Gerade in den Elementen nämlich ist der Mensch in seiner ganzen Menschlichkeit angesprochen, herausgerufen aus seiner alten Existenz und hineingenommen in die Wirklichkeit Gottes in Christus. In Brot und Wein ist er als Teilnehmer der Sakramentsfeier unmittelbar leiblich in das Reich Gottes aufgenommen, das eben nicht nur eine geistlich transzendente Wirklichkeit meint, sondern im Hier und Jetzt, in der konkreten Immanenz der Welt schon jetzt die Welt zurückholt in die urständliche Einheit mit ihrem Schöpfer. Neu wird in diesem Verständnis dann nicht nur seine Seele, sondern auch der Leib des Menschen, so wie auch der Himmel und die Erde neu werden. Christi Präsenz ist in diesem Verständnis des Sakraments damit als tatsächlich real zu verstehen, eben nicht in einem ontologischen, sondern in einem effektiv-dynamischen Sinne, weil sich in und durch Christus das Reich Gottes im Hier und Jetzt leiblich in seiner Kirche verwirklicht.

Kirche als Leib Christi

Für die Erfassung des Geschehens der sakramentalen Zeichen in der Kirche bedeutet das somit Folgendes: Es ist in den kirchlichen Sakramenten die Einladung ausgesprochen, an dieser neuen Wirklichkeit Gottes auf Erden teilzuhaben, eine Wirklichkeit, die in Christus bereits geschehen ist und in seiner bleibenden Anwesenheit je neu geschieht. Im Mittelpunkt der sakramentalen Handlung steht damit demnach nicht eine neue Wirklichkeit in seinshafter Weise, sondern eine Veränderung der Verhältnisse. Das Wie der Anwesenheit Christi in den Elementen ist dabei eben nicht die Frage, die im Zentrum steht, weil es nicht die Frage ist, die zu stellen

---

[24]   Vgl. *Erwin Metzke:* Sakrament und Metaphysik. Eine Lutherstudie über das Verhältnis des christlichen Denkens zum Leiblich-Materiellen, in: *ders.:* Coincidentia Oppositorum. Gesammelte Studien zur Philosophiegeschichte, Witten 1961, 181 ff.

und überhaupt möglich ist.[25] Auch hier muss nach dem Wer gefragt werden, nämlich: Wer ist es, der sich uns in den Sakramenten ganz schenkt und uns damit uns selbst schenkt? Es ist der Menschgewordene, Gekreuzigte und Auferstandene, der in seiner ganzen Person und seinem ganzen Werk Anrede und Anspruch ist. Er ist Gottes fleischgewordenes Wort, das in Brot und Wein in die neue Wirklichkeit Gottes auf Erden einlädt, an dieser teilzunehmen, d. h. im wahrsten Sinne des Wortes, ein Teil dieser Wirklichkeit zu sein.

Es liegt demnach alles an den Einsetzungsworten, denn sie sind Gottes neue Auszeichnung unserer gefallenen Welt, sie sind sein an den Menschen gerichtetes Wort. Sie sind, wie Luther es ausdrücken kann, „die summa [...] des gantzen Euangelii",[26] weil allein sie ein für alle Mal die Gewissheit geben, wer sich in den Elementen den Menschen gibt. „Nehmet, esset; das ist mein Leib", „Trinket alle daraus; das ist mein Blut des Bundes, das vergossen wird für viele zur Vergebung der Sünden." (Mt 26,26 ff parr.) In den Worten gibt sich Christus den Menschen ganz hin, denn, „[w]enn wir die Worte über das Brot sprechen, so ist er wahrhaftig da und ist doch ein schlichtes Wort und Stimme, die man hört".[27] Allein in seinem Wort und im Hören kommt er ins Brot, kann Luther in verschiedenen Beispielen in seinem *Sermon von dem Sakrament des Leibes und Blutes Christi, wider die Schwarmgeister* von 1526 deutlich machen: „Denn sobald Christus spricht: ‚das ist mein Leib', so ist sein Leib da durchs Wort und Kraft des heiligen Geistes. Wenn das Wort nicht da ist, so ist es gewöhnliches Brot; aber so die Worte dazukommen, bringen sie das mit, davon sie sprechen."[28] Im Sakrament ist so der ganze Christus gegenwärtig in seinem Wort als spezifische Gegenwart des *pro me* in seiner leiblich erniedrigten Existenz.[29]

Im Wort Gottes wird somit eine neue Wirklichkeit Ereignis, die im Sakrament leiblich und fassbar wird. Christologisch gesprochen heißt das: *Vom Christus praesens ergeht der wirksame Anspruch an den Men-*

---

[25] Vgl. WA 12, 477, 2 ff.

[26] WA 11, 432, 24 f.

[27] WA 19, 490, 20 f (zitiert nach: Martin Luther: Sermon von dem Sakrament des Leibes und Blutes, in: Martin Luther. Gesammelte Werke, hg. v. Kurt Aland, Berlin 2002, 192. Vgl. auch: „Er ist mit dem Wort gegenwärtig [...] im Sakrament, wo er seinen Leib und Blut mit dem Wort im Brot und Wein anbindet, (beides) auch leiblich zu empfangen." (492, 30– 493, 7).

[28] WA 19, 491, 13 (zitiert nach: *Luther,* Sermon von dem Sakrament des Leibes und Blutes, 193).

[29] Vgl. WA 23, 271, 8–11. Vgl. *Bonhoeffer,* Berlin, 304.

schen, in welchem der Mensch bereits in den Glauben und im Glauben hineingenommen ist in diese neue Wirklichkeit, die im Sakrament leibhaftig geschenkt wird. Ohne das zuvor gesprochene Wort an uns, bleibt das Brot Brot und der Wein Wein; erst und allein im Glauben aber wird das Sakrament als Wegbereitung des Reiches Gottes auf Erden wirksam in uns und über uns hinaus. Allein nämlich aufgrund des Wortes ist diese kirchliche Zeichenhandlung tatsächlich heiliges Sakrament und „*mit dem Wort, in* ihm und *durch* es empfängt es der Glaube als Sakrament, und das Element ist nur ‚in‘ mit und ‚unter‘ dem Wort heilvoll da[...]“.[30] *Solo verbo et sola fide* (allein durch das Wort und den Glauben) können wir somit vom Sakrament als einem Geschehen sprechen, das *effektives* Geschehen, das Wortgeschehen ist.

Über die Frage nach dem Wer ist das Augenmerk damit weg von ontologischen Denkmöglichkeiten hin zu einem phänomenologischen Geschehen gerichtet, welches das Verhältnis von Gott und Mensch im Blick hat.[31] Von Christus her kann dieses sakramentale Geschehen dann als eine neue Wirklichkeit verstanden werden, in welcher der Mensch in Gottes kreatorischem Worthandeln wieder in sein urständliches Wesen gebracht ist. Habe ich Christus als die vollkommene Kommunikation zwischen Schöpfer und Geschöpf ausgewiesen, ist es genau das, was hier soteriologisch geschieht: In seinem leibgewordenen Wort stellt Gott den Menschen wieder ganz mit sich selbst in Beziehung und damit mit seinem Nächsten. Da, wo Gott den Menschen anspricht, ist er wieder mit hineingenommen in die Gemeinschaft mit ihm und seinem Nächsten. Im Sakrament ist demnach Gemeinde überhaupt erst tatsächlich wirklich, weil der Mensch nur in Christus zu solcher Gemeinschaft mit dem Nächsten befähigt ist, weil hier Gemeinschaft nicht die Beschreibung einer vorfindlichen statischen Beschaffenheit meint, sondern ein dynamisches Geschehen. Im Wort empfängt damit der Gläubige sein neues Sein in Brot und Wein, das ihm zur Nahrung seines neuen Lebens wird.

Die Speisung im Sakrament erweist sich somit als eine eschatologische Wiederherstellung der verlorenen Gemeinschaft des Geschöpfes mit seinem Schöpfer, die sich nicht in einer neuen Seinswirklichkeit ausbuchstabiert, sondern in einer neuen Verhältnisbestimmung von Gott und Welt. In der (er-)neu(t)en Anrede Gottes an den Menschen im Sakrament Jesus

---

[30]   *Joachim Ringleben:* Gott im Wort. Luthers Theologie von der Sprache her, Tübingen 2010, 508. Vgl. dazu auch *Bonhoeffer,* Berlin, 305.
[31]   Vgl. *Metzke,* Sakrament und Metaphysik, 186.

Christus ist damit die urständliche Gemeinschaft mit Gott und Mitmensch wiederhergestellt – und zwar als geistige und leibliche. Von Christi Leibwerdung im Sakrament ist damit meines Erachtens nach nicht *in* den Elementen, sondern *durch* die Elemente in der Wiederherstellung der Geschöpflichkeit des Menschen, in der erneuten (Rück-)Bindung des Menschen an Gott zu sprechen. Im Sakrament ereignet sich, wie Bonhoeffer das in *Sanctorum Communio* mit seiner Rede von „Christus als Gemeinde existierend" deutlich gemacht hat,[32] tatsächlich die Vergegenwärtigung des Wortes konkret im Hier und Jetzt, nämlich in der Kirche. Das bedeutet genauer, dass im sakramentalen Handeln der Kirche sich Kirche selbst vollzieht, weil hier im Sakrament Christus in der Welt seine Gestalt erhält, nämlich als Gemeinde. Die Kirche Christi ist damit wirklich *creatura verbi* (Geschöpf des Wortes), weil das Wort im Sakrament die Kirche überhaupt erst macht. Christus wird Leib in der Gestaltwerdung der Gemeinde im Vollzug des Sakraments durch die Gemeinde, indem hier eine neue Wirklichkeit geschaffen wird: Sie ist Beziehungswirklichkeit und damit der umfassende Einschluss des Menschen in den Leib Christi, in die Gemeinschaft der Geschöpfe selbst.

Wird hier dementsprechend von der Realpräsenz Christi gesprochen, geht es nicht um eine neue Seinsqualität der Elemente oder gar der Teilnehmer, sondern um eine neue Wirklichkeit zwischen Schöpfer und Geschöpf, die bereits in und mit Jesus Christus geschehen ist und in der Kirche je neu und bleibend geschieht. Kirche ist deshalb die bleibende Erniedrigung Gottes in der Welt, weil Christus diese Gemeinschaft ist, weil er in dieser Gemeinschaft im Heiligen Geist wahrhaftig Leib wird. Im sakramentalen Zeichen verwirklicht sich damit der in der Welt als *pro me* gegenwärtige Christus in seinem Sein als Anrede an den Menschen *pro nobis:* Die Gemeinde ist so im Christus *praesens* schon jetzt und noch nicht die bereits vollzogene Verwirklichung des Reiches Gottes in der Welt, weil im Sakrament pneumatologisch jeder einzelne in eine Wirklichkeit schon jetzt hineingenommen ist, deren Vollendung in Christus zwar bereits geschehen ist, die aber eschatologisch noch aussteht.[33]

---

[32] Vgl. *Dietrich Bonhoeffer:* Sanctorum Communio. Eine dogmatische Untersuchung zur Soziologie der Kirche, München ²2005, 127. Vgl. dazu auch: *Josef Außermair:* Konkretion und Gestalt. „Leiblichkeit" als wesentliches Element eines sakramentalen Kirchenverständnisses am Beispiel der ekklesiologischen Ansätze Paul Tillichs, Dietrich Bonhoeffers und Hans Asmussens unter ökumenischem Gesichtspunkt, Paderborn 1997, 276.

[33] Dabei sind aber Christus und Gemeinde nicht zu identifizieren, weil die Gemeinde in

Das Anbrechen des Reiches Gottes

Nehmen diese Überlegungen zum Ausgangspunkt nicht das Wie, sondern das Wer, fragen sie also nach der Person, hat sich gezeigt, dass sich der Fokus vom traditionellen Problem der Wandlung und der Gestalt der Elemente auf das Wort und damit die Handlung, d. h. genauer auf das Geschehen selbst, verschoben hat. Indem gleich Chalcedon die Menschwerdung Gottes nicht anhand der menschlichen Ratio ob ihrer Möglichkeit und Denkbarkeit beurteilt, sondern dieses Dass als gegeben stehen gelassen wird, wird der Blick frei für die innere Struktur dieses Geschehens. Ist das Sakrament als die gott-menschliche Einheit in Christus selbst gefasst, ist hiermit angezeigt, dass nicht anders von der Wirklichkeit Gottes zu reden ist als von einer Beziehungswirklichkeit.[34] Weil Gott in Jesus Christus bereits vollendet hat, was mit der Welt noch aussteht, sind es seine Person, seine Worte und Werke, die das Reich Gottes mit Vollmacht verkündigen. Gottes Offenbarung ist damit nicht als ewige Wahrheit gegeben, sondern in Jesus, in seinem ganzen Sein und Leben. Gott erweist seine Wirklichkeit demnach nicht anders als im sozialen Bezug, in der Neubestimmung der Verhältnisse zwischen ihm und seiner Schöpfung.

Das Wort in seiner Leiblichkeit bewirkt daher nicht nur die bloße Gewissheit dieses Heilsgeschehens, es schafft vielmehr die wirkliche Um- und Neugestaltung des Menschen, nämlich die Gleichgestaltung mit Christus (Gal 2,20).[35] Die konkrete Gegenwart Christi selbst ist im sakramentalen Handeln der Kirche die Gewissheit, dass hier das geschieht, was wir glauben, weil Christus das Wort ist und dieses Wort die Elemente als heilig auszeichnet. Wichtig zu unterscheiden ist dann auch, dass Christi Fleisch nicht das Objekt dieser Handlung ist, sondern schöpferisches Subjekt, wer-

---

der Welt in eschatologischer Spannung von jetzt und noch nicht in der Welt noch nicht diese vollkommene Verwirklichung der Einheit von Gott und Mensch ist. Vgl. *Dietrich Bonhoeffer:* Akt und Sein. Transzendentalphilosophie und Ontologie in der systematischen Theologie, München [3]2008, 99–134.

[34] Vgl. *Dorothea Sattler:* Eucharistische Realpräsenz des diakonischen Lebens Jesu Christi, in: Evangelische Theologie 74 (2014), 447–460: 451: Die „Gabe Gottes [d. i. die Wirklichkeit, N. H.] gilt es anzunehmen, nicht zu erklären [...]".

[35] Vgl. *Bruce McCormack:* Participation in God, Yes, Deification, No: Two Modern Protestant Responses to an Ancient Question, in: Denkwürdiges Geheimnis. Beiträge zur Gotteslehre, Tübingen 2004, 347–374; *Martin Hailer:* Rechtfertigung als Vergottung? Eine Auseinandersetzung mit der finnischen Luther-Deutung und ihrer systematisch-theologischen Adaption, in: Luther-Jahrbuch 77 (2010), 239–267 und meine Dissertation: Dietrich Bonhoeffers Hermeneutik der Responsivität.

den doch wir geistlich und leiblich gewandelt, indem wir essen.[36] Das Sakrament ist damit letztlich Gottes fleischgewordenes Wort und, weil Christus Neuschöpfung ist, ist er selbst Gottes schöpferisches Wort, das uns in diese neue eschatologische Wirklichkeit einbezieht.

Ein ökumenisches Schlussplädoyer

Von einem solchen, von der Bibel und Dietrich Bonhoeffer, christologisch verstandenen Sakramentsbegriff her, der den Vollzug vor die Ontologie zu stellen fordert, ergibt sich meines Erachtens dann auch ökumenisch eine fruchtbare Gesprächsgrundlage, nämlich von der Ernstnahme des Christus *praesens* her.[37] Das kann hier freilich nur angedeutet werden, soll es aber dennoch hinsichtlich ökumenischer Lehrgespräche einerseits und gelebter Ökumene andererseits. Beginnt man bei Lehrgesprächen der Konfessionen, findet sich mit der Rede von Christus als dem Sakrament ein wohl brauchbares Diskussionsfundament, können doch alle Konfessionen mitsprechen, dass Christus Herr und Haupt seiner Kirche ist (Kol 1,18). Diese gemeinsame Basis kann neue Wege der Verständigung eröffnen, bestätigt sich nämlich mithilfe einer dezidiert christologischen Sakramentenlehre eines zuerst: Gleich *wie* Christus in den Elementen anwesend gedacht wird, er *ist* anwesend. Mehr noch, er ist in den kirchlichen Zeichenhandlungen nicht nur anwesend, er selbst ist das Sakrament. In dieser pneumatologisch begründeten Vergegenwärtigung Christi wird damit zunächst der wichtige ökumenische Konsens deutlich, dass es nämlich Gottes Geist ist, der Christi verheißene Gegenwart im Abendmahl bewirkt und nicht etwa der Priester, was auch nach römisch-katholischer Sicht mitgesprochen werden kann.[38] Und so stehen dann die Gemeinde (inklusive

---

[36] Vgl. WA 23, 305, 14 ff. Vgl. auch *Michael Welker:* Barth, Luther und die dramatische Realpräsenz Christi im Abendmahl, in: Evangelische Theologie 74 (2014), 442: „Der Glaube weiß sich als ein Erleben, das nicht entstehen und nicht existieren kann ohne leibliches Handeln, leibliches Zusammenkommen, leibliches Sehen und Empfangen, ein gegenseitiges zum Glauben-Sich-Entzünden und Einander-Bewegen."

[37] Vgl. dazu beispielsweise die beiden Ansätze von: *Peter Dettwiler/Eva-Maria Faber:* Eucharistie und Abendmahl, Frankfurt a. M. 2008; *Otto Hermann Pesch:* Katholische Dogmatik aus ökumenischer Erfahrung. Bd. 2: Die Geschichte Gottes mit den Menschen, Stuttgart 2010, bes. 354–359.

[38] Vgl. *Sattler,* Eucharistische Realpräsenz des diakonischen Lebens Jesu Christi, 457.

Priester) und der Geist einander gegenüber, worin nicht die Wandlung selbst, sondern das pneumatologische Geschehen zwischen Gott und Mensch in den Mittelpunkt gerückt wird.

Denkt man so weiter, erhält auch die oft undifferenzierte Feststellung der Realpräsenz Christi in den sakramentalen Zeichenhandlungen Taufe und Abendmahl eine klarere Form, weil damit nicht mehr ontologische Spekulationen hinsichtlich der Anwesenheit Christi im Fokus stehen, sondern die ekklesiologische Handlung in ihrem pneumatischen Vollzug selbst als ganze ihre Bedeutung erhält. Nicht mehr die Diskussion um die Elemente erweist sich damit als zentraler erkenntnistheoretischer und offenbarungstheologischer Diskussionspunkt, sondern die Erfahrung, die in dieser Mahlfeier gemacht wird.

Offensichtlich ökumenisch ist dieser Ansatz vor allem aber in seiner praktischen Umsetzung, d. h. im Leben der Christinnen und Christen. Ist die Gemeinschaftsstiftung das fundamentale Ereignis des Abendmahls und steht damit nicht mehr das Wie der Anwesenheit Christi im Vordergrund, kann es allen Anwesenden offenstehen, ihre je eigene theologische (Lehr-) Tradition zur Feier mitzubringen und nebeneinander stehen zu lassen, ohne dass diese einander ausschließen müssen. Dann nämlich kann das Sakrament auch eine Einladung an *alle* Christen an den Tisch des Herrn sein, ganz egal welcher Konfession. Und so ist es zugleich auch tatsächlich der Selbstvollzug einer vorweggenommenen Verwirklichung der Kirche Christi auf Erden, d. h. es ist gelebte Ökumene, wenn, abgesehen von theologischen und lehramtlichen Interpretationsverschiedenheiten, geschieht, was christologisch geboten ist: Die Verwirklichung des Reiches Gottes auf Erden in seiner Kirche.

Der Erste Weltkrieg im Spiegel der frühen Ökumene[1]

I. Die europäische Christenheit und der Krieg

„Lieber Göran! Diese Woche nur Militärzüge. Angstvoll in dieser Zeit nicht zu Hause zu sein – obwohl wir bei den treuesten Menschen sind ... Unter allen Umständen reise ich sobald wie möglich. Der Weltbrand ist entfacht. Wie werden nicht alle Erzeugnisse der Kultur, geistige wie materielle, unter den Füssen getreten.“ So schreibt Nathan Söderblom (1866–1931), kurz zuvor zum Erzbischof von Schweden ernannt, damals aber noch Professor für vergleichende Religionsgeschichte in Leipzig, auf einer Postkarte am 5. August 1914 an seinen Studienfreund Nils Johan Göransson. Er schreibt Deutsch, vermutlich wegen der Zensur. Man spürt die Beklemmung. Da geht es zuerst um seine Frau, die nach der Geburt ihres letzten Kindes ernsthaft erkrankt ist. Aber zugleich spürt man, wie hier jemand schon ganz am Anfang in geradezu unheimlicher Klarheit vor sich sieht, dass dieser Krieg mit den begrenzten und kurzen Kabinettskriegen des 19. Jahrhunderts nicht zu vergleichen sein würde. Die schiere Zahl und Größe der Kriegsparteien und die fortgeschrittene Waffentechnik ließen Söderblom schon jetzt einen langwierigen Konflikt befürchten, der nicht weniger als die gesamte alteuropäische Ordnung über den Haufen werfen würde. Er mag dabei an den amerikanischen Bürgerkrieg von 1861–1865 gedacht haben, den man als den ersten totalen Krieg mit verheerenden Folgen für die Zivilbevölkerung bezeichnen kann. Umso gespenstischer das Hurragebrüll der Soldaten aus den offenen Fenstern und die Aufschriften auf den Zügen: Bis Weihnachten sind wir zurück.

Söderblom war nicht der Einzige, aber einer von sehr Wenigen, die so früh klar sahen. Als wichtiges weiteres Beispiel ist die *World Alliance for Promoting International Friendship through the Churches* zu nennen,

---

[1] Diesem Aufsatz liegt ein Vortrag zugrunde, den ich am 12. Dezember 2014 vor der Stadtakademie Göttingen gehalten habe. Ich habe ihn leicht überarbeitet und um die Literaturnachweise ergänzt.

die bereits am 2./3. August 1914 in Konstanz getagt hatte und später eine der Keimzellen der ökumenischen Bewegung werden sollte. Ihr gehörten insbesondere viele Quäker an. Einer ihrer Begründer war der Berliner Pfarrer Friedrich Siegmund-Schultze (1885–1969).

Uns Heutigen fällt es außerordentlich schwer, die Kriegsbegeisterung von 1914 emotional zu begreifen. Nach einem zweiten entsetzlichen Weltkrieg ist man natürlich klüger. Die Menschen damals hatten allenfalls den deutsch-französischen Krieg von 1870/71 im Gedächtnis. Der war noch ein altmodischer, begrenzter Krieg und lag außerdem über 40 Jahre zurück. Vor allem aber war es die Zeit des extremen Nationalismus. Das gilt für ganz Europa, aber besonders ausgeprägt war er in Deutschland. Hier fühlte sich ein großer Teil der Bevölkerung mit der autoritären kaiserlichen Regierung und mit der von der Romantik geprägten Herzenskultur den angeblich kalten, verstandesorientierten westlichen Demokratien unendlich überlegen. „Am deutschen Wesen soll die Welt genesen", dieses in Anlehnung an eine Zeile des Dichters Emanuel Geibel geprägte Schlagwort charakterisiert jene Stimmung.[2] Oder denken Sie an den Roman von Heinrich Mann *Der Untertan*. Söderblom hatte diesen Nationalismus in seinen alltäglichen Formen während seiner Leipziger Zeit 1912–1914 hautnah erlebt und war davon angewidert.[3] Ähnlich war es ihm schon 1894–1901 als Pfarrer in Paris ergangen.[4] Er war ein patriotischer Schwede, aber zugleich ein Weltbürger mit umfangreicher Auslandserfahrung. Als solcher verhielt er sich den Kriegsparteien gegenüber strikt neutral, aber nicht im Sinne eines unbeteiligten Schweigens, sondern beherzter öffentlicher Kritik an beiden Seiten. Er hat sich ebenso klar gegen die deutsche Verletzung der belgischen Neutralität, die Zerstörung der Altstadt von Leuven und die Politik der verbrannten Erde in Nordfrankreich ausgesprochen wie später gegen die harschen Bestimmungen des Vertrags von Versailles, in denen er schon 1919 den Keim eines neuen Krieges erkannte.[5]

---

[2] Vgl. *Emanuel Geibel:* Deutschlands Beruf (1861), in: *ders.:* Werke 2, Gedichte. Heroldsrufe, Leipzig/Wien 1918 (218–220), 220: „Und es mag am deutschen Wesen/Einmal noch die Welt genesen."

[3] Vgl. *Nathan Söderblom:* Brev – Lettres – Briefe – Letters, hg. v. *Dietz Lange,* Göttingen 2006, Nr. 54, 58 (hier ist vom „deutschen Nationalgott" die Rede), 64, 65.

[4] Vgl. *Söderblom,* Brev (a. a. O.), Nr. 18.

[5] Vgl. *Nathan Söderblom:* Die beiden Götter. Predigt am 6.9.1914, deutsch, in: *ders.:* Ausgew. Werke Bd. 2, Göttingen 2012, 127–137, hier 133; *ders.:* Tidens tecken, in: För tanke och tro, FS O. Ekman, Uppsala 1923, 1–43, hier 6–9.

Positiv sah er das Verhältnis der Völker zueinander ähnlich wie der große deutsche Theologe und Philosoph Friedrich Schleiermacher. Danach hat jedes Volk in der Weltgeschichte seine besondere Aufgabe, mit der es zum Wohl der ganzen Menschheit beizutragen hat.[6] Das führt zu einem natürlichen Wettstreit, der aber immer die Möglichkeit zu konstruktiver Zusammenarbeit enthalten soll. Damit ist Söderbloms Regel für das Verhältnis sozialer Körperschaften überhaupt benannt, angefangen von den Sozialpartnern über die Nationen bis hin zu den christlichen Konfessionen und den verschiedenen Religionen.[7] Für die Politik bedeutete das, in Anlehnung an die Haager Friedenskonferenz von 1907, die Errichtung einer internationalen Rechtsordnung zur friedlichen Regelung von Konflikten. Söderblom vertrat diese Forderung bereits in seinem erzbischöflichen Hirtenbrief vom 10. November 1914 und seitdem immer wieder;[8] er verstand eine solche Ordnung geradezu als Fortsetzung der Schöpfung Gottes – in kritischer Abgrenzung gegen die konservativ-lutherische Lehre vom Nationalstaat als Schöpfungsordnung.[9]

Damit sind wir bei dem Punkt, der von der politischen Perspektive zur religiösen hinüberführt. Sie hat damals auf allen Seiten eine große Rolle gespielt. Die europäischen Regierungen, bei den Alliierten genauso wie in Deutschland und Österreich, verstanden sich zugleich als Hüter der Kultur und der christlichen Werte. Auf den Kanzeln wurde Gott für den Sieg der eigenen Seite in Anspruch genommen, übrigens mit so großem Anklang bei der Bevölkerung, dass sich mancherorts die Hoffnung regte, man könne die Auswirkungen der Säkularisierung noch einmal aufhalten. Zur Veranschaulichung gebe ich ein deutsches Beispiel. Es stammt aus einer Predigt des Hauptpastors an der Michaeliskirche in Hamburg, Wilhelm Hunziger.

---

[6] Vgl. *Friedrich Schleiermacher:* Die christliche Sitte, Sämtliche Werke I/12, 475 f; *Söderblom,* Die beiden Götter (a. a. O.), 132.

[7] Vgl. *Nathan Söderblom:* Die Religion und die soziale Entwicklung (SgV 10), Freiburg 1898, 95 f; *ders.:* Leib und Seele der schwedischen Kirche (Svenska kyrkans kropp och själ, 1916), dt. Übersetzung in: *ders.:* Ausgewählte Werke Bd. 2, hg. v. *Dietz Lange,* Göttingen 2012, 27–126, hier 126; *ders.:* Das Werden des Gottesglaubens. Untersuchungen über die Anfänge der Religion, Leipzig 1916, 380 f, u. ö.

[8] Vgl. *Nathan Söderblom:* Herdabref till prästerskapet och församlingarna i Uppsala ärkestift, Uppsala 1914, 59–61.

[9] Vgl. *Nathan Söderblom:* Predigt zur Eröffnung der 7. Vollversammlung des Völkerbundes (1926), dt. Übers. in: *ders.:* Ausgewählte Werke Bd. 2, hg. v. *Dietz Lange,* Göttingen 2012, 305–313, hier 310.

Er sprach am 5. August 1914 über den Text aus dem 2. Timotheusbrief „Und so jemand kämpft, wird er doch nicht gekrönt, er kämpfe denn recht." Da heißt es:

> Machen wir uns ganz klar, was auf dem Spiel steht. Nicht bloß unsere innere nationale, politische, wirtschaftliche Macht, ja Existenz. Nein, nicht weniger als alle kulturellen Werte und Güter, die wir erarbeitet haben seit hundert und mehr Jahren. ... Ja, zuletzt ist es der deutsche Geist, die deutsche Art, das deutsche Wesen, der deutsche Gedanke in der Welt, was man vernichten will. Es ist unser Edelstes und Bestes, es sind wirklich unsere heiligsten Güter, unsere sittlichen Ideale, unser tiefstes, bestes Ich, was aus der Welt geschafft werden soll, in der es anfängt ein Sauerteig zu werden. ... Dass dieser Krieg für uns Deutsche seinem eigentlichen Charakter nach ein heiliger Krieg ist, das müssen wir uns tief in die Seele prägen – denn: so jemand auch kämpfet, wird er doch nicht gekrönt, er kämpfe denn recht.[10]

Hier wird aus dem inneren Kampf des Glaubens in dem neutestamentlichen Brief durch einen Taschenspielertrick der Kampf in der Schlacht als religiöser Akt gemacht. Es ist ein heiliger Krieg, denn „Gott ist mit uns", wie auf den Koppelschlössern der Soldaten zu lesen stand. Die Deutschen kämpfen für ihre heiligsten Güter, zu denen auch der christliche Glaube gezählt werden soll. Die Deutschen sind Gottes auserwähltes Volk; wenn sie sich an ihn halten, ist ihnen der Sieg gewiss, denn „der Deutsche mit seinem Gott im Bunde ist eine weltüberwindende Kraft", wie es am Schluss der Predigt heißt (6).

Wie eine Antwort darauf klingen die folgenden Sätze aus einer Predigt, die Nathan Söderblom einen Monat später, am 6.9.1914, in der Dreifaltigkeitskirche in Uppsala gehalten hat:

> Ich selbst habe während der letzten Jahre viel von dem deutschen Gott gehört, der in vielen redlichen Herzen mit dem Vater Jesu Christi ringt, der aber auf jeden Fall in anderen recht unumschränkt herrscht. Er gehört nach Walhall, wo man ihn in germanischer Begeisterung auch manchmal ansiedelt, wie der General, der bei einem Volksfest mahnte, die Blicke „hinauf nach Walhall" zu richten.[11]

Die Predigt hat den Titel „Die beiden Götter". Deren einer ist der Gott des Nationalismus, oder vielmehr die Legion von deutschen, französischen, englischen und russischen Nationalgötzen, zu denen sich dann gleich noch

---

[10] *Wilhelm Hunzinger:* Kriegspredigten 1914, Hamburg 1914, 2.
[11] Vgl. *Söderblom,* Die beiden Götter, a. a. O. (wie Anm. 5), 130.

die Götzen der gesellschaftlichen Klassen gesellen. Dieser Gott gebietet, den Nächsten zu lieben und den Feind zu hassen. Der andere Gott ist der Vater Jesu Christi, der Gott der Liebe zu allen Menschen. Auch hier wird der politische Konflikt ins Religiöse überhöht, aber auf völlig andere Weise. Er erscheint fast wie der endzeitliche Kampf zwischen der Macht des Guten und der Macht des Bösen, wie in der alten persischen Religion, über die Söderblom seine Doktorarbeit geschrieben hatte. Nur sind es hier *alle* kriegführenden Mächte, welche die Macht des Bösen repräsentieren. Das geschieht dadurch, dass die Nation sich selbst als heilig erklärt. Damit usurpiert sie die Würde Gottes, der allein in Wahrheit heilig ist. Gott lässt sich nicht von Menschen funktionalisieren. Er ist der furchterregende Richter über den Nationalismus und zugleich der liebende Vater Jesu Christi, der den Frieden will. Dabei schließt die Kritik am Nationalismus übrigens ausdrücklich die moralische Überheblichkeit in den neutralen Staaten wie Schweden ein.[12]

Es ist also nicht nur der politische Weitblick, der Söderblom so energisch gegen den Krieg Stellung nehmen lässt, so sehr zweifellos auch dies der Fall ist. Es ist auch nicht der moralische Zeigefinger, der heute so leicht dem Schlagwort anhaftet, das seit der ökumenischen Konferenz von Amsterdam die Runde gemacht hat: „Krieg soll nach Gottes Willen nicht sein". Das hätte Söderblom in dieser Form gar nicht unterschreiben können, denn einen echten Verteidigungskrieg in einem begrenzten Konflikt konnte er sich durchaus vorstellen. Doch obwohl er Tolstois radikalen Pazifismus so nicht vertreten konnte, schätzte er doch dessen religiösen Ernst hoch. Mit ihm ist er der Auffassung, dass auch die Welt des Politischen eine religiöse Dimension hat. Dies freilich nicht in dem Sinne, wie das im späteren 20. Jahrhundert die sogenannte politische Theologie vertreten hat, dass sich aus dem Evangelium unmittelbar politische Handlungsanweisungen ableiten ließen. Damit wäre nicht nur die Zeitgebundenheit biblischer Aussagen ignoriert, sondern es wäre auch im Blick auf die Komplexität politischer Verhältnisse schlicht naiv. Wohl aber so, dass Gott als der Herr auch der Sphäre des Politischen begriffen wird. Das bedeutet für Söderblom: Obgleich die Nächstenliebe sich nicht unmittelbar politisch ausmünzen lässt, muss sie doch der letzte Maßstab alles Handelns und damit auch des politischen Handelns sein. Denn die Nächstenliebe im Sinn der

---

12 Vgl. *Nathan Söderblom:* Neutral egenrättfärdighet, Lund 1916 (engl. Übersetzung: Our Spiritual Peril as Neutrals, in: The Constructive Quarterly 5 [1917], 91–96).

Bergpredigt ist nicht nur radikal, sondern auch universal und betrifft alle Lebensgebiete. Damit richtet er sich gegen die konservativen Lutheraner seiner Zeit, die der Politik eine „Eigengesetzlichkeit" zugestanden, womit dann faktisch dem Machiavellismus Tor und Tür geöffnet war.[13]

II. Die Rolle der Kirchen

Welche Rolle fällt nun in diesem Zusammenhang den Kirchen zu? Dass der Krieg sie vor besondere Aufgaben in Predigt und Seelsorge stellte, leuchtet unmittelbar ein. Aber für die konservativen deutschen Protestanten schloss die individuelle Seelsorge für vom Krieg betroffene Menschen die Unterstützung der Kriegspropaganda durch die Kirchen keineswegs aus. Für Söderblom stellte dies einen unerträglichen Widerspruch dar, ganz abgesehen von dem dahinter stehenden Verständnis Gottes, das ihn je nachdem für die deutsche, französische oder russische Kriegspartei reklamierte. Die kritische Frage war nicht nur, wie es möglich sei, dass nominell christliche Völker einen solchen Kult der Nation betreiben. Sie galt erst recht den Kirchen, die dieses Spiel so eifrig mitspielten.

Sein Amtsantritt als Erzbischof von Schweden im November 1914 gab Söderblom die Gelegenheit, diese Gedanken nicht nur theoretisch zu vertreten, sondern ihnen praktische Wirkung zu verleihen. Das geschah zuerst in einem öffentlichen Aufruf, den er in sieben Sprachen an leitende Persönlichkeiten der Kirchen in Europa verschickte. Dieser trug den charakteristischen Titel *Für Frieden und christliche Gemeinschaft* und brachte damit die Verbindung des religiösen mit dem politischen Aspekt auf eine griffige Formel.[14] Unterzeichnet wurde er freilich nur von Kirchenleuten aus neutralen Ländern. Er hatte somit ebenso wenig Erfolg wie ein kurz zuvor ergangener Appell von Papst Benedikt XV.[15] Aus naheliegenden Gründen wiederholte Söderblom die Aktion zunächst nicht. Erst 1917, nach der russischen Revolution und angesichts der immer offensichtlicher werdenden Kriegsmüdigkeit auf allen Seiten, versuchte er es noch einmal, freilich ebenso erfolglos.

---

[13] Der Ausdruck wird, soweit ich sehe, zum ersten Mal in diesem Sinn verwendet von *Reinhold Seeberg:* System der Ethik, Leipzig u. a. ²1920, 244.

[14] Abgedruckt bei *Bengt Sundkler:* N. Söderblom. His Life and Work, Lund 1968, 163.

[15] Vgl. *Benedikt XV.:* Enzyklika Ad beatissmi apostolorum vom 1.11.1914, AAS 6/1914, 587–660 (in 5 Sprachen).

Auf diese Weise appellierte Söderblom an die Verbundenheit durch den gemeinsamen christlichen Glauben über die Grenzen der Nationalkirchen hinweg. Doch war ihm von vornherein klar, dass diese Verbundenheit auch in der Überbrückung einer anderen Grenze zum Ausdruck kommen muss. Das ist die Grenze zwischen den verschiedenen christlichen Konfessionen. Ich sage bewusst Überbrückung und nicht Beseitigung. Das muss man angesichts der heutigen Diskussion betonen. Denn in jüngerer Zeit gehen sowohl die römische als auch die lutherische Kirche weithin von der Vorstellung aus, man müsse zu einer organisatorisch und lehrmäßig einheitlichen Kirche kommen. Söderblom dagegen war sich noch darüber klar, dass diese Vorstellung wirklichkeitsfremd ist. Es ist vielmehr ein ganz natürlicher Vorgang, dass alle großen Weltreligionen sich im Lauf der Geschichte ausdifferenziert haben. Zum Vergleich verweise ich hier nur auf das Verhältnis von Sunniten und Schiiten im Islam. Im Christentum begann das schon zur Zeit des Paulus. Die in Jahrhunderten gewachsene Eigenständigkeit der Konfessionen lässt sich nicht zurückdrehen, will man nicht auf einen faulen Kompromiss oder gar auf Zwang zurückgreifen. Der Gedanke, dass nur eine einheitliche kirchliche Organisation und Lehre die Teilhabe am Heil vermitteln könne, ist Ausdruck des katholischen Kirchenideals, nicht des evangelischen.

Für Söderblom ist die Einheit der Kirche von Anfang an gegeben. Sie besteht freilich nur als eine verborgene, nämlich im Glauben an Jesus Christus. Die Existenz verschiedener Frömmigkeitstypen und damit auch verschiedener Auslegungen des Glaubens und unterschiedlicher organisatorischer und liturgischer Ausgestaltungen ist so lange kein Unglück, wie die Glaubenseinheit in aller äußeren Mannigfaltigkeit den gegenseitigen Respekt und die Zusammenarbeit in den praktischen gesellschaftlichen Aufgaben garantiert.[16] Darauf allerdings kommt es wirklich an, und in dieser Hinsicht lag damals noch sehr viel mehr im Argen als heutzutage. Das betrifft nicht nur das vielfach geradezu hasserfüllte Verhältnis zwischen römischer und evangelischer Kirche, sondern auch die Spannungen zwischen Mainstream-Kirchen und Freikirchen im damaligen Europa.

Söderblom war auch hier nicht der Erste, dem eine Veränderung des Verhältnisses zwischen den Kirchen am Herzen lag. So hat beispielsweise der bekannte Evangelist Dwight Lyman Moody 1890 in den USA eine öku-

---

[16] Vgl. dazu. z. B.: *Nathan Söderblom*: Religionsgeschichtliche Betrachtung der christlichen Frömmigkeitstypen (1923), in: *ders.*: Ausgewählte Werke Bd. 2, hg. v. *Dietz Lange*, Göttingen 2012, 209–304, bes. 26. 41–43.

menische Studentenkonferenz veranstaltet, an der Söderblom als schwedischer Delegierter teilgenommen und von der er entscheidende Anregungen mitgenommen hat. Seit 1908 gab es den Federal Council of Churches, in dem sich ein Großteil der amerikanischen Kirchen organisiert hatte. Der CVJM wäre zu nennen, das Student Christian Movement, die Evangelische Allianz und manches andere. Wichtig ist auch die Missionskonferenz in Edinburgh 1910, die auf ein Ende gegenseitiger Proselytenmacherei christlicher Konfessionen in der Mission und mehr Zusammenarbeit gedrängt hatte. Söderblom selbst hat schon 1909, also lange vor dem Krieg, Verhandlungen mit den Anglikanern über eine Abendmahlsgemeinschaft der schwedischen Kirche mit ihnen begonnen. Sein Ziel war damals ein neues *corpus evangelicorum;*[17] die Weltchristenheit als ganze war damals für ihn nur ansatzweise im Blick.

Das änderte sich nun mit dem Krieg. Vor allem aber bekam für ihn jetzt die religiöse Argumentation für ein besseres gegenseitiges Verständnis der Kirchen eine erhöhte Dringlichkeit. Es war die weltweite religiöse Aufladung des Nationalismus, die Söderblom und viele andere davon überzeugte, dass die Kirchen die ihnen durch das Evangelium vorgegebene universale Perspektive aktualisieren müssten. Diese zwang sie nicht nur zu dezidiert politischen (wenn auch nicht parteipolitischen) Äußerungen, sondern verlangte auch eine selbstkritische Reflexion über ihr Verhältnis untereinander im Licht ihres gemeinsamen Glaubens. Die entscheidenden Ideen dafür hat Söderblom zwar hauptsächlich erst nach dem Krieg entwickelt, aber der Krieg war gewissermaßen die Initialzündung dafür. Das Prinzip von Wettbewerb und Zusammenarbeit sollte auch hier gelten. Das Verhältnis zwischen den Kirchen hat Söderblom sich ganz analog zu dem Verhältnis der Völker untereinander vorgestellt: Jede von ihnen sollte selbstständig und unabhängig ihren Beitrag zum gemeinsamen christlichen Werk leisten.[18] Damit hat er die entstehende ökumenische Bewegung entscheidend geprägt.

Das müssen wir uns jetzt etwas genauer ansehen. Das genannte Prinzip für das Verhältnis sozialer Gruppierungen hat Söderblom bereits im Zusammenhang seiner Verhandlungen mit den Anglikanern auf das Verhältnis

---

[17] Vgl. *Nathan Söderblom:* Leib und Seele der schwedischen Kirche, a. a. O. (Anm. 7), 126.

[18] Vgl. *Nathan Söderblom:* Christian Fellowship or the United Life and Work of Christendom, New York/Chicago 1923, 21 f (in der deutschen – leider nicht sonderlich zuverlässigen – Übersetzung von *Peter Katz:* Einigung der Christenheit. Tatgemeinschaft der Kirchen aus dem Geist der werktätigen Liebe, Halle 1925, 15).

der Kirchen zueinander bezogen. Sein zentraler Begriff dafür ist „evangelische Katholizität".[19] Damit ist folgendes gemeint. Es gibt auf der Welt drei große christliche Gruppierungen mit dem Anspruch auf „katholische", d. h. universale Geltung, nämlich die Ostkirche, den römischen Katholizismus und den Protestantismus. Da nun die absolute Wahrheit des Heiligen auf dieser Welt mit keiner Religion als geschichtlicher Erscheinung, nicht einmal mit dem Christentum und schon gar nicht mit einer seiner Unterkonfessionen identisch ist, stehen die drei großen Kirchengemeinschaften gleichberechtigt nebeneinander. Selbstverständlich muss es Gespräche zwischen ihnen geben, aber nur zum Zweck des besseren gegenseitigen Verständnisses und ohne jeden Einigungszwang. Sie stehen in einem Wettbewerb miteinander, sollen aber zur sozialen Zusammenarbeit auf der Grundlage des gemeinsamen Glaubens an die göttliche Liebe bereit sein. Dabei ging es damals natürlich konkret vor allem um die Linderung der gewaltigen materiellen und seelischen Not infolge des Krieges. Organisatorischer Ausdruck ihrer Einheit im Glauben kann nicht eine Einheitskirche, sondern nur ein föderativer Zusammenschluss in einem Weltkirchenrat sein. Einen solchen hat Söderblom schon 1919 gefordert;[20] Wirklichkeit ist er freilich erst 1948 geworden.

III. Die Weltkirchenkonferenz von Stockholm im Schatten des Krieges

Das erste Etappenziel auf dem Weg zu einem neuen Verhältnis der Kirche untereinander war für Söderblom eine möglichst umfassende Weltkirchenkonferenz. In einer Zeit wie der unseren, in der es alle paar Jahre eine solche Konferenz gibt, macht man sich kaum noch klar, welche ungeheuren Schwierigkeiten damals zu bewältigen waren, um so etwas zustande zu bringen. Nicht nur der organisatorische Aufwand war in einer Zeit ohne Internet und Smartphone ungleich größer als heute. Viel gravierender waren die tiefen Gegensätze zwischen den großen europäischen Völkern in Mentalität und Selbstbewusstsein, und insbesondere die Kriegsschuldfrage. Deutschland hatte überdies noch die völlige Umwälzung seines politischen

---

[19] Vgl. zum Folgenden meine Arbeit: Nathan Söderblom und seine Zeit, Göttingen 2011, 315–319.

[20] Vgl. *Nathan Söderblom:* Brief an J. Kolmodin vom 8.3.1919 (N.S. ekumen. saml., Uppsala universitetsbibliotek); *ders.:* Evangelisk katolicitet, in: Eigil Lehmann et al.: Enig kristendom, Kyrkans enhet 7/1919, 65–126, hier 119–122.

Systems, die Fortsetzung der Kontinentalblockade und die enormen Auflagen des Versailler Vertrages zu bewältigen. Dies alles involvierte auch die Kirchen, die ganz selbstverständlich immer noch dem Nationalismus ihrer Völker verhaftet waren. Würden französische und deutsche Kirchenführer auch nur ein Wort miteinander reden wollen, ja, würden sie überhaupt bereit sein, sich zu so einer Konferenz zu treffen? Es gab genügend Stimmen, die von einem solchen Unternehmen abrieten, weil es völlig sinnlos sei. Für Söderblom aber ging es hier ums Ganze. Er wollte die nationalen Kirchen durch eine solche Konferenz miteinander versöhnen und sie dadurch zu einer Art Vorhut für die Versöhnung der Völker machen. Er ließ sich deshalb auch durch die Widerstände von allen Seiten und durch vielfältige Rückschläge nicht beirren. Schon 1917 wollte er, auf eine Initiative von William Temple hin,[21] eine solche Konferenz einberufen, scheiterte aber damit, weil ja schließlich noch Krieg war und schon allein die Reise der verschiedenen Delegationen gar nicht gefahrlos möglich gewesen wäre.

Er machte noch etliche weitere Anläufe, die ich hier nicht im Einzelnen schildern will. Der Durchbruch geschah im Oktober 1919 in Oud Wassenaar, einem kleinen Ort in der Nähe von Den Haag, wo die World Alliance for Promoting International Friendship of the Churches eine solche Konferenz beschlossen und die Kirchen mit deren Organisation beauftragt hat. Von jetzt ab war Söderblom die unumstrittene Leitfigur der beginnenden Ökumene. Es sollte aber noch sechs weitere Jahre mit zahllosen Komplikationen brauchen, bis der Termin August 1925 in Stockholm tatsächlich feststand.

Die Konferenz wurde von der einen der beiden damaligen ökumenischen Organisationen getragen, von der Life and Work-Bewegung, die sich primär mit ethischen Fragen befasste. Die Fragen der Lehre und der Organisation, für welche die Faith and Order-Bewegung zuständig war, sollten in der gegebenen Lage einstweilen zurückstehen, weil sie naturgemäß längerfristiger Natur waren. So wurde Stockholm 1925 zu einem „Nicaea der Ethik", wie man damals sagte, gewissermaßen als Entsprechung zu dem ersten dogmatischen Konzil der Kirche in Nicaea genau 1600 Jahre zuvor. Jenes Schlagwort hat freilich zu einem Missverständnis geführt, das von der römischen Kirche ebenso wie von erzkonservativen Protestanten gerne ausgeschlachtet wurde. Man behauptete nämlich, in Stockholm seien wie auf irgendeiner beliebigen weltlichen Konferenz bloß ethische und politi-

---

[21] Vgl. *William Temple:* Notes of the Week, in: The Challenge 7/1917, 301.

sche Fragen diskutiert worden, und der christliche Glaube habe dafür überhaupt keine Rolle gespielt.[22] Ein Rückblick auf die Konferenzen des Weltkirchenrates seitdem, auf denen die ethischen Themen theologische Fragestellungen weit in den Hintergrund gedrängt haben, könnte vielleicht dazu verleiten, jenem Urteil Recht zu geben. Für Stockholm jedenfalls trifft dies keineswegs zu.

Zwar ist die Zusammenkunft von 1925 als diejenige in die Geschichte eingegangen, die sich als erste weltweite Kirchenkonferenz gründlich mit praktischen ethischen und politischen Problemen beschäftigt und eine ungeheure Fülle von dringenden konkreten Themen behandelt hat. Doch zieht sich durch alles eine zentrale theologische Problemstellung hindurch. Das ist die Frage, was unter dem „Reich Gottes" zu verstehen sei. Sie wurde auf der Konferenz höchst kontrovers diskutiert. Da stand auf der einen Seite der englische Bischof Frank Theodore Woods.[23] Er war ein mitreißender Redner. Die Zivilisation kann emporsteigen oder zugrunde gehen, sagte er. „Wir glauben an den Aufstieg. Wir glauben an das Reich Gottes. Wir haben uns verschworen für seine Aufrichtung. Deswegen sind wir hier. Das ist der Sinn dieser Konferenz" (Bell 38, Deißmann 105). Dafür stehe die Kraftquelle Gottes bereit. Zudem entspreche der gesellschaftliche Fortschritt Gottes Weltplan. Gott unterstützt also das menschliche Handeln, welches das Reich Gottes herbeiführt, gewissermaßen von außen und von innen. Konkret impliziert das die Überzeugung, dass der Weltkrieg der letzte Krieg gewesen und dass ewiger Frieden von nun an möglich sei. Woods steht damit in der Tradition des amerikanischen Social Gospel, das damals außerordentlich einflussreich war und in der Ökumene bis heute mächtig fortwirkt. (Diese kirchliche Reformbewegung hat enorm viel gegen das Elend der Arbeiterklasse in den Großstädten Amerikas und auch Englands geleistet.[24])

---

[22] Vgl. *Osservatore Romano* (Bd. 65) vom 15.9.1925; *Pierre Battifol:* L'évolution du mouvement pour l'union des églises, in: Almanach catholique français pour 1927, 85–88, hier 86 f; für die protestantische Seite die Briefe des finnischen Erzbischofs Gustaf Johansson an Söderblom vom 10.12.1924 und 19.10.1925 (in: *Söderblom,* Brev, wie Anm. 2, Nr. 230. 262).

[23] Seine Predigt steht bei *G. K. A. Bell* (ed.): The Stockholm Conference 1925. The Official Report on the Universal Christian Conference on Life and Work held in Stockholm, 19–30 August, 1925, London 1926, 38–45; dt. Übersetzung bei *Adolf Deißmann* (Hg.): Die Stockholmer Weltkirchenkonferenz. Vorgeschichte, Dienst und Arbeit der Weltkonferenz für Praktisches Christentum, Berlin 1926, 105–110.

[24] Vgl. dazu *Charles H. Hopkins:* The Rise of the Social Gospel in American Protestantism, New Haven 1940.

Für die andere Seite trat der Bischof von Sachsen, Ludwig Ihmels, auf.[25] Er war unter den Lutheranern Vertreter einer gemäßigten Richtung. Der radikale Flügel vertrat die Meinung, dass das Reich Gottes allein die Sache Gottes selbst sei; die Christen hätten sich in das politische Geschehen nicht einzumischen, sondern die Welt an ihrer Sündigkeit zugrunde gehen zu lassen. Diese Gruppe, vertreten vor allem durch den finnischen Erzbischof Gustaf Johansson, hatte sich unter Protest von der Konferenz ferngehalten. Von ihr hat sich Ihmels deutlich abgegrenzt. Aber auch für ihn stand fest, dass das Reich Gottes nicht von Menschen errichtet wird. Denn es bedeutet nichts anders als das Kommen Gottes selber, der in den Herzen der Menschen Glauben und als Folge davon die Liebe zum Nächsten weckt. Diese Liebe sollen die Menschen dann in freier vernünftiger Verantwortung in die Tat umsetzen. Das hat für Ihmels durchaus auch gesellschaftliche Folgen. Aber diese sollen sich innerhalb der Schöpfungsordnungen, d. h. innerhalb der bestehenden Ordnung von Familie, Staat und Wirtschaft abspielen. Diese Ordnungen selbst seien von Gott gestiftet und müssten als solche erhalten bleiben. Sie bekommen jedoch durch die sauerteigartige Wirkung der Liebe ein menschenfreundlicheres Gesicht. Diese konservative Theologie der Schöpfungsordnungen, die ihren Ursprung in der Restaurationszeit der Mitte des 19. Jahrhunderts hat, war damals bei den deutschen Lutheranern Standard.[26] Auch für Ihmels gehörte der Einsatz für den Frieden zu den notwendigen gesellschaftlichen Folgen der christlichen Liebe. Doch war er realistischer als Bischof Woods und glaubte nicht an die Möglichkeit eines endgültigen Endes aller Kriege.

Söderblom vertrat eine mittlere Position.[27] Lutherisch – und biblisch, kann man hinzufügen – ist die Grundposition, dass es Gott selbst ist, der sein Reich herauführt, und nicht die Menschen. In der Position des Social Gospel sieht er die Gefahr, dass der christliche Glaube durch eine fortschrittsgläubige Moral überwuchert und verfälscht wird. Anderseits kann er jedoch, wie die skandinavische Theologie überhaupt, mit der altlutherischen Sozialtheorie statischer Schöpfungsordnungen nichts anfangen. Hier ist er mit den Angelsachsen und der ganzen durch die Aufklärung bestimmten westeuropäischen Tradition der Meinung, dass auch die bestehenden Ordnungsgefüge jederzeit der verändernden Gestaltung unterliegen.

---

[25] Sein Referat steht bei *Deißmann,* a. a. O. (Anm. 23), 132–137.
[26] Der Ausdruck kommt zum ersten Mal vor bei *Theodor Kliefoth:* Acht Bücher von der Kirche, Bd. 1 (mehr nicht ersch.), 7 f. Vgl. auch meinen Aufsatz „Schöpfungslehre und Ethik", in: ZThK 91/1994, 157–188.

Im Hintergrund steht bei Söderblom eine religionswissenschaftliche und religionsphilosophische These, die alle Differenzen zwischen christlichen Konfessionen übergreift und damit seiner Position einen grundsätzlicheren Charakter verleiht. Sie besteht darin, dass allen Religionen, selbst denen, die keinen Gottesbegriff kennen, die Ehrfurcht vor dem Heiligen gemeinsam ist. Das Heilige ist eine übermenschliche und überweltliche Macht, die sowohl abgrundtiefe Furcht als auch grenzenloses Vertrauen einflößt. Das Heilige – in christlicher Terminologie kann man auch sagen: das Reich Gottes – ist schlechthin übermächtig.[28] Es kann deshalb als solches weder Ziel menschlichen Handelns noch Legitimation eines bestehenden gesellschaftlichen Zustandes sein, sondern muss durch die von ihm ergriffenen Menschen in Wettstreit und Zusammenarbeit in das Leben der Gesellschaft hinein vermittelt werden. Diese Position befreit einerseits zu energischem, selbstverantwortetem gesellschaftlichem Einsatz, andererseits schließt sie die ernüchternde Erkenntnis ein, dass auch mit Rückschlägen und Einbrüchen gerechnet werden muss, weil das Reich Gottes erst am Ende der Zeit zu seiner Vollendung gelangt.

Diese theologische Auseinandersetzung war alles andere als eine akademische Spiegelfechterei. Sie bekam ihre dringende Aktualität durch die unübersehbaren Auswirkungen des Weltkrieges. Dieser Krieg hatte nicht nur unermessliches Leid und Zerstörung mit sich gebracht, sondern auch die alteuropäische Gesellschaftsordnung unwiderruflich zum Einsturz gebracht. Man versteht, dass die Deutschen, die von dieser Umwälzung in besonderer Weise betroffen waren, sich nicht so schnell von nostalgischer Sehnsucht nach dem Kaiserreich lösen konnten. Ebenso gut versteht man, dass die Angelsachsen sich in ihrer Fortschrittsbegeisterung durch die jüngste Entwicklung bestätigt sahen. Es waren zwei jeweils durch lange Tradition geprägte gedankliche Welten, die sich hier gegenüberstanden. Dementsprechend bot denn auch das Kommuniqué, das am Ende der Konferenz stand, keine Lösung des Problems.[29] Überhaupt fiel es äußerst mager aus und ging über einige allgemeine Grundsätze nicht hinaus: Der Glaube

[27] Sie ist, da er auf der Konferenz keine Grundsatzrede gehalten hat, nur auf Schwedisch als Beurteilung der Konferenz innerhalb seines eigenen Berichts überliefert: *Nathan Söderblom:* Kristenhetens möte i Stockholm, augusti 1925. Historik, aktstycken, grundtankar, personligheter, eftermäle, Stockholm 1926, 246–265, 298.

[28] Vgl. zu diesem Begriff den Auszug aus dem Buch Das Werden des Gottesglaubens, in: *Söderblom,* Ausgewählte Werke Bd. 1, hg. v. *Dietz Lange,* Göttingen 2011, 253–277, bes. 272–277.

[29] Die „Botschaft" steht bei *Deißmann,* a. a. O. (Anm. 23), 685–688.

habe sich an Jesus Christus zu orientieren, man müsse sich um gesellschaftliche Verwirklichung der Liebe durch Linderung der materiellen und spirituellen Not der Nachkriegszeit bemühen und alles Erdenkliche für Gerechtigkeit und Frieden tun. Das war im Grunde alles. Konkrete Maßnahmen waren während der Konferenz vielfach erörtert worden, blieben aber vielfach strittig und fanden keinen Eingang in die Schlussresolution.

Doch nicht an diesem Resultat ist der Erfolg der Konferenz zu messen. Er besteht, nicht nur nach Söderbloms Meinung, in einem Doppelten. Zum einen hat sie erstmals und für die Zukunft die Probleme von Gesellschaft und Politik auf die gemeinsame Tagesordnung der christlichen Kirchen gesetzt. Insofern ist der Slogan „Nicaea der Ethik" gerechtfertigt. Kurzfristiger, aber darum nicht minder gewichtig ist die zweite Begründung. Sie besteht schlicht darin, dass Kirchenvertreter aus den verfeindeten Nationen überhaupt zusammentrafen und miteinander redeten, und das in einer aufs Ganze gesehen erstaunlich guten menschlichen Atmosphäre. Schon das grenzte angesichts der herrschenden politischen Stimmung an ein Wunder. Beigetragen hat dazu sicherlich, dass Söderblom es in weiser Voraussicht erreicht hatte, die überall heiß diskutierte Frage der Kriegsschuld aus dem Programm auszuschließen.

Aber auch der begrenzte Erfolg der Konferenz wurde leider bald wieder fraglich.[30] Das für Forschung und praktische Beratung der Kirchen 1928 gegründete Sozialwissenschaftliche Institut hat, nicht zuletzt infolge der Unklarheit seines Auftrags, nicht viel geleistet. Dazu kam, dass die Führungsgestalt der Ökumenischen Bewegung, Nathan Söderblom, sich lebenslang und dann besonders für die Stockholmer Konferenz vollkommen verausgabt hatte. Seine labile Gesundheit, gegen die er stets mit eiserner Energie angekämpft hatte, verschlechterte sich zusehends, so dass er mehr und mehr Aufgaben abtreten musste. Vor allem aber machte der auch in den Kirchen neu anschwellende Nationalismus die Friedensbemühungen der Konferenz weitgehend wieder zunichte. Söderblom engagierte sich zwar gerade auf diesem Gebiet weiterhin im Rahmen seiner Möglichkeiten mit großer Zähigkeit, geriet aber selbst in seiner eigenen schwedischen Kirche damit immer mehr in die Isolation. Immerhin wurde ihm mit der Verleihung des Friedensnobelpreises 1930 noch eine verdiente Anerkennung zuteil.

---

[30] Zum Folgenden vgl. *Wolfram Weiße:* Praktisches Christentum und Reich Gottes. Die Ökumenische Bewegung Life and Work 1919–1937 (KiKonf 31), Göttingen 1991, 408–420. 427–436.

IV. Folgen und gegenwärtige Bedeutung

Zum Schluss möchte ich noch kurz auf die Nachwirkungen dieser eng mit dem Ersten Weltkrieg verbundenen Phase der ökumenischen Bewegung eingehen. Zum einen blieben die insbesondere durch Stockholm geknüpften internationalen Verbindungen in den folgenden Jahren zumindest unterirdisch bestehen, so dass z. B. Dietrich Bonhoeffer darauf zurückgreifen konnte, als er sich 1942 mit Bischof Bell von Chichester im schwedischen Sigtuna traf. Zum anderen wurde Söderbloms Idee eines Weltkirchenrats 1948 in Amsterdam endlich realisiert. Auch die Friedensforderung lebte nach einem weiteren grauenhaften Krieg wieder auf und ist seitdem von der Agenda ökumenischer Konferenzen nicht mehr verschwunden. Das religiöse Thema der Selbstüberhöhung der Nationen dagegen blieb zwar angesichts der politischen Ideologien, die in diesem letzten Weltenbrand eine so verhängnisvolle Rolle gespielt hatten, zunächst noch auf der Tagesordnung, jedoch auffällig marginal.[31] Es machte im Lauf der Zeit einer zunehmenden Moralisierung des Politischen Platz. Diese Entwicklung hat sicher auch mit einem vergröberten Verständnis des Programms von Stockholm zu tun. Sie ist aber mehr noch auf den mächtigen Einfluss einerseits der späteren Dialektischen Theologie und ihrer Ableger, andererseits der Nachfahren des amerikanischen Social Gospel und neuerer sozialrevolutionärer theologischer Positionen zurückzuführen. Für die Begründung sozialer und politischer Forderungen hat man sich jetzt gern unmittelbar auf biblische Aussagen bezogen. Die tiefer und komplexer angelegte Position Söderbloms hat sich nicht durchgesetzt.

Darüber hinaus haben wir in den letzten Jahrzehnten auch eine Aufweichung von Söderbloms Idee einer „evangelischen Katholizität" erlebt, d. h. einer Einheit der Kirche als einer Einheit in Mannigfaltigkeit. So haben sich die Lutheraner in ihren Gesprächen mit der römischen Kirche für die Gemeinsame Erklärung von Augsburg 1999 stillschweigend auf das katholische Kirchenideal einer Einheit von Organisation und Lehre geeinigt. Immerhin hat die folgende Geschichte immer mehr Vertretern unserer Kir-

---

[31] Vgl. z. B.: *Reinhold Niebuhr:* Gottes Ordnung und die Unordnung der heutigen Kultur, in: Die Unordnung der Welt und Gottes Heilsplan, hg. v. *Ökumenischen Rat der Kirchen,* Bd. 3, Stuttgart 1948, 11–30, hier 21, oder *Emil Brunner:* Was nun?, ebd., 218–223, hier 219 f, dort aber mit dem Akzent auf der vollkommenen Diesseitigkeit des Totalitarismus.

che klar gemacht, dass dies eine nicht nur illusorische, sondern auch in der Sache höchst problematische Entscheidung war.

Wir leben heute nicht mehr im unmittelbaren Schatten des Ersten Weltkrieges. Doch sind seine Nachwirkungen keineswegs erledigt. Mir scheint das damals von Söderblom entwickelte Grundprinzip der Ökumene nach wie vor aktuell zu sein. Das ist der Gedanke, dass die verschiedenen christlichen Kirchen als gleichberechtigte Partner (wenn es denn irgendwann möglich sein sollte, mit Einschluss der römischen Kirche) in einer lediglich föderativen Organisation verbunden sein sollten. Diese dient interkonfessionellen Gesprächen auf gleicher Ebene ohne jeden Einigungszwang sowie der praktischen Zusammenarbeit im gesellschaftlichen Kontext.

Die Zusammenarbeit schließt dabei den Wettbewerb zwischen den Kirchen keineswegs aus, sondern setzt ihn vielmehr voraus. Keine kirchliche Gemeinschaft hat das Recht, sich als die allein wahre Kirche zu verstehen, sondern jede von ihnen hat die Pflicht, nach dem Maß ihrer Einsicht ihr je eigenes Profil zu wahren und in den fortlaufenden Diskurs als ihren spezifischen Beitrag einzubringen. Freilich ist das eigene Profil heute weit mehr noch als damals durch die zunehmende Selbstsäkularisierung und Banalisierung kirchlicher Verkündigung gefährdet.

Der ekklesiologischen Idee ist die politische analog: Die Ethnien, Stämme und Völker der Erde haben im Zusammenhang der Weltgeschichte als ganzer je ihre eigene Aufgabe zum Wohle der Menschheit, die sie im Wettstreit miteinander, aber gemeinsam und auf friedliche Weise lösen müssen. Auch dieser Aspekt der Problematik ist trotz des relativen Zurücktretens des Nationalismus nicht leichter geworden. Denn an die Stelle der politischen Ideologien ist als neue Form der Selbstvergötzung der Fundamentalismus getreten, nicht nur im Islam, sondern in den meisten großen Weltreligionen, auch im Christentum. Er gefährdet den Weltfrieden ebenso sehr wie der Nationalismus. Gerade deswegen aber ist es notwendig, an die erörterten Grundideen Nathan Söderbloms zu erinnern.

Dietz Lange

(Dietz Lange war von 1980 bis 1998 Professor für Systematische Theologie an der Theologischen Fakultät der Georg-August-Universität Göttingen.)

Kirchengeschichtliche Forschung der Minderheitskirchen als ökumenische Aufgabe

25 Jahre Verein für Freikirchenforschung – Charta Oecumenica konkret

Seit 1990 haben nahezu fünfzig mehrtägige Symposien des Vereins für Freikirchenforschung stattgefunden. In 24 Jahrbüchern sind ungezählte Vorträge dokumentiert. Sie leuchten vielfältige Erfahrungen, Entwicklungen und Probleme in den verschiedenen Freikirchen aus.

Es ist für die zwischenkirchliche Entwicklung in Deutschland typisch, dass auch der Impuls zur Bildung eines Vereins für die Erforschung von Geschichte und Theologie der Freikirchen von einem Amerikaner ausging. Robert C. Walton (1932–2000), Professor für Kirchengeschichte der presbyterianischen Tradition, hat die vernachlässigte Erforschung der Freikirchen in Deutschland als ein gesamtkirchliches Defizit erkannt. Walton wirkte von 1978 bis zu seinem Ruhestand 1993 an der Westfälischen Wilhelms-Universität in Münster. Er gab den Anstoß, dass es zusammen mit einigen Kollegen an der Universität, wo der Verein bis heute seinen Sitz hat, zur Bildung dieser von allen Kirchen unabhängigen Forschungsgemeinschaft kam.

Inzwischen hat der Verein 180 Einzelmitglieder aus zwölf Ländern. Es sind Professoren verschiedener Fachrichtungen, Theologen und interessierte Laien, die teilweise in akademischen Bereichen engagiert sind. 21 kirchliche und wissenschaftliche Institute aus verschiedenen Ländern sind offiziell mit der freikirchlichen Forschungsvereinigung verbunden. Ihre Einmaligkeit gewinnt die aktive Studiengemeinschaft durch die breite kirchliche Zusammensetzung: 27 eigenständige Kirchen, Gemeindebünde, Gemeinschaften nehmen die Chance wahr, in größerer Gemeinschaft zu forschen und die Ergebnisse der Studien in einer ökumenischen Gemeinschaft vorzustellen und zu diskutieren. Generell sind die für alle Interessierten offenen Symposien thematisch bestimmt. Dadurch können für alle Teilnehmer und damit für die Kirchen insgesamt Einsichten gewonnen werden, für die es innerhalb Deutschlands kaum andere Möglichkeiten gibt. Als Beispiel eines einmaligen Symposions mag die Tagung vom Frühjahr 2014 stehen. Sie fand in der Theologischen Hochschule des baptistischen Bundes Evangelisch-Freikirchlicher Gemeinden in Elstal – vor den Toren Berlins gelegen – statt. Das Thema „Friedenstheologie und Friedensengagement" wurde entfaltet durch Professor Fernando Enns, einem mennonitischen Theologen, der in Amsterdam und Hamburg lehrt. Weitere Beiträge wurden eingebracht von der prominenten Quäkerin Dr. Susanne Jalka aus Wien. Die weltweiten Sichten und Erfahrungen der Heilsarmee und der aus den USA nachhaltig beeinflussten Siebenten-Tags-Adventisten waren Denkanstöße, die selten in dieses Thema einfließen. Ein früherer landeskirchlicher Bundeswehrpfarrer und ein Doktorand über Soldatenarbeit in den Freikirchen führten zu teilweise völlig anderen Fragestellungen. Das berichtende Gespräch von ehemaligen DDR-Bausoldaten hat Fragen aus der jüngsten Vergangenheit für die unmittelbare Zukunft in den Raum gestellt. Wo ist außer im Rahmen der Freikirchenforschung ein Raum, der ein Thema in einem so weiten Horizont entwickeln kann?

Die Aktualität der Arbeit zeigt das Herbst-Thema von 2014. Landeskirchliche und freikirchliche Tagungsteilnehmer haben im Vorfeld des Reformationsgedenkens über ihre Erfahrungen „Zwischen politischer Duldung und religiöser Freiheit" gearbeitet. Zuletzt ging es im März diesen Jahres um „Kirchenwechsel – ein Tabuthema der Ökumene?" Der verantwortliche Beirat ist immer sehr darum bemüht, Referenten aus allen Kirchen zu gewinnen. Natürlich aus allen Freikirchen, teilweise auch international engagierte Spezialisten. Aber regelmäßig stehen auch Lutheraner, Katholiken, Reformierte auf dem Programm. Alle zusammen eröffnen ein weites Spektrum mit vielen ungeahnten Einsichten.

Der Verein für Freikirchenforschung hat sich mit seinen unterschiedlichen Themenfeldern als eine qualifizierte Plattform der gegenseitigen Bereicherung etabliert. Dazu tragen in erheblichem Maße offene Fragestellungen bei, die im Zusammenhang der Vorträge diskutiert werden. In der Gruppe regelmäßiger Symposions-Teilnehmer ist im Laufe der Jahre ein großes freundschaftliches Vertrauen gewachsen. Es wird ergänzt durch die interessierte Hörbereitschaft in einer einmaligen denominationellen Breite. Für das, was hier in den letzten 25 Jahren gewachsen ist, gibt es in ganz Deutschland keinen Vergleich.

Im Rahmen des Herbstsymposions am 26./27. September wird in einer Feierstunde der 25-jährigen Wirksamkeit des Vereins gedacht.[1] Einige Vereinsgründer werden zu diesem Anlass erwartet. Aber vorher gibt

---

[1]   Am 26. und 27. September 2015 findet das Symposion der Freikirchenforschung in der Theologischen Hochschule Friedensau unter dem Leitthema *Ökumenisch und interdisziplinär – Bilanzen und Perspektiven der Freikirchenforschung* statt. Anmeldeschluss ist der 1. September 2015. – Tagungsprogramm: info@freikirchenforschung.de

es Referate zur Rolle und Entwicklung der Erforschung in den einzelnen Freikirchen. Dazu werden auch Referenten aus römisch-katholischer, aus landeskirchlicher, aus „neupietistischer" und natürlich aus der Sicht einiger Freikirchen sprechen.

Innerhalb des Vereins wird auf eine stille Weise eine Verpflichtung aus der Charta Oecumenica ganz selbstverständlich eingelöst. In dem von der Mehrzahl der Kirchen auf dem Berliner Ökumenischen Kirchentag unterzeichneten Charta heißt es: „Im Geiste des Evangeliums müssen wir *gemeinsam* die Geschichte der christlichen Kirchen aufarbeiten, die durch viele gute Erfahrungen, aber auch durch Spaltungen, Verfeindungen und sogar kriegerische Auseinandersetzungen geprägt ist. Menschliche Schuld, Mangel an Liebe und häufiger Missbrauch von Glaube und Kirchen für politische Interessen haben die Glaubwürdigkeit des christlichen Zeugnisses schwer beschädigt.

Ökumene beginnt deshalb für die Christinnen und Christen mit der Erneuerung der Herzen und der Bereitschaft zu Buße und Umkehr. In der ökumenischen Bewegung ist Versöhnung bereits gewachsen.

Wichtig ist es, die geistlichen Gaben der verschiedenen christlichen Traditionen zu erkennen, voneinander zu lernen und sich so beschenken zu lassen ...

Wir verpflichten uns,

Selbstgenügsamkeit zu überwinden und Vorurteile zu beseitigen, die Begegnung miteinander zu suchen und füreinander da zu sein..." (Charta Oecumenica II, 3).

Karl Heinz Voigt

(Karl Heinz Voigt ist Pastor der Evangelisch-methodistischen Kirche und war Mitglied der Ökumene-Kommission der EKD.)

Würdigung für Philip Potter

Am 31. März ist Philip Potter, der ehemalige Generalsekretär des Ökumenischen Rates der Kirchen, im 93. Lebensjahr in Lübeck gestorben. Philip Potter war nach der ersten Pionier-Generation die überragende Gestalt der ökumenischen Bewegung, der er als der erste Generalsekretär des Ökumenischen Rates der Kirchen (ÖRK) aus der südlichen Hemisphäre ihre weltweite Ausrichtung gegeben hat.

Philip Potter wurde am 19. August 1921 als einziges Kind einer methodistischen Mutter und eines römisch-katholischen Vaters in Dominica, einer kleinen Insel in der Karibik geboren. Obwohl er die längste Zeit seines Lebens außerhalb seiner Ursprungsregion gelebt hat, war er sich seiner Herkunft, in der sich afrikanische, karibische, schottische, irische und französische kulturelle Einflüsse verbanden, sehr bewusst. Schon früh fühlte er sich zum kirchlichen Dienst berufen, aber die ersten Lehrjahre nach dem Schulabschluss führten ihn zunächst als Praktikant in ein Anwaltsbüro und dann als Assistent an die Seite des Staatsanwalts von Dominica. Dann jedoch folgte er seinem inneren Ruf und nahm im Alter von 19 Jahren das Theologiestudium im Methodistischen Caenwood Theological College in Jamaica auf. 1943 schloss er seine erste theologische Ausbildung am Richmond College in London ab. Es folgten vier Jahre, in denen er als missionarischer Prediger in einer der ärmsten Regionen auf Haiti wirkte. Zugleich diente er von 1944–1947 dem Student Christian Movement (SCM) in Jamaica als Studiensekretär. In dieser Eigenschaft nahm er 1947 an der Weltkonferenz Christlicher Jugend in Oslo teil und wurde dann bei der ersten Vollversammlung des Ökumenischen Rates in Amsterdam (1948) Sprecher der Jugenddelegierten.

Nach der Vollversammlung kehrte er für ein theologisches Aufbaustudium nach England zurück. Es war die Absicht seiner Methodistischen Kirche, dass er danach nach Jamaica zurückkehren sollte, um Hebräisch und Altes Testament zu unterrichten. Die biblische Theologie und die Erforschung der altorientalischen Sprachen blieb lebenslang sein Schwerpunktinteresse. Seine Teilnahme an den ökumenischen Konferenzen in Oslo und Amsterdam hatten jedoch eine „ökumenische Bekehrung" bewirkt, die zur

Folge hatte, dass er in London die Aufgabe des internationalen Sekretärs des Britischen SCM übernahm. In dieser Eigenschaft nahm er an der 2. Vollversammlung des ÖRK in Evanston (1954) teil und wurde danach in den Stab der Jugendabteilung des ÖRK nach Genf berufen, deren Leitung er als Direktor 1958 übernahm. Vor dem Wechsel nach Genf hatte er Doreen Cousins, eine ausgebildete Musikerin aus Jamaika, geheiratet, mit der er bis zu ihrem frühen Tod 1980 eng verbunden blieb. Nach der 3. Vollversammlung des ÖRK in Neu-Delhi (1961) kehrte er noch einmal nach England zurück und wirkte bis 1967 als internationaler Sekretär der Methodistischen Missionsgesellschaft mit besonderem Schwerpunkt in Westafrika und der Karibik. Gleichzeitig wählte ihn der Christliche Studentenweltbund für die Zeit von 1960-1968 zu seinem Präsidenten.

Seine Mitwirkung als leitender Mitarbeiter einer Missionsgesellschaft an der Aufgabe, die Integration des Internationalen Missionsrates mit dem ÖRK umzusetzen, und seine frühere Mitarbeit im ÖRK als Direktor der Jugendabteilung waren der Hintergrund für seine Berufung in die Leitung der neu gebildeten Kommission des ÖRK für Weltmission und Evangelisation im Jahr 1967. In dieser Funktion trug er entscheidend zur Neuausrichtung des ökumenischen Missionsverständnisses bei der 4. Vollversammlung in Uppsala (1968) bei und prägte die Vorbereitungen der wichtigen Weltmissionskonferenz in Bangkok 1972/3. Bereits im August 1972 wurde er dann zum 3. Generalsekretär des ÖRK und Nachfolger von Dr. Eugene Carson Blake gewählt. Nach zweimaliger Wiederwahl hat er dieses Amt 12 Jahre lang bis Ende 1984 ausgeübt. In seine Zeit als Generalsekretär fielen die beiden wichtigen Vollversammlungen in Nairobi (1975) und Vancouver (1983) sowie weitsichtige programmatische Initiativen wie das Programm zur Bekämpfung des Rassismus, das Programm für den Dialog mit Menschen anderen Glaubens, sowie das ökumenische Engagement im kirchlichen Entwicklungsdienst. Auch die Veröffentlichung der grundlegenden Konvergenztexte zum Verständnis und der Praxis von Taufe, Eucharistie und Amt sowie die einflussreiche Studie über die Gemeinschaft von Frauen und Männern in der Kirche fielen in seine Amtszeit.

Nachdem Philip Potter aus seinem Amt als Generalsekretär ausgeschieden war, heiratete er in zweiter Ehe die deutsche Theologin Bärbel Wartenberg, die zuvor Direktorin des Referats für Frauen in Kirche und Gesellschaft beim ÖRK gewesen war. Mit ihr ging er 1985 noch einmal nach Jamaika, wo beide fünf Jahre lang als Studentenpfarrer und Dozenten am United Theological College in Kingston wirkten. Im Jahr 1991 folgte er, nunmehr im Ruhestand, seiner Frau Bärbel nach Deutschland, der eine

Pfarrstelle in Stuttgart übertragen worden war. Anschließend übernahm sie für einige Jahre die Leitung der Ökumenischen Centrale in Frankfurt, bis sie im Jahr 2000 zur Bischöfin der Nordelbischen Kirche in Lübeck gewählt wurde. Dort hat er bis zu seinem Tod weitgehend zurückgezogen gelebt.

Philip Potter erfuhr zahlreiche Ehrungen. 1971 verlieh ihm die Theologische Fakultät in Hamburg einen theologischen Ehrendoktor, dem weitere Ehrenpromotionen in Genf, Bukarest, Berlin, Uppsala, Birmingham, Kapstadt und Wien folgten. Besonders wichtig war ihm die Verleihung des japanischen Niwano Friedenspreises und des „Oliver Tambo Ordens" in Anerkennung seiner Verdienste für die Überwindung der Apartheid in Südafrika. Sein intensives ökumenisch-theologisches und missions-theologisches Nachdenken schlug sich vor allem in zahlreichen Reden, Vorträgen und Aufsätzen nieder. Eine erste Zusammenstellung wichtiger Texte erschien 1982 in Frankfurt unter dem Titel „Leben in seiner ganzen Fülle". Als eine Freundesgabe zu seinem 90. Geburtstag wurde eine größere Auswahl seiner Texte und Reden aus vierzig Jahren veröffentlicht unter dem Titel „...damit Du das Leben wählst" (Göttingen 2011). Zusammen mit Thomas Wieser erarbeitete Philip Potter in seinem Ruhestand eine Geschichte der ersten 100 Jahre des Christlichen Studentenweltbundes, die 1997 unter dem Titel „Seeking and Serving the Truth" in Genf erschien. Seinen lange gehegten Plan, eine Geschichte des ökumenischen 20. Jahrhunderts im Spiegel seiner eigenen Lebenserfahrungen zu schreiben, musste er wegen nachlassender Kräfte aufgeben.

Philip Potter ist im kirchlichen Umfeld in Deutschland vor allem durch sein engagiertes Eintreten im Kampf gegen den Rassismus sowie für weltweite wirtschaftliche Gerechtigkeit und eine internationale Friedensordnung bekannt geworden. Dahinter traten in der öffentlichen Wahrnehmung seine in der methodistischen Tradition verwurzelte Leidenschaft für ein glaubwürdiges missionarisches Zeugnis und für die ökumenische Erneuerung der Kirche zurück. Für viele ökumenisch engagierte Christinnen und Christen an der Basis ist Philip Potter jedoch zu einer Symbolfigur für die ökumenische Vision geworden, die er in seinem Leben und Wirken eindrücklich verkörperte. Unter drei Gesichtspunkten soll abschließend das reiche Vermächtnis von Philip Potter verdeutlicht werden.

Das *erste* ist sein Verständnis der Kirche als „wanderndes Gottesvolk" mit einem prophetischen Auftrag. Auf Grund seiner Prägung in der Methodistischen Tradition von missionarischen Wanderpredigern sah er sich zur prophetischen Evangelisation aufgerufen und suchte, wie die biblischen

Propheten, den Willen Gottes angesichts der Stürme der menschlichen Geschichte zu verstehen. Immer wieder zitierte er den Schlusssatz des Berichtes der Sektion „Zeugnis" bei der 3. Vollversammlung in Neu-Delhi, der von „der Kirche der Pilgrime (sprach), die kühn wie Abraham in die unbekannte Zukunft vorwärtsschreitet, die sich nicht fürchtet, die Sicherheiten der herkömmlichen Strukturen hinter sich zu lassen, die zufrieden ist, im Zelt ständiger Wandlungsbereitschaft zu wohnen, und die auf die Stadt wartet, deren Baumeister und Schöpfer Gott ist". Stets mühte er sich darum, die priesterliche Aufgabe der Versöhnung und der Förderung von Gemeinschaft zu verbinden mit dem prophetischen Auftrag, ungerechte Strukturen aufzudecken und bereit zu sein, die Sicherheiten der eigenen Tradition und Kultur zurückzulassen und in eine unbekannte Zukunft aufzubrechen.

Der *zweite* Aspekt betrifft den „Dialog der Kulturen". Er war überzeugt, dass eine evangelisierende Kirche den Dialog mit der modernen Welt suchen muss. In seiner großen Rede vor der römischen Bischofssynode 1974 sagte er: „Dialog ist…eine Existenzform, es ist die Weise des fleischgewordenen Herrn, der als Knecht unter Menschen lebt und ihnen gegenüber offen und verwundbar ist. Es ist der Weg des Kreuzes." Dieses Verständnis der dialogischen Existenz war für ihn eng verbunden mit seiner Herkunft aus einer Region, die durch den Dialog der Kulturen geprägt ist. Zum Abschluss eines Symposiums über den „Dialog der Kulturen" aus Anlass seines Ausscheidens aus dem Amt des Generalsekretärs 1984 sagte er: „Ich stamme ja zufällig aus einer Gegend, in der vermutlich die früheste, intensive und auch einigermaßen gewalttätige Begegnung der Kulturen stattfand … Darum ist dieser Dialog der Kulturen mein ganzes Leben hindurch in mir selbst abgelaufen…Ich habe die Begegnung der Kulturen nicht als Bedrohung, sondern als Verheißung und Freude erlebt." Es war diese persönliche Erfahrung, die ihn besonders sensibel machte für die Einsicht, dass Gott sich uns Menschen in dialogischer Form zugewandt hat und dass unsere Antwort immer geprägt ist durch unsere unterschiedlichen Kulturen. Nur wenn wir uns für den Dialog der vielen menschlichen Kulturen öffnen, fangen wir an, die Fülle der göttlichen Gabe des Lebens zu erfassen. Diesen weltweiten Dialog der Kulturen zu fördern, sah er als konstitutiven Auftrag der ökumenischen Bewegung.

Der *dritte* Gesichtspunkt ist seine Bemühung um die Öffnung der ökumenischen Vision. In seinem ersten Bericht als Generalsekretär unterstrich er, dass mit dem Wort „ökumenisch" nicht nur das Zusammenkommen der Kirchen gemeint sei, sondern „in zutiefst biblischer Sicht, die ‚ganze bewohnte Erde' von Männern und Frauen in dem Ringen, das zu sein, was sie im Heilsplan Gottes sein sollen." Für ihn gehörte die Suche nach der Einheit der Kirche unlösbar zusammen mit der Förderung der weltweiten menschlichen Gemeinschaft in Gerechtigkeit und Frieden. Immer wieder kam er zurück auf den Verweis im Hebräerbrief auf die „zukünftige oikoumene" (Hebr 2,5). Er verstand sie als die neue Menschheit, deren Anfänger Jesus Christus ist. Ihm war besonders wichtig, dass der Hebräerbrief (13,14) und die Offenbarung des Johannes (Kap. 21) diese zukünftige Ökumene im Bild der Stadt Gottes sehen. Es sah die Kirchen als das wandernde Gottesvolk auf einem Pilgerweg geleitet von der Vision der künftigen Stadt Gottes. In Städten gewinnt das Zusammenleben in menschlicher Gemeinschaft Gestalt. Ihre Lebensfähigkeit hängt davon ab, ob der Dialog der Kulturen gelingt. Die große Mehrzahl der Christen lebt heute in rasch wachsenden Stadtregionen. Hier wird die Pluralität der Kulturen sowohl als Bedrohung und Quelle von Gewalt wie als Angebot wechselseitiger Bereicherung erfahren. Dies war daher für ihn der Kontext, in dem die ökumenische Vision Gestalt annehmen muss. – Diese drei Perspektiven werden auch über seinen Tod hinaus für die ökumenische Bewegung von Bedeutung bleiben.

Konrad Raiser

(Prof. Dr. Konrad Raiser war von 1993 bis 2003 Generalsekretär des Ökumenischen Rates der Kirchen.)

Gestern – heute – morgen

Die Armenisch-Apostolische Kirche, die Evangelische Kirche in Deutschland (EKD) und die Deutsche Bischofskonferenz in Zusammenarbeit mit der Arbeitsgemeinschaft Christlicher Kirchen in Deutschland (ACK) erinnerten mit einem Gottesdienst im Berliner Dom am 23. April an *100 Jahre Völkermord an den Armeniern, Aramäern und Pontos-Griechen.* Nach dem Gottesdienst sprach Bundespräsident Joachim Gauck und erinnerte ausdrücklich an den „Völkermord" und die bleibende Aufgabe, die Erinnerung wachzuhalten.

Für die Evangelische Kirche in Deutschland (EKD) war es der Start in die heiße Phase vor dem Reformationsjubiläum: Vom 30. April bis 3. Mai kamen die *12. Synode der EKD* und mit ihr di*e Generalsynode der VELKD* und die *Vollkonferenz der UEK* zu ihren konstituierenden Tagungen in Würzburg zusammen. Auf dem Programm standen personelle Weichenstellungen, wie die Wahl eines neuen Synodenpräsidiums, und inhaltliche Markierungen. Ökumenisch besonders relevant war der kurze und prägnante Ratsbericht, den der im November in Dresden gewählte Ratsvorsitzende Heinrich Bedford-Strohm zum ersten Mal präsentierte.

Der Internationale Bischofsrat der Evangelisch-methodistischen Kirche (EmK) tagte vom 1. bis zum 7. Mai erstmals in Deutschland, und zwar in Berlin. In der Regel kommt der Bischofsrat in den USA zusammen. Jährlich findet mindestens eine Sitzung statt. Alle vier Jahre wird eine Tagung außerhalb den USA durchgeführt. Der Präsident des Bischofsrats leitet die Ratssitzungen, hat über die anderen Ratsmitglieder aber keine besondere Autorität oder Weisungsbefugnis. Präsident des Bischofsrats ist Warner H. Brown jun., Bischof der Kalifornien-Nevada-Konferenz. Seine Vorgängerin als Ratspräsidentin war Bischöfin Rosemarie Wenner. Bei der Tagung in Berlin wurde eine neue Führungsspitze bestimmt, die ab 2016 die Amtsgeschäfte übernimmt. Präsident ist dann Bischof Bruce R. Ough. Der Internationale Bischofsrat forderte in einem Aufruf, alle Christen in der EmK auf, Rassismus zu überwinden und Vielfalt zu schätzen und „über die eigenen rassistischen Vorurteile und den Missbrauch von Privilegien Buße zu tun". Menschliches Miteinander könne nicht im Hinwegsehen über kulturelle und ethnische Unterschiede entstehen, „sondern indem wir die Vielfalt achten und allen Menschen mit Wertschätzung begegnen".

Die beiden großen Kirchen in Deutschland haben zum *70. Jahrestag des Endes des Zweiten Welt-*

kriegs an die Schrecken des Krieges, an Schuld und Versöhnung erinnert. „Für Deutschland war der 8. Mai ein Tag des geschenkten und unverdienten Neubeginns", schreiben der EKD-Ratsvorsitzende, Landesbischof Heinrich Bedford-Strohm, und der Vorsitzende der katholischen Deutschen Bischofskonferenz, Reinhard Kardinal Marx.

Die wichtigste *altkatholisch/ griechisch-orthodoxe Begegnung* seit dem erfolgreichen Abschluss ihres offiziellen Dialogs 1987 hat am 22. und 23. Mai in Zürich stattgefunden. Unter dem Leitthema „Die orthodoxe und die altkatholische Kirche und ihre Verantwortung für ein zusammenwachsendes Europa" referierten und diskutierten Bischöfe, Geistliche, Theologinnen und Theologen aus der Schweiz, Griechenland, Deutschland, Serbien, den Niederlanden und Österreich über den Stand und die Aufgaben ihrer bilateralen Ökumene.

Insgesamt 22.000 Besucher folgten der Einladung zu einem *Ökumenischen Kirchentag der Pfalz* am Pfingstwochenende (23./ 24. Mai) nach Speyer. Allein 4.000 Gläubige haben sich im Domgarten zum Abschlussgottesdienst des Ökumenischen Kirchentages versammelt. Er wurde von Geistlichen aus neun christlichen Konfessionen gemeinsam gestaltet. Der ÖKT stand unter dem Leitwort „*Aufstehen zum Leben*". Bischof Karl-Heinz Wiesemann, Bischof von Speyer und zugleich Vorsitzender

der ACK in Deutschland, und der evangelische pfälzische Kirchenpräsident Christian Schad unterzeichneten im Abschlussgottesdienst den *„Leitfaden für das ökumenische Miteinander im Bistum Speyer und in der Evangelischen Kirche der Pfalz"* und übergaben ihn an die Dekaninnen und Dekane als Vertreter der Pfarreien und Kirchengemeinden sowie an den Vorsitzenden der Arbeitsgemeinschaft Christlicher Kirchen in der Region Südwest (ACK), Pastor Jochen Wagner. Der Leitfaden ist ein bundesweit einmaliges Dokument der ökumenischen Zusammenarbeit. Er zeigt Perspektiven auf, wie angesichts struktureller Veränderungen in beiden großen Kirchen die ökumenische Verbundenheit bewahrt und weiter gestärkt werden kann.

Vom 26. bis 29. Mai trafen sich die *Generalsekretäre der Nationalen Kirchenräte (NCCs)* Europas zu ihrem jährlichen Austausch in Berlin. Sie berieten zu dem vom Ökumenischen Rat der Kirchen (ÖRK) ausgerufenen *„Pilgerweg der Gerechtigkeit und des Friedens"*, diskutierten mit Mitgliedern des Deutschen Bundestages sowie dem Büro des Bevollmächtigten der Evangelischen Kirche in Deutschland bei der Bundesregierung über das Verhältnis von Kirche und Staat. Sie informierten sich über Maßnahmen der Politik, verfolgte und bedrängte Christen sowie religiöse Minderheiten zu schützen. Das nächste Treffen findet im Mai 2016 in Lissabon statt.

Mit einem Appell für eine humane Flüchtlingspolitik und einem Abschlussgottesdienst ist der *35. Deutsche Evangelische Kirchentag* (3. bis 7. Juni, Motto: „damit wir klug werden") beendet worden. Die Flüchtlingskrise war ein wichtiges Thema des Kirchentages. Prominente Politiker statteten dem Kirchentag einen Besuch ab. Bundespräsident Joachim Gauck diskutierte mit dem Politologen Hartmut Rosa über das Zusammenspiel von Politik und Gesellschaft. Bundeskanzlerin Angela Merkel widmete sich in einem Vortrag der Frage „Digital und klug? Wie wir Wirtschaft und Gesellschaft gestalten". Erhard Epppler, mehrfacher Kirchentagspräsident und Vertreter der Friedensbewegung, verabschiedete sich in einer Bibelarbeit mit der Auslegung eines Matthäus-Textes.

Die *zentrale Feier des Ökumenischen Tages der Schöpfung* wird am 4. September 2015 in Borna bei Leipzig begangen. Die Feier steht unter dem Motto *„Zurück ins Paradies?"*. Borna ist vom Braunkohletagebau gekennzeichnet. Nach dem Abbau wurde die Landschaft renaturiert und es entstand das Leipziger Neuseenland. Dies hat aber auch neue Probleme geschaffen. Der diesjährige Ökumenische Tag der Schöpfung thematisiert daher die Frage, was wir unter einem Paradies verstehen und was dies für unser Verhältnis zur Natur bedeutet. Die Materialien zum Ökumenischen Tag der Schöpfung können über den Shop der ACK (http://shop.oekumene-ack.de) bestellt oder unter www.schoepfungstag.info heruntergeladen werden. Dort sind auch weitere Informationen zum Schöpfungstag zu finden.

Am 13. September beginnt der *Ökumenische Pilgerweg für Klimagerechtigkeit „Geht doch!"* von Flensburg über Trier nach Paris. Ein breites ökumenisches Bündnis aus Landeskirchen, Diözesen, christlichen Entwicklungsdiensten, Missionswerken und Verbänden lädt zu dem Pilgerweg ein. Einer der Schirmherren ist Landesbischof Heinrich Bedford-Strohm, Ratsvorsitzender der Evangelischen Kirche in Deutschland (EKD): „Klimaschutz und globale Gerechtigkeit gehören eng zusammen. Unser Glaube gibt uns Kraft, uns für beides einzusetzen – dies wird der Ökumenische Pilgerweg für Klimagerechtigkeit deutlich machen." Am 27. November erreichen die Pilger Paris, wo am 28. November eine interreligiöse Abschlussveranstaltung stattfinden soll. In Paris tagt vom 30. November bis zum 11. Dezember die UN-Klimakonferenz. Ein neues internationales Klimaabkommen soll beschlossen werden. Das Bündnis von Kirchen und Hilfswerken möchte im Vorfeld auf die globale Dimension des Klimawandels aufmerksam machen, die Diskussion um Gerechtigkeitsfragen voranbringen und ein sichtbares Zeichen für ein gerechtes neues Abkommen setzen. Eine Anmeldung zum Mitpilgern (für die ganze Strecke, oder für einzelne Etappen und Tagestouren; als Privatperson, als Gemeinde) ist möglich unter http://www.klimapilgern.de/anmeldung.

Der Ökumenische Rat der Kirchen (ÖRK) lädt Mitgliedskirchen und kirchliche Organisationen ein, vom 20. bis 26. September an einer *Aktionswoche für einen gerechten Frieden in Palästina und Israel* teilzunehmen, um so ein gemeinsames internationales Zeugnis für den Frieden abzulegen. Während der weltweiten Aktionswoche werden Kirchen aus verschiedenen Ländern ein eindeutiges Signal an die politischen Entscheidungsträger, die Öffentlichkeit und die eigenen Gemeinden senden, dass ein Friedensabkommen, das die Rechte und die Zukunft beider Völker sichert, dringend notwendig ist. Die Woche steht unter dem Motto „God has broken down the dividing walls".

Der *36. Deutsche Evangelische Kirchentag (DEKT)* vom 24. bis 28. Mai 2017 wird ganz im Zeichen der protestantischen Feier zum Reformationsjubiläum stehen. Die Veranstalter – erstmals in Kooperation der Kirchentag und die Evangelische Kirche in Deutschland (EKD) – stellt das Vorhaben vor besondere organisatorische Herausforderungen. Das nächste Treffen soll sich auf Berlin und Wittenberg sowie sieben regionale „Kirchentage auf dem Weg" aufteilen: in Magdeburg, Erfurt, Jena/Weimar, Dessau-Roßlau, Halle/Eisleben und Leipzig. Der große Abschlussgottesdienst soll am 28. Mai auf den Elbwiesen vor Wittenberg stattfinden. Präsidentin des 36. DEKTs wird die Schweizerin Christina Aus der Au, Systematische Theologin und Geschäftsführerin am Zentrum für Kirchenentwicklung an der Universität Zürich.

Von Personen

Colin Williams, ehemaliger Generalsekretär der Konferenz Europäischer Kirchen (KEK), ist neuer „Erzdiakon für Deutschland und Skandinavien" in der Anglikanischen Diözese für Europa mit Sitz in Frankfurt (Main).

Ulrich Seelemann, Altkonsistorialpräsident der berlin-brandenburgischen Landeskirche und *Jan von Campenhausen* leiten seit 1. März die Wittenberger Geschäftsstelle der EKD. Ihr früherer Direktor *Michael Wegner* ist seit Dezember Superintendent im thüringischen Altenburg. Seelemann und von Campenhausen leiten auch die Evangelische Wittenberg-Stiftung, zu der u. a. das EKD-Zentrum für Predigtkultur gehört.

Die 12. Synode der Evangelischen Kirche in Deutschland (EKD) hat auf ihrer konstituierenden Sitzung in Würzburg ein neues Präsidium gewählt. *Irmgard Schwaetzer* ist in ihrem Amt als Präses der Synode bestätigt worden. Dem Präsidium gehören sieben Mitglieder an: *Klaus Eberl, Elke König* als stellvertretende Präsides, *Sabine Blütchen, Andreas Lange, Jonas Straßer* und *Viva-Katharina Volkmann* als Beisitzerinnen und Beisitzer des Präsidiums.

Christian Schad, Kirchenpräsident der Evangelischen Kirche der Pfalz, ist von der Vollkonferenz der Union Evangelischer Kirchen (UEK) als Vorsitzender bestätigt worden. Als stellvertretende Vorsitzende wiedergewählt wurden der Kirchenpräsident der Evangelischen Kirche in Hessen und Nassau, *Volker Jung* (Darmstadt), und die Präsidentin des Landeskirchenamtes der Evangelischen Kirche in Mitteldeutschland, *Brigitte Andrae* (Erfurt). Ebenfalls wiedergewählt wurde auf der verbundenen Synodaltagung in Würzburg *Wilfried Hartmann* als Präsident der Generalsynode der Vereinigten Evangelisch-Lutherischen Kirche Deutschlands (VELKD).

Der Hamburger Propst *Horst Gorski* wird neuer Leiter des Amtes der VELKD und Vizepräsident im EKD-Kirchenamt in Hannover. Das haben die Kirchenleitung der Vereinigten Evangelisch-Lutherischen Kirche Deutschlands (VELKD) und der Rat der Evangelischen Kirche in Deutschland (EKD) im Benehmen mit EKD-Kirchenkonferenz und VELKD-Bischofskonferenz beschlossen. Er tritt im Herbst die Nachfolge von *Friedrich Hauschildt* an, der im Sommer in den Ruhestand geht.

Michael Diener, Präses des pietistischen Gnadauer Gemeinschaftsverbandes und Vorsitzender der Deutschen Evangelischen Allianz, ist in die neue EKD-Synode berufen worden, die sich vom 1. bis 3. Mai in Würzburg konstituiert hat.

ÖR 64 (3/2015), S. 448–451

Claudio Kullmann, Politologe aus dem Eichsfeld und bisher Programmbereichsleiter bei den Deutschen Katholikentagen, ist neuer Geschäftsführer der Akademie „Katholisches Forum" und des Bildungswerks des Bistums Erfurt.

Martin Engels ist neuer Moderator (Vorsitzender) des Reformierten Bundes in Deutschland. Er wurde zum Nachfolger des nach 25-jähriger Amtszeit ausgeschiedenen *Peter Bukowski* gewählt. Der Bund ist der Dachverband von rund zwei Millionen reformierten Christen.

Jörg Antoine, bisher Vorstandsmitglied des Diakonischen Werks evangelischer Kirchen in Niedersachsen, hat sein neues Amt als Konsistorialpräsident der Evangelischen Kirche Berlin-Brandenburg-schlesische Oberlausitz angetreten.

Martin Schindehütte, Alt-Auslandsbischof der EKD, ist neuer Vorsitzender der „Expertenrunde Frieden der hannoverschen Landeskirche". Er ist Nachfolger von *Geiko Müller-Fahrenholz.* Das rund ein Dutzend Mitglieder umfassende Gremium begleitet die Friedensarbeit der Landeskirche.

Christian Reiser, westfälischer Pfarrer, wird im Sommer Direktor der Gossner-Mission, die ihren Sitz in Berlin hat. Er folgt *Ulrich Schöntube,* der ein Berliner Pfarramt übernommen hat. Die von dem schwäbischen Pfarrer Johannes Evangelista Gossner (1773–1858) gegründete Mission, die von sechs Landeskirchen unterstützt wird, setzt sich für sozial benachteiligte Menschen in Indien, Nepal, Sambia und Deutschland ein und betreibt verschiedene Bildungs- und Gesundheitsprojekte.

Till Wahnbaeck, Historiker und zuletzt Geschäftsführer des Verlags Gräfe und Unzer, hat zum 1. Mai die Nachfolge von *Wolfgang Jamann* als Vorstandsvorsitzender der Deutschen Welthungerhilfe in Bonn angetreten. Jamann ist seit März Direktor des Hilfswerks „Care International" in Genf/Schweiz.

Der Bundesrat des Bundes Evangelisch-Freikirchlicher Gemeinden in Deutschland, das höchste Beschlussgremium der Baptisten, wählte auf seiner diesjährigen Tagung vom 13. bis 16. Mai in Kassel *Michael Noss* zum neuen Präsidenten. Michael Noss ist Pastor der Evangelisch-Freikirchlichen Gemeinde Berlin-Schöneberg, außerdem Coach und Unternehmensberater. Er gehört seit 2013 zum Präsidium des BEFG. Noss löst in diesem Amt *Hartmut Riemenschneider* ab, der 13 Jahre dem Präsidium des BEFG angehörte, davon sechs Jahre als Präsident. Riemenschneider und seine Stellvertreterin, Renate Girlich-Bubeck, kandidierten nicht mehr für das Präsidium.

Friedhelm Schneider, Leiter der Arbeitsstelle Frieden und Umwelt der Evangelischen Kirche der Pfalz, wurde am 31. Mai mit einem feierlichen Gottesdienst in den Ruhestand verabschiedet.

Carsten Rentzing ist als Nachfolger des scheidenden Landesbischofs *Jochen Bohl* zum neuen Landesbischof der Evangelisch-Lutherischen Landeskirche Sachsens gewählt worden.

Dieter Heidtmann ist zum 1. Juni als Studienleiter aus dem Dienst der Evangelischen Akademie Bad Boll ausgeschieden und hat die Leitung des Kirchlichen Dienstes in der Arbeitswelt (KDA) Baden im Evangelischen Oberkirchenrat in Karlsruhe übernommen.

Ralph Charbonnier, Superintendent im hannoverschen Burgdorf, wird am 1. Juni Referent für Sozial- und Gesellschaftspolitische Fragen im Kirchenamt der EKD. Er folgt *Cornelia Coenen-Marx* nach, die in den Ruhestand trat.

Samuel W. Meschak, indischer lutherischer Theologe und Kommunikationswissenschaftler, ist für vier Jahre zum Präsidenten der ökumenischen Weltvereinigung für Christliche Kommunikation (WACC) gewählt worden. Meschak, bisher Sekretär, ist der erste Asiate in dieser Position. Er ist Nachfolger von *Dennis A. Smith,* der dieses Amt seit acht Jahren innehatte.

Papst Franziskus hat *Heiner Koch,* erst seit März 2013 Bischof von Dresden-Meißen, zum Berliner Erzbischof ernannt. Er tritt die Nachfolge von *Rainer Maria Kardinal Woelki* an, der seit September 2014 Erzbischof von Köln ist.

Tadeusz Kondrusiewicz, Erzbischof von Minsk, ist neuer Vorsitzender der Weißrussischen Bischofskonferenz. Sein Vorgänger, *Aleksander Kaszkiewicz,* Bischof von Grodno, hatte dieses Amt seit 2006 inne.

Macarius Maletytsch von Lviv, seit Februar kommissarischer Leiter der Ukrainischen Autokephalen Orthodoxen Kirche, wurde zu ihrem neuen Oberhaupt gewählt. Er ist Nachfolger des verstorbenen Metropoliten *Mefodi*.

Mit der Londoner Erzdiakonin *Rachel Treweek* ist erstmals in der Geschichte der anglikanischen Kirche von England eine Frau zur Diözesanbischöfin berufen worden. Sie wird das Bistum Gloucester leiten. Sie wird als erste Frau auch auf der geistlichen Bank des Oberhauses Platz nehmen. Zuvor wurden *Libby Lane* in Stockport und *Alison White* in Hull zur Regionalbischöfin berufen.

Burhan Kesici, Generalsekretär des Islamrats für die Bundesrepublik Deutschland, ist neuer Vorsitzender des ältesten Spitzendachverbands der Muslime in Deutschland. Er löst *Ali Kizilkaya* ab, der nach 13 Jahren nicht mehr kandidiert hatte. Kesici ist auch Vizepräsident der Islamischen Föderation Berlin, die der umstrittenen Islamischen Gemeinschaft Milli Görüs nahesteht.

Mit *Hülya Ceylan* ist zum ersten Mal eine Frau zur neuen Vorsitzenden der Christlich-Islamischen Gesellschaft gewählt worden. Sie ist Nachfolgerin von *Wilhelm Sabri*

Hoffmann, der nach neun Jahren nicht wieder für den Vorsitz kandidierte. Hülya Ceylan ist Sozialpädagogin und arbeitet im Begegegnungszentrum der DiTiB-Moschee in Duisburg-Marxloh. In der Christlich-Islamischen Gesellschaft ist sie unter anderem als Koordinatorin der muslimischen Notfallbegleitung der Christlich-Islamischen Gesellschaft in Duisburg und Oberhausen aktiv.

Es vollendeten

das 75. Lebensjahr:

Walter Klaiber, Bischof em. der Evangelisch-methodistischen Kirche, früherer ACK-Vorsitzender und Mitherausgeber der Ökumenischen Rundschau, am 17. April;

das 85. Lebensjahr:

Theodor Schneider, em. Ordinarius für Dogmatik und Ökumenische Theologie der Katholisch-Theologischen Fakultät der Universität Mainz, lange Jahre Mitglied des Deutschen Ökumenischen Studienausschusses (DÖSTA) und Mitherausgeber der Ökumenischen Rundschau, von 1989 bis 2005 Wissenschaftlicher Leiter (kath.) des Ökumenischen Arbeitskreises evangelischer und katholischer Theologen (Jäger-Stählin-Kreis), am 22. Mai;

das 95. Lebensjahr:

Nasrallah Pierre Kardinal Sfeir, ehemaliger maronitischer Patriarch von Antiochien und dem ganzen Orient (1986–2011), am 15. Mai.

Es starben:

Peter Steinacker, von 1993 bis 2008 Kirchenpräsident der Evangelischen Kirche in Hessen und Nassau, im Alter von 72 Jahren, am 14. April;

Elio Toaff, ehemaliger römischer Oberrabbiner, leitete ein halbes Jahrhundert lang, von 1951 bis 2001, die größte jüdische Gemeinde Italiens, im Alter von 99 Jahren, am 19. April;

Thomas J. Connolly, in den USA von 1971 bis 1999 Bischof der Diözese Baker im Osten des Bundesstaats Oregon, im Alter von 93 Jahren, am 24. April;

Giovanni Kardinal Canestri, von 1987 bis 1995 Erzbischof von Genua, im Alter von 96 Jahren, am 29. April;

Alois Lang, früherer Generalvikar des Bistums Fulda (1985–1995), im Alter von 85 Jahren, am 4. Juni;

Anthimos Drakonakis, langjähriger griechischer Pfarrer und Generalvikar in Deutschland, Bischof der Griechisch-Orthodoxen Erzdiözese von Amerika, Ende Mai bei Boston in den USA.

Zeitschriften und Dokumentationen

I. Ökumenische Bewegung

Wolfgang Thönissen, Eucharistie und Communio der Kirche(n). Ist Kirchengemeinschaft ökumenisch heute möglich?, Catholica 1/15, 14–36;
Harding Meyer, „Einheit in versöhnter Verschiedenheit". Eine ökumenische Zielvorstellung. Ihre Absicht, Entstehung und Bedeutung, Kerygma und Dogma 2/15, 83–106;
Theodor Dieter, Gewaltige Selbstverpflichtung, Rede zum 50-jährigen Bestehen des Ökumene-Instituts in Straßburg, KNA-ÖKI 19/15; Dokumentation I–IV.

II. Konzil von Konstanz

Matthias Meyer, Jan Hus und die Ökumene, Herrnhuter Bote, 5/15, 10–11;
Tim Lorentzen, Einheit und Zweiheit der Kirche. Johannes Hus und seine gescheiterte Vernichtung, MDKonfInst 02/15, 23–26;
Jaroslav Švebek, Transformationen des tschechischen kollektiven Gedächtnisses an Jan Hus in der modernen Zeit – das zweite Leben des Kirchenreformators im 19. und 20. Jahrhunderts, ebd., 27–29;
Martin Rothkegel, Jan Hus in der Reformation und im Protestantismus, ebd., 30–33;
Gunther Wenz, Causae constancienses. Zum Konzil von Konstanz 1414–1418, Kerygma und Dogma 2/15, 157–177.

III. Gedenken an den Völkermord an den Armeniern

Jürgen Gottschlich, Auf dem Weg zur Entschuldigung. Wie in der Türkei der Völkermord an den Armeniern diskutiert wird, Zeitzeichen 4/15, 8–11;
Rolf Hossfeld, Eine deutsche Ausnahme. Warum sich der protestantische deutsche Patriot Johannes Lepsius gegen die Regierung stellte, ebd., 12–14;
Reinhard Kardinal Marx, Den Blick auf die Opfer lenken. Völkermord an Armeniern konfrontiert mit menschlichen Abgründen, KNA-ÖKI 18/15, Dokumentation I–III;
Heinrich Bedford-Strohm, Die eigene Mitschuld anerkennen. Genozid von 1915 und das deutsche Verbrechen der Schoah mahnen, ebd., Dokumentation IV–V.

IV. Reformation

Thies Gundlach, Die Reformation gehört allen. Luthers Thesenanschlag 1517 sollte ein „Erinnerungsort" für das kollektive Gedächtnis werden, Zeitzeichen 4/15, 19–21;
Thomas Söding, Reformation auf dem Prüfstand. Die ökumeni-

sche Debatte vor 2017 – aus katholischer Sicht, Catholica 1/15, 1–13.

V. Genderfragen

Claudia Janssen, Angst vor der Vielfalt. Aktueller Transformationsprozess: Warum Geschlechterfragen Zukunftsfragen sind, Zeitzeichen 4/15, 41–43;
Michael Brinkschröder, Gleichgeschlechtliche Partnerschaften. Ein Thema auf den Familiensynoden, StimdZ 6/15, 363–374.

VI. Aus der Evangelischen Kirche

Henning Schluss, Normative Textsorte. EKD-Denkschrift: Herausforderungen für den Religionsunterricht, Zeitzeichen 4/15, 44–46;
Uwe Rieske, Distanz und Vergötterung. Der Protestantismus und Otto von Bismarck, der vor zweihundert Jahren geboren wurde, ebd., 47–49;
Bernd Oberdorfer, Bekenntnis und Gemeinschaft. Verständigungsprozesse im Luthertum, besonders im Lutherischen Weltbund, UnSa 2/15, 140–152;
Ellen Überschär, Wider das staatsförmige Kleid. Kritische Anfragen an die real existierende Volkskirche in Deutschland, Zeitzeichen 6/15, 40–43;
Wolfgang Huber, Beginn des Lebens. Vor siebzig Jahren ermordeten die Nazis den Theologen Dietrich Bonhoeffer, ebd., 4/15, 15–17.

VII. Aus der Orthodoxie

Viorel Ioniţă, Auf dem Weg zum Heiligen und Großen Konzil der Orthodoxen Kirche, UnSa 2/15, 82–92;
Athanasios Vletsis, Ein orthodoxer Primat? Die Neu-Gestaltung von Primatsvorstellungen unterwegs zur Einberufung des Panorthodoxen Konzil, ebd., 93–118;
Andrej Shishkov, Einige Besonderheiten der Position der Russischen Orthodoxen Kirche im panorthodoxen vorkonziliaren Prozess, ebd., 119–129;
Alexander Kyrleschew, Die weltweite Orthodoxie und die ukrainische Krise, Catholica 1/15, 37–50.

VIII. Aus den Freikirchen

Rainer W. Burkart, Die Mennonitische Weltkonferenz. Eine kongregationalistische Kirche sucht weltweite Gemeinschaft, UnSa 2/15, 130–139;
Hans-Jörg Voigt, Das heilige Vaterunser und der Dekalog – eine geistliche Betrachtung, LuThK, 4/14, 262–27.

IX. Streit um das Alte Testament

Notger Slenczka, Differenz tut Not. Systematische Erwägungen über das Alte Testamen, Zeitzeichen 6/15, 8–12;
Rochus Leonhardt, Viel Lärm um nichts. Beobachtungen zur auf-

geregten Diskussion um den Berliner Theologen Notger Slenczka, Zeitzeichen 6/15, 13–16.

X. Weitere interesssante Beiträge

Éric Manhaeghe, Le décret Ad gentes. Début d´une nouvelle ère missionaire, Revue théologique de Louvain 1/15, 27–56;
Emilio Brito, Dieu est-il nécessaire? L´approche d´Eberhard Jüngel, Revue théologique de Louvain, 1/15, 57–83;
Thomas Oehl, Die Theologie als Grammatik, Kerygma u. Dogma 2/15, 120–156;
Ulrich Beuttler, Gottes Gegenwart und der Raum. Der gelebte Raum als Ort der Anwesenheit Gottes, ThGespr 2/15, 55–69;
Andreas Löffler, Gott und Raum. Eine Reflexion über Inhalt und Methode des Entwerfens von „Gottesräumen", ThGespr 2/15, 77–83;
Thomas Bittner, Das Kreuz Jesu – ganz profan, StimdZ 6/15, 393–402.

XI. Dokumentationen

„*Aus der Taufe leben*", Broschüre der Vereinigten Evangelisch-Lutherischen Kirche Deutschlands (VELKD), die erstmals 2012 publiziert und nun wieder aufgelegt worden ist. Sie gehört zu einer Trilogie von Publikationen, die die Kernthemen des evangelischen Glaubens einprägsam, verständlich und informativ erschließt. Neben dem Booklet zur Taufe handelt es sich um Basisinformationen über das Abendmahl und über die Beichte. Diese sind unter den Titeln „Vom Abendmahl her leben" und „Von der Beichte leben" erschienen. Hinweis: „Aus der Taufe leben" kann im Amt der VELKD unter: E-Mail: versand@velkd.de gegen eine Schutzgebühr von 1,50 Euro (zzgl. Versandkosten) bestellt oder unter www.velkd.de heruntergeladen werden.

Die Evangelische Kirche in Deutschland (EKD) hat eine Studie zur Welternährung mit dem Titel *„Unser tägliches Brot gib uns heute"* veröffentlicht. Die Studie benennt Maßnahmen, mit denen Politik, Wirtschaft und Verbraucher den notwendigen Kampf gegen den Hunger weiter vorantreiben können.

„Die Bibel neu als Schatz entdecken", herausgegeben von der Arbeitsgemeinschaft Christlicher Kirchen in Deutschland (ACK), ist überarbeitet und um mehrere Beiträge erweitert worden. Die Broschüre kann zum Preis von 3 EUR unter http://shop.oekumene-ack.de/geistliche-oekumene bestellt werden.

Die Gebetswoche für die Einheit der Christen 2016 steht unter dem Motto „Berufen, die großen Taten des Herrn zu verkünden" (1 Petrus 2,9). Die Texte stammen aus

Lettland. Die Materialien für die Gebetswoche 2016 sind ab September über den Buchhandel bestellbar oder können unter www.gebetswoche.de heruntergeladen werden. *„Zurück ins Paradies?"* lautet der Titel einer neuen Arbeitshilfe der ACK-NRW für die Gestaltung des Ökumenischen Tages der Schöpfung am 4. September bzw. der Schöpfungszeit vom 1. September bis 4. Oktober im Jahr 2015 mit dem Schwerpunktthema: Möglichkeiten und Grenzen menschlicher Schöpfungsverantwortung. Die Arbeitshilfe steht unter www.ack-nrw.de/downloads/2015/Arbeitshilfe_Zurueck_ins_Paradies.pdf zum kostenlosen Download bereit und kann in gedruckter Form gegen eine Schutzgebühr von 2,– Euro bestellt werden bei: Arbeitsgemeinschaft Christlicher Kirchen in Nordrhein–Westfalen, Domplatz 27, 48143 Münster; Tel: 0251 / 495–319; Fax 0251 / 495–6159; e-mail: info@ack–nrw.de.

VELKD-Informationen Nr. 147: „Wie hast Du's mit der Religion?", download unter www. velkd.de, und der e-mail-Anschrift textevi@velkd.de.

Neue Bücher

GRUNDLAGEN DES GLAUBENS

Wolfgang Beinert, Was Christen glauben. 20 Antworten für kritische Zeitgenossen. Verlag Friedrich Pustet, Regensburg 2014. 376 Seiten. Gb. EUR 24,95.

Wolfgang Beinert, emeritierter katholischer Systematiker aus Regensburg, hat sich immer wieder der Aufgabe gestellt, Nichttheologen die Grundlagen des Glaubens zu erklären. Das ist auch Ziel dieses Buchs. Allerdings sollte es besser heißen: Was *Katholiken* glauben. Denn es ist ganz klar in der Perspektive römisch-katholischer Glaubensaussagen geschrieben. Dass dies nicht ohne Hinweis auf entsprechende Aussagen anderer Kirchen geschieht, ist bei einem ausgewiesenen Ökumeniker wie B. selbstverständlich. Doch schon der Aufbau macht das römisch-katholische Profil deutlich: Ein Kapitel über die *Vernunft* steht ganz am Anfang, noch vor dem Kapitel *Glaube,* und das letzte Kapitel ist dem *Konzil* gewidmet. Der „Vorrang" der Vernunft bedeutet nicht, dass B. Glaubensaussagen mit Hilfe der Vernunft beweisen will; er möchte zeigen, dass es nicht unvernünftig ist zu glauben. Das prägt vor allem seine Ausführungen zu zentralen Themen wie *Wunder, Aufer-*stehung *Jesu, Gott, Trinität* oder *Leiden.* B. versucht nicht, Aussagen des Glaubens apologetisch zu „beweisen", sondern zum Wagnis des Glaubens einzuladen, betont aber gleichzeitig, dass solcher Glaube eben nicht widersinnig oder absurd ist. Hier zeigt B. auch am klarsten, was die Christenheit als Ganze im Glauben verbindet. Dagegen sind seine Ausführungen über *Kirche, Kirchenordnung, Ökumene* oder *Religionen* weitgehend Interpretation der einschlägigen Konzilsdokumente.

Sprachlich wechseln frische Töne aus der Umgangssprache („Ist Jesus Gott, sind wir im Heil, ist er es nicht, sind wir einem gigantischen Schwindel aufgesessen", 158) mit typischem Theologendeutsch (z. B. „die spezifische Beziehentlichkeit und Relationalität, welche Liebe ausmacht", 163). Manche Aussagen verwundern auch inhaltlich. So der Hinweis, dass die orthodoxen Kirchen im Nicaenum das filioque „weglassen" (51; richtig dann in Anm. 107). Oder die Behauptung auf S. 57: „Seit dem 18. Jahrhundert ist die historisch-kritische Methode zur Standardmethode der katholischen wie evangelischen Bibelexegeten geworden." Oder die, dass „christliche Überzeugung von Anfang an" war, dass Jesus keine leiblichen Geschwister gehabt haben kann (103).

Überraschend klingt auch die Aussage, dass „der Satz von der Aufnahme Marias, der Mutter Jesu, in die Herrlichkeit Gottes … eine Konsequenz der von Paulus vehement bezeugten Lehre von der Rechtfertigung" ist (60). Besonders brisant erscheint der „etwas spitze Vergleich" auf S. 78: „Die kirchliche Unfehlbarkeit ist auf dem Gebiet der christlichen Religion so etwas wie die Atombombe auf dem Gebiet der Strategie der Staaten: Es ist unter Umständen daseinserhaltend, wenn man über sie verfügt; es ist unter allen Umständen zu vermeiden, dass man davon praktischen Gebrauch macht" (und B. deutet an einigen Stellen auch an, wie dankbar er ist, dass dies nicht häufiger geschehen ist).

Bei B. ist sehr schön zu sehen, wie kritische katholische Theologen mit für uns heute schwierige Aussagen umgehen: Da gibt es nachdenkenswerte Neuinterpretationen, z. B. was zum Dogma von Mariä Himmelfahrt gesagt wird (s. o.) oder wie der Topos „Fegefeuer" neu gedeutet wird. Bei anderen Themen wird darauf hingewiesen, dass die Diskussion noch nicht abgeschlossen ist, so B. mehrfach zum Thema Frauenordination (!). Oder es wird nachgewiesen, dass das *subsistit* in Lumen Gentium 8 durchaus zulässt, auch andere christliche Gemeinschaften als Kirchen zu bezeichnen, bzw. im Zusammenhang mit der Besprechung der unerledigten (bzw. durch die beiden letzten Päpste zurückgefahrenen) Agenda des Konzils freimütig feststellt: „Das neuzeitliche Problem der römisch-katholischen Kirche schlankweg ist die Hypertrophie des Papsttums" (344).

B. hat ein für kritische Zeitgenossen lesenswertes Buch vorgelegt. Menschen, die nach dem Wesen des christlichen Glaubens fragen, würde ich es allerdings nur dann in die Hand drücken, wenn sie römisch-katholisch sozialisiert sind.

Walter Klaiber

POETISCHE DOGMATIK

Alex Stock, Poetische Dogmatik. Ekklesiologie, Band 1: Raum. Verlag Ferdinand Schöningh, Paderborn 2014. 334 Seiten. Gb. EUR 49,90.

Ungewöhnlich und überraschend ist die Ekklesiologie von Alex Stock – zumindest, wenn man nicht die neun bereits erschienen Bände der Poetischen Dogmatik (zur Christologie, Gotteslehre und Schöpfungslehre) kennt. Wer ein Lehr- oder Übersichtswerk katholischer Dogmatik zur Kirche sucht, wird beim Lesen dieses Buches enttäuscht werden. Wer beim Thema „Kirche" hingegen durch ungewöhnliche Texte und Bilder sowie originelle thematische Verknüpfungen herausgefordert und zum Nachdenken über die Kirche angeregt

458

werden möchte, wird reich belohnt.

Als Erkenntnisquellen der Poetischen Dogmatik dienen v. a. „Liturgie, Dichtung, Kunst, Gebete, Geschichten, Gedichte und Bilder" (14), die sonst weniger in der Dogmatik als vielmehr in der Liturgiewissenschaft, Archäologie oder Kunstwissenschaft herangezogen werden. Die Überlegungen dieses ersten Teilbandes der Ekklesiologie konzentrieren sich – wie bereits der Untertitel anzeigt – auf die Kirche als Gebäude. Es ist die Hoffnung des Vf., dass sich in der Auseinandersetzung mit dieser „aufsuchbaren Lokalität" etwas „reflektiert, also spiegelt, vielleicht sogar brennspiegelt von den universellen Fragen, die in der Ekklesiologie gängigerweise traktiert werden" (16).

In einem ersten Teil A wird unter dem Titel „Definition" in vier Kapiteln die Kirche als Raum des rituellen Vollzugs von Sakramenten behandelt. Entsprechend der Grundentscheidungen in Hinblick auf Quellen und Methode werden zunächst unter den Stichworten „Haus Gottes" und „Gemeinde" Kirchweihliturgien mit ihren Gebeten und Riten genauer beleuchtet. Immer wieder werden dabei die Verschiebungen zwischen dem nachtridentinischen Pontificale Romanum und den Kirchweihformularen nach dem 2. Vatikanischen Konzil herausgearbeitet. Eine ekklesiologisch folgenreiche Veränderung ist für den Vf. z. B., dass nach dem 2. Vatikanischen Konzil nicht mehr Gott als der eigentliche Hausherr des Gebäudes betrachtet wird, sondern der Bischof als Leiter der Gemeinde. Während in der alten Liturgie Gott der Schöpfer sich selbst den neuen Raum zueignet und seine Herrlichkeit im Gebäude Raum nimmt, tritt nun die Gemeinde mit ihren Bedürfnissen stärker in den Mittelpunkt der Texte und Riten: Im Deutschen Pontifikale von 1994 ist das Gebäude „ihr Eigenheim", die Gegenwart des Herrn (= Christi) „vermittelt sich durch die Gemeindeversammlung" (43). Das 3. Kapitel „Sakramente" erschließt dann an Hand von Bildern die Bedeutung der Sakramente, während das Kapitel 4 „Haus voll Glorie" ekklesiologische Entwicklungen in der hymnologischen Tradition herausarbeitet.

Teil B trägt den Titel „Installation". Hier wendet sich der Vf. der im Kirchenraum installierten Einrichtung zu. Für den Vf. treten in der Art und Weise, wie Gegenstände im Innenraum der Kirche untergebracht und einander zugeordnet werden, ekklesiologische Optionen und Konzepte zu Tage. In fünf Kapiteln werden behandelt: „Gestühl" als Gefüge der Macht (z. B. Kathedra, Kanzel, Ambo), „Altäre" als Gefüge der Heiligkeit, „Bilder" als Raum des Gedächtnisses, „Atmosphäre" als Raum des Geistes und schließlich „Annexe", also Neben- und Außenstellen des Kirchenraumes wie Friedhöfe und Hospize.

Teil C schließlich bietet unter der Überschrift „Visitation" zwölf ekklesiologische Skizzen, von denen zwei sich auf Bilder (z. B. C. D. Friedrich) und zehn auf poetische Texte des 19. und 20. Jh. (z. B. J. v. Eichendorff, F. Nietzsche, P. Hanke oder Ph. Larkin) beziehen. „Es sind Visitationen in dem Sinne, daß Künstler und Dichter Kirchen als Bauten und Räume besuchen, ansehen, in Augenschein nehmen, ihre Sichten, Ansichten, Einsichten in Wort und Bilder fassen" (15). Dezidiert werden hier zum Teil sehr kritische Außenansichten auf Kirche vorgestellt und analysiert, um deutlich zu machen, wie sich kirchliche Binnensicht und Selbsteinschätzung von einem Blick von außen unterscheiden können. Der Vf. ist sich dabei bewusst, dass literarische und künstlerische Werke Einzelner nicht dieselbe Aussagekraft und Allgemeinheit über die Welt beanspruchen können, wie Erkenntnisse der Soziologie und Philosophie. Die Skizzen seien daher nicht mehr als „ekklesiologische Knospen" (16), die jedoch zum Nachdenken anregen können, wie Ekklesiologie offen und durchgängig für die Welt zu betreiben wäre.

Die Ökumene spielt in dieser Ekklesiologie vordergründig keine entscheidende Rolle, gängige ekklesiologische Kontroversfragen werden nicht explizit behandelt. Manche Quellen, wie z. B. das Kirchweihritual des alten Pontificale Romanum mit seinen Lustrationshand-lungen oder dem archaischen Alphabetritus mögen evangelischen Lesern eher abständig anmuten (vielen katholischen Lesern jedoch wahrscheinlich ebenfalls). Und dennoch: Es finden sich immer wieder für die ökumenische Debatte interessante Ausführungen, am offensichtlichsten in dem Kapitel „Sakramente", in dem anhand von zwei Altarbildern (R. von der Weyden; L. Cranach d. Ä.) das katholische und evangelische Sakramentenverständnis und deren Verortung im Kirchenraum dargestellt werden. Verwiesen sei auch auf die Beschreibung „reformierter Ikonophobie", „lutherischer Bildtoleranz" und „katholischer Bildfreundlichkeit" (169–180). Diese sehr kategorischen Zuordnungen werden vom Vf. jedoch zugleich wieder aufgebrochen, in dem er anschließend neue Freundschaften und wechselseitige Bereicherungen in den liturgischen oder architektonischen Reformbewegungen des 20. Jh.s aufzeigt. Auch haben die anderen Erörterungen im Buch dank ihrer starken ortskirchlichen Ausrichtung (durch die Konzentration auf den konkreten Kirchenraum) immer wieder ökumenisches Potential.

Vielleicht mag mancher Leser einwenden, dass es sich bei diesem Buch doch eher um eine Theologie des Kirchraums denn eine Ekklesiologie handelt. Hierzu sei nochmals gesagt: Selbst dann regen die einfühlsamen und frischen Interpretationen der poetischen Quellen immer wieder sofort dazu an, über das Wesen der Kirche und der ihr zugeschriebenen Lehraussagen neu nachzudenken. Erleichtert wird dies durch einen durchgängig gut lesbaren Stil und die zahlreichen Abbildungen. Das Buch wird also durchaus dem Anliegen des Vf. gerecht, in den Definitionen, Installationen und Visitationen etwas von den universellen Fragen, die in der Ekklesiologie traktiert werden, zu spiegeln. Man kann auf den zweiten Band gespannt sein.

Oliver Schuegraf

IMPULSE ZUR ERNEUERUNG DER EKKLESIOLOGIE

Michael Weinrich, Die bescheidene Kompromisslosigkeit der Theologie Karl Barths. Bleibende Impulse zur Erneuerung der Theologie. Verlag Vandenhoeck & Ruprecht, Göttingen 2013. 464 Seiten. Gb. EUR 110,--.

Es gibt viele Bücher zu Leben und Werk von Karl Barth (1886–1968) – bisher jedoch noch nicht eines wie das vorliegende: eine Sammlung von Einzelstudien zu spezifischen Aspekten im Denken des wirkungsgeschichtlich in der gesamten Ökumene bedeutenden reformierten Theologen, die insbesondere dessen Bedeutung für die Gegenwart aufzeigen möchte. Michael Weinrich, Professor für Syste-

matische Theologie (Ökumenik und Dogmatik) in Bochum, hat an vielen Orten und in wechselnden Kontexten, die jeweils offen gelegt werden, zu Fragestellungen gesprochen oder geschrieben, die weniger die entstehungsgeschichtlichen Zusammenhänge der Schriften von Barth in den Mittelpunkt des Interesses rücken als vielmehr deren fortbestehende Relevanz in den heutigen Herausforderungen der Theologie. Diese Vorentscheidung ist ein Votum von Weinrich gegen die von ihm wahrgenommene Tendenz zur „Historisierung" der Theologie von Karl Barth in der jüngeren Forschung.

Das Buch hat vier Teile, denen 15 Kapitel zugeordnet sind. Die Abfolge der Einzelstudien hat keinen Bezug zu chronologischen Kriterien – weder im Blick auf die Entwicklungen im Werk von Barth noch hinsichtlich der Befassung von Weinrich mit seinem Referenzautor. Die strikt nach systematischen Gesichtspunkten angelegte Gliederung möchte – so weit, wie dies in einem solchen Band möglich ist – Leserinnen und Lesern einen (ersten) Zugang zur Theologie von Barth vermitteln. Daher werden grundlegende Auskünfte zur Theologie von Barth vor den Detailfragen behandelt.

Eindeutig liegt der von Weinrich gewünschte Schwerpunkt auf Teil 1, in dem in sieben Kapiteln „Theologische Fundamentalentscheidungen" von Barth zur Darstellung kommen. Die in sich thematisch abgeschlossenen Beiträge vermitteln zunächst einen Überblick über die Anliegen von Barth und greifen dann einzelne für ihn wichtige Themenkreise heraus: sein Verständnis der Offenbarung durch Gottes Wort, sein Widerspruch gegen eine „natürliche" Gotteserkenntnis auf der Basis einer aus seiner Sicht ja nur vermeintlich bestehenden „analogia entis", sein Rekurs auf den jeder Zeit gegenwärtigen Jesus Christus sowie sein Votum für die Freiheit des Menschen in der Welt. Etwas überraschend ist, dass der in der englischsprachigen Fassung der Erstveröffentlichung nachgedruckte Vortrag über die Barmer Erklärung (1934) in diesem Teil 1 verortet ist; eine Einbindung dieser Fragestellung in den Teil 2 des Buches, in dem ekklesiologische Themen behandelt werden, wäre gut zu vertreten gewesen. Offenkundig lag Weinrich daran, das Moment der gelebten Freiheit im Widerstand als eine der Fundamentalentscheidungen von Barth zu charakterisieren.

Teil 2 widmet sich in drei Kapiteln der Frage, wie die Kirche im Kontext des Handelns Gottes zu verstehen ist. Barth erinnert in diesem Zusammenhang an den unabdingbar bestehenden Weltbezug der Gemeinden in der Nachfolge Jesu Christi. In diesen Kontext wären Ausführungen zur Erklärung von Barmen schlüssig einzubinden gewesen – im Tausch gegen ein Kapitel zur schöpfungstheologisch begründeten Vorsehungslehre von Barth, das nach meiner Einschätzung eher in Teil 1 gehörte. Solche Überlegungen sind im Letzten nicht sehr wichtig, weil jeder Beitrag für sich gelesen werden kann.

In Teil 3 nimmt Weinrich in zwei Kapiteln religionsphilosophische Themen auf. Diesbezüglich konstatiert Weinrich bei Barth eine große Offenheit für die vielen Religionen, denen er sich im Ansatz phänomenologisch und nicht normativ nähert. Im Vergleich zwischen dem Christentum und anderen Religionen zeigt sich sehr konkret, wie stark das jeweilige Gottesbild auf die tägliche Lebensführung Einfluss hat. Deutlich wird, wie Barth auf die Argumente der neuzeitlichen Religionskritik antwortete. Die religiöse Option lässt sich nach Barth nicht nach rationalen Gesichtspunkten als stimmig erweisen. Hier sind gedankliche Rückbindungen an die Fundamentalentscheidungen möglich.

Teil 4 versammelt unter dem Leitgedanken der „Kritischen Zeitgenossenschaft" drei Kapitel, die sich vor allem mit dem Widerspruch von Barth gegen den Nationalsozialismus befassen. Ein politisches Engagement des Menschen wird von Barth sehr erwünscht. In diesem Zusammenhang bekommt auch die Rede von der Barth eigenen „bescheidenen Kompromisslosigkeit" eine authentische Deutung: Barth hat seinen Widerstand gegen eine völlige Unterwerfung unter den Nationalsozialismus anlässlich seiner Berufung an die Universität Bonn kompromisslos und zugleich bescheiden geäußert – anders formuliert: bereit zum Zeugnis für Jesus Christus in bedrohlichen Situationen und dennoch nicht auf der Suche nach offener Konfrontation. Die Universität Bonn musste er 1935 verlassen. Basel war dankbar für die Gabe seiner Lebenskraft, die nicht nur dieser Stadt bis zum Tod von Barth 1968 bewahrt blieb.

Wer das Buch von Weinrich liest, erhält einen facettenreichen Einblick in das theologische Denken von Karl Barth. Die biographischen Auskünfte sind sehr knapp gehalten. Eine tabellarische Übersicht über die wichtigsten Lebensdaten von Barth hätte es Studierenden erleichtern können, sich auf der Grundlage des Buches ein Gesamtbild von Barth zu machen. Sehr hilfreich sind das Personen- sowie das Sachregister, das zu erkennen gibt, wie sehr Weinrich in den unterschiedlichen Beiträgen bei den vorherrschenden Themen in der Theologie von Barth verbleibt. Das Sachregister nimmt an manchen Stellen auch Begriffe auf, die (mich) zwar sehr neugierig machen – „Katze" zum Beispiel –, in der theologischen Sache jedoch wenig bedeuten, weil lediglich Redensarten erinnert werden.

Michael Weinrich hat nach meiner Einschätzung das Ziel erreicht, das er nach eigener Auskunft mit seinem Buch anstrebte: das Gespräch zwischen Barth und uns, den späten Zeitgenossen oder den Nachgeborenen, über die offenen Fragen der Theologie, die auch morgen noch unbeantwortet sein werden: Welche Religion ist die wahre? Wie kann sich das Wort Gottes glaubwürdig zur Geltung bringen? Wie mutig müssen wir im Widerspruch gegen Unrechtssysteme sein? In welchem Verhältnis stehen Kirche und Welt?

Dorothea Sattler

Prof. Dr. Angela Berlis, Departement für Christkatholische Theologie, Universität Bern, Länggass-Str. 51, CH-3012 Bern; Dr. Daniela Blum, Katholisch-Theologische Fakultät, Lehrstuhl für Mittlere und Neuere Kirchengeschichte, Liebermeisterstraße 12, 72076 Tübingen; Prof. Dr. Hans-Jürgen Goertz, Hexentwiete 42 B, 22559 Hamburg; Nadine Hamilton, Friedrich-Alexander Universität Erlangen-Nürnberg, Philosophische Fakultät und Fachbereich Theologie, Lehrstuhl für Systematische Theologie I (Dogmatik), Kochstraße 6, 91054 Erlangen; Prof. Dr. Arnaud Join-Lambert, Université catholique de Louvain, Centre universitaire de théologie pratique, Grand-Place 45, B-1348 Louvain-la-Neuve; Bischof i. R. Dr. Walter Klaiber, Albrechtstraße 23, 72072 Tübingen; Prof. Dr. Dr. h.c. Dietz Lange, Insterburger Weg 1, 37083 Göttingen; Dr. Peter Morée, Evangelisch-Theologische Fakultät der Karls-Universität Prag, Ovocný trh 3–5, 11636 Praha 1, Tschechische Republik; Prof. Dr. Konrad Raiser, Zikadenweg 14, 14055 Berlin; Prof. Dr. Dorothea Sattler, Ökumenisches Institut, Westfälische Wilhelms-Universität Münster, Hüfferstraße 27, 48149 Münster; OKR Dr. Oliver Schuegraf, Kirchenamt der VELKD, Herrenhäuser Straße 12, 30419 Hannover; Dr. Robert Svatoň, Univerzita Palackého v Olomouci, Křížkovského 8, 771 47 Olomouci, Česká republika; Dipl. Theol. Georgios Vlantis, MTh, Ausbildungseinrichtung Orthodoxe Theologie der Ludwig-Maximilians Universität München, Ludwigstraße 29, 80539 München; Pastor Karl Heinz Voigt, Touler Straße 1 c, 28211 Bremen.

Thema des nächsten Heftes 4/2015:

Miteinander – Nebeneinander – Gegeneinander

Einheit und Vielfalt *innerhalb* der Religionen

mit Beiträgen von Avichai Apel, Liliane Apotheker,
Reinhold Bernhardt, André van der Braak,
Ismail Kaplan, Mouhanad Khorchide, Yukio Matsudo,
Annemarie Mayer, Werner Neuer

ÖKUMENISCHE RUNDSCHAU – Eine Vierteljahreszeitschrift

In Verbindung mit dem Deutschen Ökumenischen Studienausschuss (vertreten durch Uwe Swarat, Elstal) herausgegeben von Angela Berlis, Bern; Daniel Buda, Genf; Amelé Ekué, Genf/Bossey; Fernando Enns, Amsterdam und Hamburg (Redaktion); Dagmar Heller, Genf; Martin Illert, Hannover (Redaktion); Heinz-Gerhard Justenhoven, Hamburg; Ulrike Link-Wieczorek, Oldenburg/Mannheim (Redaktion); Viola Raheb, Wien; Johanna Rahner, Tübingen (Redaktion); Barbara Rudolph, Düsseldorf (Redaktion); Dorothea Sattler, Münster; Oliver Schuegraf, Hannover (Redaktion); Athanasios Vletsis, München; Friedrich Weber (†), Greetsiel; Rosemarie Wenner, Frankfurt am Main, Marc Witzenbacher, Frankfurt am Main (Redaktion).

ISSN 0029-8654
ISBN 978-3-374-04193-0
www.oekumenische-rundschau.de

Redaktion: Marc Witzenbacher, Frankfurt a. M. (presserechtlich verantwortlich)
Redaktionssekretärin: Gisela Sahm
Ludolfusstraße 2–4, 60487 Frankfurt am Main
Tel. (069) 247027-0 · Fax (069) 247027-30 · e-mail: info@ack-oec.de

Verlag: Evangelische Verlagsanstalt GmbH
Blumenstraße 76 · 04155 Leipzig · www.eva-leipzig.de
Geschäftsführung: Arnd Brummer, Sebastian Knöfel

Satz und Druck: Druckerei Böhlau · Ranftsche Gasse 14 · 04103 Leipzig

Abo-Service und Vertrieb: Christine Herrmann
Evangelisches Medienhaus GmbH · Blumenstraße 76 · 04155 Leipzig
Gläubiger-Identifikationsnummer: DE03EMH00000022516

Tel. (0341) 71141-22 · Fax (0341) 71141-50
E-Mail: herrmann@emh-leipzig.de

Anzeigen-Service: Rainer Ott · Media Buch + Werbe Service
Postfach 1224 · 76758 Rülzheim
www.ottmedia.com· ott@ottmedia.com

Bezugsbedingungen: Die Ökumenische Rundschau erscheint viermal jährlich, jeweils im ersten Monat des Quartals. Das Abonnement ist jeweils zum Ende des Kalenderjahres mit einer Frist von einem Monat beim Abo-Service kündbar.
Bitte Abo-Anschrift prüfen und jede Änderung dem Abo-Service mitteilen.
Die Post sendet Zeitschriften nicht nach.
Preise (Stand 1. Januar 2013, Preisänderungen vorbehalten):
Jahresabonnement (inkl. Versandkosten): Inland: € 42,00 (inkl. MWSt.),
Ausland: EU: € 48,00, Nicht-EU: € 52,00 (exkl. MWSt.)
Rabatt (gegen Nachweis): Studenten 35 %.
Einzelheft: € 12,00 (inkl. MWSt., zzgl. Versand)

Die nächste Ausgabe erscheint Oktober 2015.